项目资助：

山东省一流学科曲阜师范大学中国语言文学学科资助

国家社科基金项目"民国时期汉语语文辞书研究及其数据库建设"（18CYY049）资助

陕西师范大学中央高校基本科研业务费专项资金项目（19SZYB05）资助

现代汉语词汇与词典研究探索

刘善涛　王　晓◎著

中国社会科学出版社

图书在版编目(CIP)数据

现代汉语词汇与词典研究探索 / 刘善涛, 王晓著 .—北京: 中国社会科学出版社, 2020.4

ISBN 978-7-5203-6642-7

Ⅰ.①现… Ⅱ.①刘…②王… Ⅲ.①现代汉语—词汇—研究②现代汉语—词典—研究 Ⅳ.①H136②H164

中国版本图书馆 CIP 数据核字(2020)第 097212 号

出 版 人	赵剑英	
责任编辑	任 明	
责任校对	夏慧萍	
责任印制	郝美娜	

出 版	中国社会科学出版社	
社 址	北京鼓楼西大街甲 158 号	
邮 编	100720	
网 址	http://www.csspw.cn	
发 行 部	010-84083685	
门 市 部	010-84029450	
经 销	新华书店及其他书店	

印刷装订	北京君升印刷有限公司
版 次	2020 年 4 月第 1 版
印 次	2020 年 4 月第 1 次印刷

开 本	710×1000 1/16
印 张	20
插 页	2
字 数	340 千字
定 价	110.00 元

凡购买中国社会科学出版社图书, 如有质量问题请与本社营销中心联系调换
电话: 010-84083683

目　　录

一　现代汉语词汇本体研究

二　基于词典信息库的新词教学研究

三　内向型汉语词典研究

四　外向型汉语词典研究

五　词语个案研究举例

序

　　《现代汉语词汇与词典研究探索》是善涛、王晓夫妇合著研究现代汉语词汇与词典诸问题的一本论文集，收入的论文绝大部分是他们合作发表在各类报刊上的学术论文，记录了他们多年来的研究足迹，从涉足科学研究到成为行家里手的探索经历。本书从现代汉语词汇本体研究、基于词典信息库的新词教学研究、内向型汉语词典研究、外向型汉语词典研究、词语个案研究举例五个部分展示他们的研究成果。总体来看，研究视野开阔，研究方法多样，研究结论可信，对汉语研究的贡献是显著的，值得称道。读了本书之后，我的主要感觉有以下几个特点，可以作为读者进一步阅读本书的导引，也许是摸象之举，但至少可以提供一个学习视角，本书胜义迭出，请读者赏读。

　　其一，注意利用现代信息技术成果、大数据信息库等展开实证研究。《汉语外来异名同实概念词的词汇分布研究》一文以我国第一部专门收录晚清民国时期新生外来概念词的工具书《近现代汉语新词词源词典》为样本进行封闭式定性定量研究，建立了与其他相关权威词典进行比较的"汉语外来异名同实概念词数据库"，为实证的定性定量研究提供技术支持。《副词"反正"的产生和发展》一文从北京大学汉语语言学研究中心开发的 CCL 语料库、国家语委语料库以及互联网资源中搜集了 12000 多条的语料，从历时和共时的角度展开系统的研究，对"反正"的演变做出了清晰的勾勒。

　　其二，古今贯通，以古证今。古代汉语是现代汉语的源头，研究现代汉语，古今沟通是必需的。《副词"反正"的产生和发展》一文对"反、正"的古今异义变化进行梳理后，理出了古人为了解决一词义项过多，进而增加记忆负担，妨碍交际的负面影响，又在引申义的基础上另造新字造成的古今字关系："反"与"返"；"正"与"征"。《传承性法律词（素）的词义及构词演变》一文以古代经典法典《唐律疏议》和现代

1949—2006 年的"人大立法法律法规"为语料，从中抽取出具有较高使用频率的单音节传承性法律词（素），通过探讨这批词语法律意义的变化以及这种变化对其构词能力的影响等问题，为今后立法技术中法律语言的准确使用以及新法律术语的命名提供借鉴。

其三，研究方法多样，并能综合运用。《义位是其成分义、结构义和语境义的函数》一文以词汇语义为研究的切入点，运用"词汇函数"理论，采用理论和实证、共时和历时、静态和动态相结合的方法对该命题进行多角度的论证分析。《原型范畴理论与词典编纂》一文以《现汉 6》中的新词语类词缀为例，用原型范畴理论得出词典应按照原型范畴的要求，利用语料库技术，挖掘出积极稳定的新词新义，描绘出词义演变的脉络，概括出典型意义和用法，对《现汉 6》中存在着的义项归纳不典型等情况作了论述。《从语言系统内部看旧词新义的变化》一文在现代语言观的指导下，从语言系统内部的语音、语义、语法、语用四个方面来探究旧词产生新义时的变化。

其四，解决行业用语问题，语言研究服务社会。从事语言研究的学者大多囿于语言本身问题的研究，不太关注各个行业的用语，这其实是一个被忽视了的研究领域。语言研究要服务于社会，语言在社会发展中可以发挥更大的作用。《传承性法律词（素）的词义及构词演变》一文细致分析了传承性法律词（素）的词形状况与其法律意义之间的历时演变状况，分析精到，引证丰富，为今后立法技术中法律语言的准确使用以及新法律术语的构词命名提供了科学的借鉴。

其五，科研反哺教学，研究汉语教学问题。人才培养是高校的核心问题、中心工作。许多人以为教学问题不需研究，其实教学问题也需要探讨，教学科研结合，解决教学中的问题，服务人才培养，是国家提倡的研究方向，教学科研两张皮是当前高校人才培养中存在的一个十分突出的问题，这是培养高水平人才必须解决好的问题。《基于〈信息库〉的新词词汇共性分析与教学研究》一文从语音、语法、语义、语用等语言信息和客体、主体等非语言信息两大方面多个角度将新词和原有词进行对比分析，探求新词在词汇系统中所展现出的词汇共性，在此基础上提出了合理的教学建议。《影响留学生基本词汇学习和新词学习状况的调查研究》，是来自学生的教学研究经验，是因材施教的用心教学者的教学研究成果。在调查研究基础上得出了"应进一步加强对外汉语词汇教学和新词教学的研究，调整报刊阅读课的教学大纲和教学内容，适时适量适度地增加新词数量，改善教材内容，以便更好地满足不同汉语水平留学生的学习需求"等有参考价值的、能够指导今后教学工作的结论。此类文章还有数篇，诸如《中级汉语水平韩国留学生词义猜测的实证研究》，都很有借鉴价值。

当然本书中有的文章只是提出了问题，还可以再深入研究与探讨，如《对外汉语教学"本位"观研究述评》，就此问题深入研究，写一本专著也是可以的。还有美中不足的是文中迳用外国学者的名字而没有翻译，如《对外汉语学习词典插图配置研究——以〈商务馆学汉语词典〉为例》一文，"每一个词典编纂项目都是独特的"（Landau，2001）。此类问题在参考文献中的表现是直接用英文并与汉语交替出现，有的加括号，有的不加。如《外向型汉语学习词典收词研究》一文的参考文献："Ladislar Zgusta（拉迪斯拉夫·兹古斯塔），Manual Of Lexicography，1971；林书武等译，词典学概论，北京：商务印书馆，1983。"当然，这个问题可以讨论，学术界有不同的看法。我的意见是应当都翻译为汉语，如有必要可以在括号内列出英文或者在注释中加以说明，而不能直接以英语入文，这牵扯到汉语的纯洁性和汉语的国家地位问题。

善涛、王晓夫妇正当年，这么年轻就取得了不小的学术成绩，今后的学术之路还长，夫妇俩有勤学善思特点、自强不息的精神，我期待他们夫唱妇随、合作共赢、共同进步，取得更好的研究成果，产出更多的学术精品。

党怀兴

2020 年 3 月 17 日于陕西师范大学

一　现代汉语词汇本体研究

汉语外来异名同实概念词的词汇分布研究[*]

提　要： 本文以晚清民国时期的汉语外来异名同实概念词为对象进行封闭研究，采用定性与定量相结合的方法，从宏观和微观两个层面，多个维度归纳出汉语词汇分布的十种状态，例如：缺位、补位、占位、退位、等位、正位、副位、错位、易位、让位等。外来概念词的词汇分布研究不仅可以更为细致地了解外来异名同实概念词的竞争状况，对汉语基本词的演变、新词语新术语的研究和汉语语文辞书的编纂都有一定的启示意义。

一　汉语外来概念词中的异名同实现象

外来词作为异文化的使者，文化交流的结晶（史有为，1991：1），在汉语发展史上经历了汉唐佛教词汇、晚清西学词汇和改革开放后的新词新语三次大规模涌入的浪潮，对汉语词汇的形成和发展产生了重要影响。前后两个时期的外来词一直是古代汉语训诂学和现代汉语词汇学研究的重要课题，唯独处于古今转型期的晚清外来词研究相对薄弱，而该时期"汉语词汇的发展速度超过以前几千年"（王力，1958：493），影响深远，不容忽视。

由于人的认知、客观环境和语言系统的复杂性，某一外来概念在进入汉语之初大都会根据不同的译借方式形成多个异名同实词语，即一组指称同一对象、具有等义关系的外来概念词，本文将这类词称为"外来异名同实概念词"。据统计，《现代汉语词典（第1版）》中的异名同实词语共有2487组，合5464条，占词典总条目的9.59%（周荐，1997：277）。这些词语的形成原因虽然是多方面的，但晚清时期不同外来概念在现代

---

* 本文作者刘善涛，发表于《语言教学与研究》2017年第4期，收录本书时略作修改。

汉语中的遗留是重要影响因素，如"时髦（1909）/摩登（1931）、演说（1889）/讲演（1903）/演讲（1916）、冰糕（1866）/雪糕（1915）/冰淇淋（1919）/冰激凌（1924）"等。① 可以说，晚清时期外来异名同实概念词的研究既能反映出汉语与其他语言在类型上的差异，也能反映出词语之间的构词差异与竞争机制，对词汇学和辞书学的研究不无裨益。

　　本文以我国第一部专门收录晚清民国时期新生外来概念词的工具书《近现代汉语新词词源词典》（以下简称《新词词源词典》）为样本进行封闭式定性定量研究。该词典对异名同实概念词"采用参见的方法加以反映，即在正条后面列出所有可以参见的副条，在副条中以正条作为释义，并在正条后面加上星号，以示区别"（凡例），其收词范围和立目原则为我们的研究提供了方便。以此为基础，我们对词典中的正条和副条词目以及各自的译借方式、产生时间、词语意义、使用领域、在现代汉语中的使用情况及词义变化、与《现代汉语词典（第6版）》（以下简称《现汉》）的词义对比等相关信息进行标注，建立"汉语外来异名同实概念词数据库"，为本研究提供了现代性的技术支持。

　　经统计，《新词词源词典》共收词目5275条，而数据库中外来异名同实概念词共计979组，3079条，占总词目的58.37%，平均每个外来概念有3.14个同义译名，比重之高，不可小觑。在该类词语中，最少由两个词语构成，最多由25个词语构成，但从比重上看，前者比重大，后者比重小，整体上呈反比关系（见表1）。这说明外来概念在进入汉语后虽然可以用不同的词形加以命名，但新词数量不会过于庞杂，多数还在可控的范围之内，这既方便了人们选择和使用新生外来词，也有利于不同词语的竞争和规范。

表1　　　　　　　　　　数据库中所收异名同实词语的构成情况

构成类型	词语组数	比重（%）	例词
两个	592组	60.47	圆/员、打/打臣、千瓦/启罗瓦特
三个	173组	17.67	州/士迭/大部落、几何学/形学/期奥密土而律
四个	82组	8.38	分/米粒/微厘/瞥眠、保险公司/保险行/保险局/担保会

① 词语后圆括号内数字为该词产生的最初时间，下同。

续表

构成类型	词语组数	比重（%）	例词
五个	44组	4.49	码/玛/牙/英也/依亚、白宫/渭德好施/回得好司/白屋/白房
六个	28组	2.86	克/克兰/格兰姆/格拉末/格郎默/葛棱么
七个	10组	1.02	电梯/升降机/活梯/活屋/转机/自行屋/起落架
八个	15组	1.53	公园/派克/巴克/帕/公设花园/公家花园/公花园/公圃
九个	6组	0.61	千克/基罗/基劳/奇罗/启罗/启罗格兰/吉罗/吉罗葛棱么/大斤
十个	6组	0.61	长颈鹿/支列胡/吉拉斐/吉拉夫/知拉夫/及拉夫/支而拉夫/豹驼/兽马/长颈怪马
十一个	5组	0.51	上议院/律好司/劳尔德士/爵房/五爵之会/贵族院/大理寺/上院/上会堂/第一院/左院
十二个	2组	0.20	水泥/赛门得/赛门敦/塞门德士/水门汀/四门町/塞门土/崔门土/赛门敦石灰/火泥西门土/西门土/洋灰
十三个	2组	0.20	蒸汽机/火机/火轮/火轮机/火蒸机/火轮器具/火烟轮/火气炉/机汽/汽机/水气机/蓄火机/烟柜
十四个	2组	0.20	啤酒/比耳/比而/比而酒/比儿酒/比酒/卑酒/碧儿酒/必耳酒/皮酒/皮卤/苦酒/麦酒/大麦酒
十五个	3组	0.31	下议院/甘文好司/高门士/下院/下会堂/乡绅房/乡绅之会/代议士院/代议院/议事厅/第二院/右议院/右院/平民院/庶民院
十六个	3组	0.31	教堂/祆祠/克力士顿庙/教馆/庙宇/塔庙/庙/会堂/圣堂/殿堂/瞻礼殿堂/礼拜殿/礼拜庙/礼拜寺/礼拜寺楼/上帝之殿
十八个	2组	0.20	印第安人/因地/因颠/因底阿/烟甸人/因甸红人/胭甸野人/因底阿土人/因底阿土番/因底阿生番/印地安人/红印度人/红印度土人/红苗/红人/红色人/红皮野人/红皮土番
二十二个	2组	0.20	轮船/火舰/火船/火舶/火蒸船/火烟舟/火轮舟/火轮船/火轮海舶/汽舟/汽船/汽机船/汽机轮船/汽轮/轮舶/气舟/蒸舟/轮舟/水蒸船/炊气船/蒸气舰/车轮船
二十五个	2组	0.20	议会/巴厘满/巴里满/巴厘满衙门/巴力门/巴力门议院/公会所/公会/公议会/公议堂/公议厅/公议院/议院/议院会/议政院/议政民院/议事厅/议事阁/议事院/议事公堂/议事公所/国政公会/政公会/政事堂/会堂

二　词语分布的宏观竞争框架

　　语言交流是一切交流的前提和媒介，当先进强势的西方文明与古老落后的东方文明发生碰撞，代表着社会发展方向的西学被逐渐输入到中国的时候，汉语首先要解决的便是如何将陌生的外来概念用国人熟悉的字形、词形予以指称，也就是"他有我无"的词语缺位问题。外来西学就像一面镜子，既映射出清末社会的器物落后，也反映出语言词汇的匮乏。于是，利用各种语言手段创制新词语加以补位成为当务之急，"无论是抽象的东西，还是具体的东西，这些词儿所代表的东西原来都是外国货，传入中国必须有一个华名，于是千奇百怪的外来词就应运而生"（季羡林，1991）。缺位和补位是相伴发生、相辅相成的，词汇缺位的前提是语言中某一词语的缺失影响到语言的交际效果，缺位代表了一种需求，补位则是对需求的回应，学科领域不同，缺位和补位所呈现出的词汇分布状态也有差异。根据对数据库的统计，不同学科领域中的词汇分布状况见表2。

表2　　　　　　　　　　不同学科领域的词汇分布情况

学科	数量	比重（%）	例词	学科	数量	比重（%）	例词
物理学	166	16.96	支点、交流电	哲学	26	2.66	外延、世界观
生物学	146	14.91	花粉、鸭嘴兽	军事	24	2.45	工兵、机关枪
医学	82	8.38	白齿、听神经	历史	20	2.04	侏罗纪、博物馆
地理学	62	6.33	洋流、子午线	文学	17	1.74	刊物、美人鱼
经济学	56	5.72	拍卖、印花税	音乐学	15	1.53	钢琴、五线谱
宗教	50	5.11	门徒、教皇	天文学	14	1.43	恒星、太阳系
语言学	45	4.60	词类、粘着语	体育	13	1.33	足球、跨栏
政治学	45	4.60	议院、共和党	数学	10	1.02	比值、平方根
交通	35	3.58	飞机、人力车	法律	9	0.92	被告、知识产权
教育学	32	3.27	师范、美育	几何学	7	0.72	直角、直径
化学	28	2.86	铱、盐酸	人类学	4	0.41	白种、蒙古人种
其他	73	7.46	火柴、巧克力	总计	979	100	

　　"缺位"和"补位"是词汇分布中的两大状态，就以上统计数据而

言，汉语中缺位的外来概念共有 979 个，而对同一缺位概念加以补位的异名同实词语为 3079 个。可见，汉语外来概念词创制的根本动因在于词语的缺位，最终结果是"千奇百怪"的新词新语加以补位，而异名同实词语则是对某一外来缺位概念从不同认知角度，采用多种语言手段所形成的多重补位现象。以外来概念词"公司"为例，在以农业和手工业为主要经济结构的封建社会不可能产生"公司"的概念，随着中国通商口岸的开放，这种新型的商业运作模式被引入到中国，正如魏源所说"西洋互市广东者十余国，皆散商无公司，惟英吉利有之"（《海国图志》）。"公司"，即"共同管理，一起经营"之意，属于意译词，准确恰当。但在晚清民国时期，这一外来概念还有多种称谓，如《海国图志》中还称"甘巴尼"，严复《社会通诠》称"康邦宜"，皆是对 company 的音译；严复《原富》称"歌颇鲁勒宪"，是对 corporation 的音译；黄遵宪《日本国志》称"社会"，梁启超《再驳某报之土地国有论》称"会社"，皆为日源词。此外，还有仿译清末新词"天文局""政务局"等而造的"公司局"，或由"公司局"缩略而成的"公局"等词语。由此可见，在当时的社会环境下，汉语中由某一外来概念的缺位而形成的多重补位、异名同实现象非常普遍。

外来词的多重补位必然会造成用词的混乱，也不符合语言的经济原则，不同词语竞争一个位置，便是占位，异名同实词语之间的竞争便是词语占位的表现。上述不同译名在现代汉语中只有"公司"一词成为全民认可的书写形式，其动因来自词语占位。词语的缺位、补位与占位是词语分布的宏观竞争框架，不同词语的占位还在微观层面表现出不同的词汇分布状态。

三　词语分布的微观竞争框架

同一外来概念虽然在译名和译借形式上呈现出多样性，但语言的经济原则必然促使不同的异名同实词语相互竞争，在词语和词义关系上或优胜劣汰，或细化分工，或分道扬镳。本节将数据库中的概念词与《现汉》和部分现代汉语语料加以对比，归纳外来异名同实概念词在词语占位中的词汇分布状况。

(一) 只有一个词语占位成功，其他词语淘汰退位

在同组外来异名同实概念词的占位中，最理想、最经济的竞争结果是只有一个外来概念词占位成功，并作为规范形式进入现代汉语词汇系统，组内其他外来概念词被淘汰出局，这种最终未能作为稳定的词语形式指称某一外来概念的竞争结果叫作词语的退位。如上述"公司"的各种同义译名或因音译过于生疏拗口；或因日源词与汉语固有词相抵牾；或因新造词中的构词语素义与词义存在冲突等原因，最终致使其在与"公司"一词的竞争中纷纷退位。这种词语分布结果最切合语言的发展规律，在数据库中所占比例最大，共计600组，占总数的61.29%，例如①：

> 意译：女王（1843）；音译：魁英（1876）、魁阴（1884）→女王
> 意译：国会（1837）；音译加意译：衮额里士衙门（1844）；音译：衮额里士（1852）→国会
> 意译：买办（1828）；音译：康白度（1876）、糠摆渡（1876）、刚白度（1917）；音译兼意译：江北大（1876）→买办

同时，语言又处于不断的发展变化中，前一时期的退位词语也有可能在语言发展中被重新用来指称新概念，在语境充足的条件下，这些词会再次进入现代汉语的新词语系统。如地理学中在表示"地面与天空的分隔线"这一概念时，利玛窦《坤舆万国全图》中用"地平线"、李之藻《浑盖通宪图说》中用"地平界"、陈龙昌《中西兵略指掌》中用"地平"或"天际线"，这些异名同实词语最终的竞争结果是"地平线"一词成功占位，其他词语淘汰退位。但在当前的语言交际中"天际线"又被作为新词再次启用，用来指"站在城市中一个地方，向四周环顾，天地相交的城市轮廓或全景"，经人民网多年跟踪搜索，该词一直处在发展状

---

① 举例中分号是对同组概念词不同译借方式的划分，冒号之前表示该词的译借方式，顿号表示按同一方式创制的不同外来异名同实概念词，箭头后词语表示现代汉语中占位成功的词语。

态①，频率之高不可轻视。

（二）　两个或多个词语同时占位，其他词语多样分布

外来异名同实概念词之间的竞争除了会出现只有一个词语成功占位的情况外，也可能出现两个或多个词语同时成功占位的情况，数据库中这类词共有 362 组，占 36.98%，其间的词汇分布状况相对复杂。

1. 词语竞争中的等位分布

如果成功占位的词语在意义和用法上具有同等的价值，我们把词语之间的这种等义现象叫作等位，这类词语一般出现在专有名词和科技语中。如"日斑/太阳黑子""双杠/平行杠""鼓膜/耳鼓/耳膜"等词语自创制之初一直被人们作为等位词语使用着。这类词共有 108 组，占 11.03%，其中有 102 组含两个等义译名；6 组含三个等义译名，例如：

> 音译：怕司利（1890）；意译：香芹（1879）、香菜（1890）→香菜、香芹
>
> 音译：沙丁（1880）；音译加意译：撒尔丁鱼（1897）、沙丁鱼（1908）→沙丁、沙丁鱼
>
> 意译：专名（1903）、单独名词（1903）、专名词（1911）、固有名词（1917）、专有名词（1919）→专名、固有名词、专有名词

等位词之间一般表现为词与词之间的互称，或短语与词之间的缩略，在《现汉》中多以"A，也叫 B；B，A"或"A，简称 B；B，A"的编排方式互相参见，表明其间的等义关系，例如：

> 【坦克】tǎnkè 名 装有火炮、机枪和旋转炮塔的履带式装甲战斗车辆。也叫坦克车。[英 tank]
>
> 【坦克车】tǎnkèchē 名 坦克。
>
> 【本位货币】běnwèi huòbì 一国货币制度中的基本货币，如我国

---

① 2016 年 6 月 29 日检索共出现 5482 次，2017 年 6 月 10 日检索共出现 5732 次，2019 年 5 月 7 日检索共出现 6726 次。

票面为"圆"的人民币。简称本币。

【主币】zhǔbì 名 本位货币（跟"辅币"相对）。

2. 词语竞争中的正位和副位分布

由于外来概念词创制的多源差异，同时成功占位的词语之间虽然所指同一概念，理性义相同，但在词义色彩上可能会表现出各种差异，最终的竞争结果是某个词语进入规范常用的普通词汇系统，其他词语则成为带有方言或时代色彩的一般词汇成员，对于这种具有同义关系的词语，前者称为正位，后者叫作副位。如"公历/西历""时髦/摩登""无烟煤/硬煤/白煤"等虽然所指同一事物，但前者为基本词，后者分别在时代色彩、外来色彩和地域色彩等方面有一定的特征差异，为一般词。这类词共51组，占5.21%，其中46组含两个同义译名；4组含三个同义译名；1组含四个同义译名，例如：

音译：赛门敦（1882）、四门町（1894）、塞门德士（1898）、赛门得（1917）、水门汀（1917）；音译加意译：赛门敦石灰（1882）、崔门土（1889）、塞门土（1891）、火泥西门土（1891）、西门土（1891）；意译：水泥（1884）、洋灰（1917）→洋灰、水泥

意译：洋车（1873）、东洋车（1876）、人力车（1876）、东洋手车（1883）、腕车（1917）、黄包车（1917）→黄包车、洋车、人力车

意译：枪弹（1857）、弹子（1871）、子弹（1874）、枪子（1888）→枪子、子弹、弹子、枪弹

《现汉》对这类词不仅设置参见，而且在释文中还会注明词语的附属色彩，表明词语之间的意义差别，例如：

【正电】zhèngdiàn 名 质子所带的电，物体失去电子时带正电。旧称阳电。

【阳电】yángdiàn 名 正电的旧称。

【自行车】zìxíngchē 名 一种交通工具，有两个轮子，骑在上面用脚蹬动轮盘带动车轮转动前进。有的地区叫脚踏车或单车。

【脚踏车】jiǎotàchē〈方〉名 自行车。

【单车】dānchē〈方〉名 自行车。

3. 词语竞争中的错位和易位分布

最初指称同一概念的外来异名同实概念词在后期的发展过程中还有可能分化为：（1）有着一定语义联系，但在理性义上互有差异的词语；（2）指称不同事物，没有语义联系的词语。前者在数据库中共 71 组，占 7.25%，其中有 64 组含两个近义译名；7 组含三个近义译名，例如：

意译：胸牌（1857）、宝星（1890）、勋章（1890）→胸牌、勋章

音译：波罗特士顿（1844）、波罗特（1875）；音译加意译：波罗士特正教（1852）、耶苏教（1852）、波罗特士敦教（1877）、耶教（1900）；意译：耶稣教（1843）、修教（1852）、西教（1877）、新教（1916）→新教、耶稣教

音译：披亚诺（1917）、批阿娜（1919）、披雅娜（1928）；意译：八音琴（1856）、百音琴（1856）、大琴（1866）、大洋琴（1876）、铁弦琴（1887）、钢琴（1901）→大洋琴、八音琴、钢琴

后一类在数据库中共 91 组，占 9.3%，其中有 80 组含两个译名；6组含三个译名；3 组含四个译名；1 组含五个译名；1 组含六个译名，例如：

音译加意译：落斯马（1823）；意译：海马（1797）、河马（1838）、水马（1843）→海马、河马

音译：斐录所费亚（1623）、斐洛苏非（1898）、非罗沙非（1919）；意译：性学（1623）、哲学（1623）、格学（1877）、性理学（1881）、理学（1897）、爱智（1898）、哲理学（1899）、庶物原理学（1903）→理学、性学、哲学

音译：士单（1914）、斯单勃斯（1914）；意译：邮票（1903）、龙头（1903）、鬼头（1914）、佛头（1917）→邮票、龙头、佛头、鬼头

在这两类外来异名同实概念词的占位竞争中，还存在着错位和易位的词汇分布情况。如果"一个旧位置已由一个词占领，语言社会可能造出一个新的词语来表明它所占领的是不同于旧位置的新位置"（周荐，2011：180），这叫作词语的错位。如"钢笔"最早见于美国传教士丁韪良的《中西闻见录》（1873），书中说"在昔泰西皆以鹅翎为笔，后世易为金银铜铁，而象鹅翎笔之势为之"，可见其材料并非只有"钢"，所以最初也曾以常见金属"铁"称之，谓"铁笔"，如"翻译之官一枝铁笔握来而灿若江花半幅素笺写就"（《申报》1885）。但是汉语的"铁笔"一词在元代就已产生，用来指称"刻图章用的刀"，所以为了避免新生外概念词与原有词的词形重复，"钢笔"一词只好错位指称"笔头用金属制成的笔"。之后，随着印刷业的发展，刻蜡纸用的笔，其笔尖专用纯钢制造，按理称"钢笔"最为适切，但是作为书写工具的"钢笔"已被社会成员接纳，语言中只好再次错位选用使用频率较低的原有词"铁笔"加以指称，最终"铁笔"一词就有了"刻章刀"和"刻蜡纸的笔"两个义项。如果"一个旧词语虽可表达此一对象却在表达彼一对象，那么语言社会可能新造出一个词语来，从而使旧词语只表达彼对象，将此对象留给新词语来表达"（周荐，2011：181），这叫作词语的易位，如"摩托车"最初指内燃机车，不限车轮数量，后来随着交通工具的发展和细化，人们把两轮或三轮的称为"摩托车"，四轮的称作"汽车"，口语中还把两轮的简称"摩托"，三轮的叫作"三轮摩托"，词语的这种易位使其表意性更加明确。再如，利用光将图像或文字映射到影幕上的技术，在我国古代称为"影戏"，近代先进科技对其进行改进，为了与原有词相区分，汉语中错位另造了一组异名同实词语，如"幻灯、电影、影戏画、镜影灯、映画镜、电灯影片"等，此时的"幻灯"和"电影"两词所指相同，其他词语在发展中被逐渐淘汰。后来随着科技的发展，投射静态的图画文字和动态的图像动画出现了区分，"幻灯"和"电影"两词发生易位，前者侧重静态，多用于教育领域；后者侧重动态，多用于生活娱乐领域。

4. 词语竞争中的多位交叉分布

词汇运动是一个复杂的过程，外来概念词之间的竞争和分布并非整齐划一，对于仍在继续使用的异名同实词语还表现为多种分布情况的交叉，这类词共 41 组，占 4.19%。如美国的本位货币 dollar 在进入汉语之初形成了音译词"打拉、托腊、他拉"；意译词"美圆、美元、美金、美钞、美洋、洋钱"和仿 $ 的"弗"等多重补位的现象，最终在现代汉语中形成了"美元"为正位词；"美圆、美金"为具有等位关系的副位词；"美钞"则易位专指"美国纸币"的词汇分布局面。再如在表达 station 这一概念时，汉语中曾有音译词"司胎甚"；意译词"车站、车栈、停车场、停留场"等多重补位，在经过一段时间的竞争之后，"司胎甚、停留场"退位，"车站"居于正位；"车栈"居于副位，口语色彩较强；而"停车场"则易位表示更为宽泛的"停放车辆的地方"之意，词义有交叉，但各有所指。

（三）　词语占位竞争中的退位和让位

外来异名同实概念词占位竞争的另外一种结果是不同译名都没有进入现代汉语词汇系统，这种占位结果叫作词语的退位，这类词比较少，总计 17 组，占 1.74%。这其中又可以分作两类，一是随着社会的发展，该组异名同实词语所指称的事物已经退出历史舞台，成为历史词不再使用，如"六分仪/量天尺/克虏伯炮/克鲁伯炮/海岸炮"等，这也意味着这些词语的彻底退位。二是随着人们认识水平的提高，原有外来概念词在表意的科学性和准确性方面有失偏颇，被表意更为确切的新造词语所代替，这种现象叫作词语的让位，如"门齿、门牙"曾被作为异名同实词语使用，但随着医学的发展，在现代汉语中变成了口语词，让位于书面性较强的学科术语"切牙"。再如原有外来概念词"地底火车、瓦特小时计、长生鸟、天主堂、隐生宇、那碎因"现在都已退位，进而让位于现代汉语中的"地铁、电能表、凤凰、教堂、太古宇、罂粟碱"等。

四　本研究的几点启示

上文以晚清民国时期的外来异名同实概念词为对象进行封闭研究，采用定性与定量相结合的方法，从宏观和微观两个层面，多个维度归纳出汉语词汇分布的十种状态，例如：缺位、补位、占位、退位、等位、正位、副位、错位、易位、让位等。本项研究不仅可以更为细致地了解外来异名同实概念词的竞争状况，对汉语基本词的演变、新词语新术语的创制和汉语语文辞书的编纂都有一定的启示意义。

（一） 对基本词历时演变研究的启示

时有古今，地有南北，每个词也都呈现出不同的时间和空间差异，在词语的历时演变和更替过程中也总伴随着不同类型的词汇分布情况。半个多世纪前，王力（1958：574）就讨论过概念和名称的变化关系，当前某一语义场内词语的历时演变研究已经成为热点课题。以基本词中的"说类词"（汪维辉，2003：329）为例，在表示"谈论、叙说"之义，后面直接跟表人或事物的宾语时，汉语从古至今所使用的动词有"言、说、道、语、讲"五个，不同单音节词在历史文献中的词汇分布状况见表3①：

表3　　　　　　　　　"说类词"在不同历史文献中的分布情况

	左传	韩非子	论衡	世说新语	王梵志诗	孝经直解	红楼梦	金瓶梅	儒林外史	呐喊	檀香刑
言	45	30	182	9			1				
语	1	3	3	1					8		
说	1	7	2	11	4	18	13	43		49	136
道	1	6	1	42							
讲								1	3	7	11

毋庸赘言，在汉语形成之初就因交际中的词语缺位对"说类词"进行补位，在上古汉语中形成了"言、语、说、道"多重补位局面，这些词虽都占位成功，但各自的产生时间和具体用法又有细微区分，在词汇分布上呈现出一定的错位差异，其中"言"的产生时间最早、使用范围最广，频率最高。在中古汉语中，"语"字的"谈论义"退位，"说"和"道"后来居上，与"言"展开竞争，两词的语义范围逐渐扩大，语义分

---

① 汪文重点论述了不同历史时期"说类词"7种用法的共时分布与历时演变状况，本文仅以典型的"谈论"义为例，论述不同词语在竞争中的词汇分布状态。表中部分数据来自汪文，现当代文献《呐喊》《檀香刑》中的用例数据为笔者所统计。

工渐趋明确，最终在近代汉语中"言"字退位，"道"在与"说"竞争一段时间后，易位表示直接引出话语内容的语法功能。从元代开始，方言词"讲"开始进入汉语通语系统，与"说"展开竞争，但在词汇分布上，"说"居于正位，"讲"位于副位。在现代汉语普通话中，两词虽同时存在，但在使用频率和语义内容上略有差异，"说"更为常用，主要指"一般的陈述"，"讲"侧重指"详细的解说"，词语易位，语义分化。

（二）对新词语、新术语研究的启示

在当前信息爆炸的自媒体时代，每个人都是"造词家"，新词语不断充实和丰富着我国的语言生活。据国家语言资源监测中心的统计数据显示，近年来，汉语每年约产生 1000 个左右的新词。而我国的年度新词语词典的收词量在五六百条，规范性语文辞书《现代汉语词典》第六版在第五版出版的七年后增收新词 3000 条左右，这都与新词语的实际产生数量有一定差距，主要原因在于新词"缺位"和"补位"所体现的语言交际价值和实际使用需求。词语缺位必须以实际的语言使用需求为前提，"不必补位的，就很难称作缺位"（周荐，2011：178）。当前的某些新词只是在特定的语言情景中，求新求异心理的驱动下，"造词家"们的临时创制，使用范围小，生命力弱，终将昙花一现，并非真正的词语缺位，更无法成功补位。因此，新词语研究中应首先辨明词语创制的缺位和补位情况，如新词语的创制很容易按照某种"词语模"或类词缀形成数量庞大的词群现象，而内中很多新词并非真正缺位，终将会被淘汰出局。

同时，对于一时间占位成功的新词还要根据具体的语言使用状况进行积极的引导和规范，促使语言的健康发展。如"智囊"一词在《史记》中即已出现，用来比喻足智多谋，善于出谋划策的人。民国时期，代表封建制度的词语已经退位成历史词，在参照西方法制的基础上，汉语中另造新词"智囊团"指称这类人群或组织。改革开放以后，汉语在仿译英语 idea bank 的基础上新造"脑库"和"智库"，两词等位，侧重指提供咨询或决策的人群或机构。经过二三十年的发展，"智囊团"易位指称人群，且口语色彩较浓；"智库"因其表意上的明确简洁，在竞争中居于正位位置，书面性较强；"脑库"则处于副位状态，并有退位的趋势。经人民网多年跟踪搜索①，"智库"的使用频率逐年加大，"脑库"的使用情况正在萎缩，已经明显处于劣势地位，这就要求国家正规媒体和规范性辞书在使用和收录上有所侧重，积极引导。

在术语学的研究方面，因为术语自身的专业性，术语的创制并非人人都是"造词家"，它必须以相关专业中的词语缺位为前提。同时，术语的创制还要符合单义性和科学性的要求。如受英语 pound 的影响，汉语在翻译英美制计量单位和英国、埃及等国货币单位时最初都写作"磅"，做重量单位时还有异名同实概念词"棒、英国斤、英斤"等，后又被淘汰退位。但"磅"一字两用的现象仍然不便于语言交际，所以"磅"的货币义就易位给"镑"字，后者又构成"英镑""埃及镑"等词语，做到了术语的科学规范。

（三）对汉语语文辞书编纂的启示

对于规范性语文辞书来说，在收词立目上应首先辨明词语缺位和补位的必要性，对于占位成功的新词应及时予以补录，等位词语同时收录，正位和副位词语标明其间的差异，并在等位、正位和副位词语之间设置有效的参见，对于词义发生变化的错位和易位现象要注意释义的更新，对词语让位则要注意词目的规范和科学，对退位词语则要加以清除。增修删补，合理合法才能提高辞书的实用价值。结合前文分析中和《现汉》的对比，我们从收词立目、词典释义和参见设置方面简要分析《现汉》存在的不足。

在收词立目方面，《现汉》应秉持系统均衡的原则，"在属于收词范围内的同一平面（或层次）上的一些词，词典里基本上都要照顾收录"（闵家骥，1981：20）。但对于近现代汉语中即已出现，至今仍在使用的词语，《现汉》还存在诸多漏收之处，如词典中收了"圣灵、圣母"，没收"圣父、圣子"；收了"表针、指针、时针"，没收"分针、秒针"；收了"形容词、属性词"，没收"区别词"；收了"传声器、麦克风"，

---

①　2016 年 6 月 29 日检索，"智库"共出现了 75861 次，"脑库"仅有 318 次；2017 年 6 月 10 日检索，"智库"共出现了 84664 次，"脑库"仅有 327 次；2019 年 5 月 7 日检索，"智库"共出现了 107599 次，"脑库"仅有 324 次。

没收"扩音器";收了"新石器时代、青铜时代",没收"红铜时代";收了"副虹",没收"主虹";收了"勋章",没收"胸牌";收了"法官",没收"裁判官"等。

为了查考的需要,词典释义中所用的词一般也应立目,当所用词的使用频率高于被释词时更应如此,在《现汉》中"气泵"直接释为"风泵",却没给"风泵"立目;给"双杠"立目,却没给"平行杠"立目;给"专名"立目,没给"专有名词、普通名词"立目;给"滴定管"立目,没给"滴管"立目。

在词典释义方面,异名同实词语因其在等位分布中所表现出的词语冗余,在后期的发展中大多会发生易位或错位,例如:"战线/阵线、热度/温度、变温动物/冷血动物"等词语《现汉》已经补充了新的义项,但有些词却并非如此,甚至没有立目,如"教室、讲堂"本同指"学校里进行教学的房间",《现汉》将"讲堂"释为"教室(多指较大的)",这种做法没有体现出释义的时代性。经人民网搜索引擎检索,"讲堂"的具体教室义已很少使用,现引申出抽象的"普及知识的媒介"(如"家居知识讲堂、法律大讲堂"等)。再如"体温计、寒暑表"本指"测量人或动物体温用的温度计",后者又引申指"据以推测某一事物或事件变化的参照物"(如"艺术是社会状态的寒暑表"等),可是《现汉》并没收对"寒暑表"立目和释义。

在参见设置方面,通过上文的分析可知,《现汉》在编纂过程中综合利用了各种参见手段表明了词语之间的等位、正位、副位关系,但有些本应相互参见的词目没有设置参见,致使词语之间无法形成对应的系统,如"原人"释义为"猿人""命令句"释义为"祈使句""耳鼓、耳膜"释义为"鼓膜",但词典都没有在释词中设置参见,类似的词语还有"洋火、洋车、引擎、西装、报馆、邮费、教员、唯心论"等。

本文以《新词词源词典》为语料来源,以词典所收词语为研究单位,结合词典数据库和现代汉语语料,将晚清民国时期外来异名同实概念词产生之初的多源状态和当前现代汉语中的使用状况进行对比分析,逐类归纳出不同类型词语的词汇分布状态。但是,从整体上看,目前学界对晚清民国时期外来概念词的整理和研究还较为薄弱,专门性辞书和专题性研究也比较少,本文较为关注外来异名同实概念词之间的静态竞争结果,对百余年来词语之间的历时发展过程关注不够,下一步我们希望能从词语更替演变的动态角度挖掘词汇分布的深层内在机制，解释说明不同异名同实概念词之间最终竞争取胜的原因，并对当前的新词语创制和规范提供参考。

参考文献

季羡林：《外来词：异文化的使者·序》，吉林教育出版社 1991 年版。

闵家骥：《略谈收词》，《辞书研究》1981 年第 3 期。

史有为：《外来词：异文化的使者》，吉林教育出版社 1991 年版。

汪维辉：《汉语"说类词"的历时演变与共时分布》，《中国语文》2003 年第 4 期。

王力：《汉语史稿（下）》，科学出版社 1958 年版。

香港中国语文学会：《近现代汉语新词词源词典》，汉语大词典出版社 2001 年版。

中国社会科学院语言研究所词典编辑室：《现代汉语词典（第 6 版）》，商务印书馆 2012 年版。

周荐：《异名同实词语研究》，《中国语文》1997 年第 4 期。

周荐：《汉语词汇趣说》，暨南大学出版社 2011 年版。

副词"反正"的产生和发展[*]

提　要：在现代汉语中"反正"既可以作实词也可以作虚词，二者之间是否存在语法化关系，学术界目前还存有异议。本文从历时的角度，系统分析了"反正"由短语词汇化压模为词，由短语和词语法化为语气副词以及再度主观化的发展脉络，理清了其实词用法和虚词用法的来源、发展和内在关系，点明了其发展趋向。

现代汉语中，"反"和"正"同为单音节单纯词，二者作为反义词组合成短语使用时指事物相互对立的两个方面；作为语素组合成词时，既可以构成动宾式复合动词也可以构成语气副词。《现代汉语词典》（第5版）将其立为两个义项，《同义词词林》将其分属 Hb 军事活动和 Ka 疏状助语两类语义场，我们分别记作"反正1""反正2"。前人的研究多集中于"反正"的副词用法，即"反正2"，并且大多从句法、语义、语用（吕叔湘，1980；李宏，1999；李科第，2001；陈晓桦，2007；朱景松，2007等）和语篇（宗守云、高晓霞，1999；张谊生，2004；董正存，2008等）等方面进行研究，对其产生原因做出探讨的主要有张谊生和董正存，但二人的观点相左。①

北京大学汉语语言学研究中心开发的 CCL 语料库是一个面向汉语研究和教学使用的大规模语料库，并对古代汉语和现代汉语的语料做了时间切分，这为我们的历时研究提供了方便。为了阐明问题，我们主要从 CCL

---

*　本文作者刘善涛、李敏，发表于《汉字文化》2010 年第 2 期，收录本书时略加修改。

①　张谊生在《现代汉语副词探索》一书的第三编第三章《反义对立式语气副词的性质、功能和成因》中从普通话和方言，共时和历时等角度着重分析了包括"反正2"在内的一类反素词，文中认为这类词的由实变虚走了一条"语法化之路"，董正存在《情态副词"反正"的用法及相关问题研究》一文中认为"情态副词'反正'的出现是突然的"，"无法找到合理的解释"。

语料库、国家语委语料库以及互联网资源中搜集了 12000 多条的语料，从历时和共时的角度展开系统的研究，希望以此对"反正"的演变做出清晰的说明。

一　多义词"反"和"正"的形成

人的认知规律是从原始具体形式向抽象形式发展的过程，"反"和"正"是汉语中较早产生的两个字，本义都表示具体的动作，"反"字在甲骨文中记作 ⼓。《说文解字·又部》解释为："覆也。从又，厂反形。"朱骏声注："厂声，爪（即又）象形，为已覆之掌。反，谓覆其掌也。"本义为动词，"翻转（手掌）"之义，人翻动手掌和鸟翻动翅膀在认知上有着相似性，在这种联想思维的作用下，"反"的本义和后造字"翻"具有相通之处，因此古汉语中二者构成通假字关系，如：

（1）赞者东面坐取黍，实于左手，辩；又取稷，辩，反于右手，兴以授宾。（《仪礼》）

（2）求之不得，寤寐思服。悠哉悠哉！辗转反侧。（《诗经·周南·关雎》）

将事物翻转过来就成了反面，与原来相反的，相违背的方面，如：

（3）君子成人之美，不成人之恶。小人反是。　（《论语·颜渊》）

（4）今杀君而赖其富，贪且反义。（《国语》）

再由此翻转过来，翻转到反面的对立面，即正面，就构成了"返回，返还"的意思，今字写作"返"，如：

（5）太康尸位，以逸豫灭厥德，黎民咸贰，乃盘游无度，畋于有洛之表，十旬弗反。（《今文尚书》）

（6）子为正卿，亡不越竟，反不讨贼，非子而谁？（《左传·宣

公二年》）

反叛，反抗之后，立场也会与原来相反，故引申为 "反叛，叛乱"，如：

（7）乃反商政，政由旧。（《今文尚书》）

（8）迷复之凶，反君道也。（《周易》）

隐喻是认知手段，是跨概念域（cross-domain）的系统的映射，映射的基础是人体的经验，根置于人体、人的日常经验及知识（李福印，2008）。人们正是通过这种潜意识的隐喻手段，用来理解抽象概念，进行抽象推理，促使 "反" 的词义逐渐丰富，义项逐渐增多，并分化出古今字。Lakoff（1987）指出："多义词似乎是一个以原型为基础的范畴化过程中的特殊情况，其中的各义项是相关范畴的成员。原型性高的义项距离中心原型义项近，原型性低的义项距离中心原型义项远"，因此，"反" 的散射范畴（radial category）可以由下列图 1 的散射点阵图来表示：

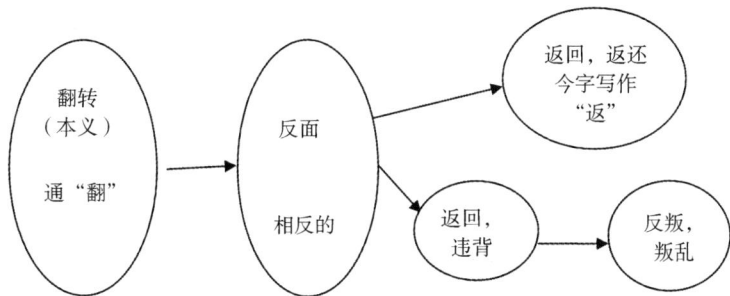

图 1　"反" 的散射点阵图

甲骨文中 "正" 记作 ，从止（脚），从口（城邑），为 "直对着城邑进发" 的意思，是 "征" 的本字，如：

（9）帝曰："皋陶，惟兹臣庶，罔或干予正。"（《今文尚书》）

（10）惟有道曾孙周王发，将有大正于商。（《今文尚书》）

由直对着，正对着引申为事物的不偏，不斜/邪，如：

（11）惟木从绳则正，后从谏则圣。（《今文尚书》）

（12）比至，衣冠不正，不革衣冠，望游而驰。（《晏子春秋》）

再度引申，抽象化为人的正直，正派；社会的正道，行为的正义等，如：

（13）晋文公谲而不正，齐桓公正而不谲。（《论语》）

（14）虽磐桓，志行正也。以贵不贱，大得民也。（《周易》）

用作动词时，活用为使动用法，后面跟名词，表示"使…正"，如：

（15）盘庚教于民，由乃在位，以常旧服，正法度。（《今文尚书》）

（16）君子正其衣冠，尊其瞻视，俨然人望而畏之，斯不亦威而不猛乎！（《论语》）

正对着的一面，为事物的正面，由此引申为正面，正面的，与"反"相对，如：

（17）是以圣人云："受国之垢，是谓社稷主；受国不祥，是谓天下王。"正言若反。（《老子》）

（18）凡燕见于君，必辩君之南面；若不得，则正方不疑君。（《仪礼》）

表示动作正在进行或状态正在持续时，用作副词，如：

（19）丞相尝夏月至石头看庾公，庾公正料事。（《世说新语》）

（20）是时鹑火中，日月正相望。（阮籍《咏怀诗》）

下面我们将粗略地勾勒一下"正"的散射点阵图，见图2：

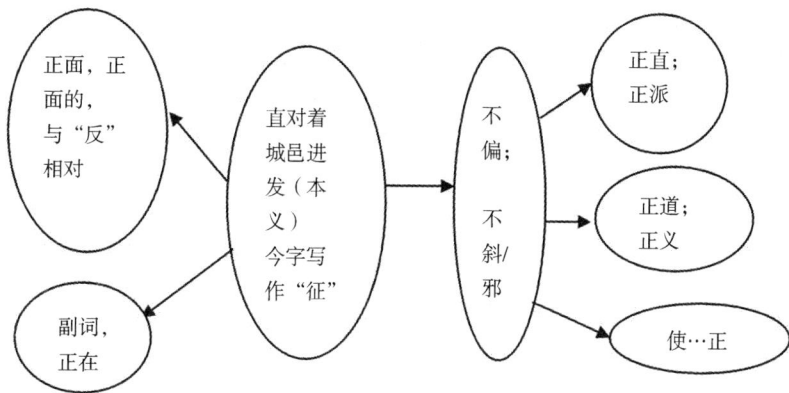

图 2　"正"的散射点阵图

可以看出，随着客观世界和人的认识的不断发展，词义也不断丰富，由基本义不断地派生出引申义。当某一个词第一次用来表达一个新的概念时，实际上就是两个概念通过隐喻的手法被等同起来。本来不包括某一概念意义的词语，通过比喻引申，取得了一个新的概念（孙朝奋，1994）。一词多义集中体现了语言的语义变化，认知概念网络的形成及其转换规律，"隐喻"是认知的主要方式（谢之君，2007）。同时，为了解决一词义项过多，进而增加记忆负担，妨碍交际的负面影响，又在引申义的基础上另造新字，获得独立的身份，这样就形成了"反"与"返"；"正"与"征"的古今字关系。

二　动宾式合成词"反正 1"的形成

在古汉语中"反"和"正"中间是可以插入其他成分分开使用的，如：

（21）冀君觉悟，反于正道而还已也。（《楚辞》）
（22）拨乱世，反诸正，莫近诸《春秋》。（《公羊传》）

从这两句中可以看出，"反"为动词，"复归；回归"的意思，今字写作"返"；"正"为名词，"正道；正义"的意思。例（2）的前半句又形成成语"拨乱反正",或直接简略为词"反正",也即本文所讨论的"反正1"。可见,作为动宾式合成词的"反正1"是由动宾短语词汇化压模凝固而成的。

在战争中,己方代表着正义和正道,所以"反正1"引申出"敌方军队或人员投向己方"的义项2,如:

(23) 珂愤见言色,屡陈讨贼谋。既反正,首献方物,帝甚倚之。(《新唐书·王珂传》)

在封建社会,天子复位是顺应上天的旨意,国运返归正道的表现,所以又特指义项3"恢复皇位",如:

(24) 惠帝反正,敦迁散骑常侍、左卫将军、大鸿胪、侍中,出除广武将军、青州刺史。(《晋书·王敦传》)

语言的发展和社会的变化是相伴发生的,随着封建社会的瓦解,义项3随之消失,所以现代汉语中只收录了前两个义项。即使在当代,由于社会的安定,"反正1"的使用频率也很低,这在一定程度上为"反正2"的频繁使用提供了有利的社会环境。

在CCL宋代以前的古汉语语料库中"反正1"大多位于句末,作谓语。到了南宋,在大量的口语作品中,其位于谓语动词之前作主语的用法逐渐增多,如:

(25) 臣庶内外,一心爱戴,不逾三旬,亟正大位,自古及今,反正未有如此之速者。(佚名《建炎复辟记》)

到了明代,"反正1"后面跟谓词,作连谓结构的用法开始出现,其句法位置的变更为"反正2"的状语功能提供了有利的语言环境,如:

(26) 张柬之等第知反正复位,而不能以大义,处非常之变,为唐讨罪人也。(罗贯中《隋唐野史》)

"反正1"这种词义也可以由"正反"来表示，如：

（27）七月，容州将来正反，伏诛。（《二十五史·新唐书》）

这里是"正"的使动用法，"反"是名词，作宾语。CCL 古代汉语语料库中共58条带有"正反"的句子，使动用法仅此一例，可见这一词类活用现象不符合汉语的习惯，所以使用频率很低，并最终弃之不用。

虽然古汉语中"反""返"多通用，但"反"作为动词"复归、返回"的意义已由今字"返"所代替，所以从理论上讲，"反正1"中的"反"应写作"返"，古字的写法只是人们约定俗成的认识。但是，正如上文所述，由于"反"和"翻"的通假字关系，和"返"的古今字关系，使得汉语中存在着大量的异形词，经考察《汉语大词典》中共存在39组①，即使是最新版的《现代汉语词典》也有6组②。这为认识异形词的来源和理论性与约定性的关系提供了历时分析的角度。

三　体词性并列短语"正反/反正"的形成

在对"反正1"所形成的语义场景进行压模的过程中，将特定的注意力辖域（scope of attention）集中在对事件、事物的反面情况到正面情况的变化过程的选择（selection）中（William Croft，2006），从而凸显了变化的过程和结果，最终形成了动宾式合成词。但是，当用来凸显事物相互

---

① 这39组异形词是：（词语后面的①②等表示词典中所标示的一项数，词语后上标的1，2等表明词典中把这个词语作为同音同形处理的，下同）返工/翻工；反己/返己；反躬/返躬；反正①②/返正；反正④/翻正；反本¹①/返本①；反本²返本②/翻本②；返老还童/返老还童；反朴/返朴；反光①②/返光；反攻①/返攻；反把②/翻把①；反身①/返身/翻身①；返来复去/翻来覆去②；反政/返政；反背①/翻背；反胃①/翻胃①；反素/返素；反真①②/返真①；反叛①/翻叛；反哺/返哺；反悔/返悔/翻悔；反异/翻异；反动②/翻动③；反葬/返葬；反掌①/返掌；反掌②③/翻掌①③；反景 yǐng①/返景；反照/返照；反路/返路①；反语①/翻语①；反璞/返璞；反缚/返缚；反脸/翻脸；反棹/返棹；反覆①/返覆①/翻覆②；反覆②/返覆②/翻覆①；反璧/返璧；反顾①/返顾。
② 这6组异形词为：翻覆④/反覆②；翻工/返工；翻悔/反悔；翻身④/反身；翻胃/反胃；反照/返照。而02年增补本的《现代汉语词典》中有7个，多出"翻把①/反把"一组，从中可以看出减少得趋向。

对立的两个方面时，它就虚化为比较抽象的体词性并列短语，中间可以插入连词。我们从 CCL 语料库中考察得知，"正反/反正"的这一用法最早出现在东汉时期，如：

(28) 恶恶不止，祸及未生，何可希望，行自得之。其命亦薄，不尽其算，阁在天上，以遗善人，可戒子孙慎之。反正悔过，可复竟年，各自分明。(《太平经》)

但是这一用法一直没有得到普遍和推广①，通过对从汉代到宋代 700 年间的 60 余条语料中考查得知，这一用法只出现了一例：

(29) 又以言对事对，各有反正，指类而求，万条自昭然矣。(南朝《文心雕龙》)

到了宋代，随着白话作品的兴起和繁盛，"正反/反正"的这一用法得到了一定程度的发展，并且用在谓词前面作状语的情况也逐渐增多，如：

(30) 朕自雀台创业，兔苑平凶，救生聚之倒悬，俾寰区之反正。(北宋《册府元龟》)

(31) 于夏之日，冬之夜，未尝不挥毫染素，乃至千百幅，反正无下笔之所，方可舍诸。(北宋·梦英《说文偏旁字源目录·序》)

(32) 一失所养，则位养骄，势养傲，侮养高，酒食养四体，养奸以夸，养盗以窃，养虎以贻害，养稂莠以蠹苗，养虮虱以蕃搔，养痈疽以戕身。反正备论养字之义，文亦四变，又短中挽长，皆惧其律也。(南宋·罗璧《罗氏识遗》)

古代汉语语料库中，"正反/反正"的这一用法共出现了 16 例，其中

---

① 其中的原因张谊生解释为反素词内部语言系统的相互制约，他将各主要反素词形成的年代顺序排列如下：长短（唐宋时期）>（早于）左右、好歹、横竖、早晚（宋元时期）>高低、死活、迟早（明代）>反正（19、20 世纪之交）。

"反正"的使用频率远远超过"正反",共 12 例。作状语的用法共 8 例,并且全是"反正"用作状语,这为"反正 2"的出现提供了语言内部动因。到了近代,由于"反正 2"的出现和频繁使用,"反正"作为并列短语的用法多由"正反"取代,并沿用至今。"反正"若表示此种意义时,多用重叠形式,如:

(33) 金豹把一双黑黑的手掌放在炉口上,像烤咸鱼一样,反反正正地翻动着。(张炜《海边的雪》)

(34) 此法能获得反反正正,正正反反,反中有正,正中有反的阅读效果,最是有趣。(《读书》)

四　语气副词"反正 2"的形成和发展

由上可知,"反正 1"和"反正/正反"是在同一语义场景中对不同注意力辖域内的意象图式进行选择的结果,并列短语中的"反"和"正"处于一个语义场的两面,"肯定或否定一个方面也就确定或排除了一切前提,所以会自然而然地走上表总括的主观化(subjectification)道路"(张谊生,2004)。在主观化的过程中,识解的客观性逐渐消退,主观性继续保留(Langacker,1999),呈现出一种此消彼长的动态关系,这种认知方式是"反正 2"产生的心理驱动因素。语言系统中与这种主观化的演变过程相伴发生的是"反正 2"的语义虚化、语音弱化、状语功能和语篇连接功能的出现以及语用目的的变化,这就使得"反正 2"在语言运用中体现出明确的主观性(subjectivity),表明说话人对已知事实的性质特点等方面的自我评价,强调所述内容的必然性(史金生,2003)。

"反正 2"作为副词,表示情况虽然不同而结果并无区别的肯定语气。在 CCL 语料库中,这种用法最初产生于 19 世纪中叶《曾国藩家书》中,在本书中"反正"共出现了 3 例,两例为"反正 1",一例为"反正 2",如:

(35) 假使有疏忽,那反正我的志向素来便定了的,绝对不会临难苟且偷生。(曾国藩《曾国藩家书》)

　　书面语和口语的相互影响是语法化发生的一个重要因素（沈家煊，1994），在 19 世纪后叶的口语化的评书、小说中"反正 2"的使用频率逐渐增多，《康熙侠义传》中共出现 6 个"反正"，且全为副词，同时期的《孽海花》以及随后的《彭公案》《济公全传》《续济公传》中所使用的"反正"也全为副词，并且使用频率逐渐增多。到了民国早期，小说《三侠剑》和《雍正剑侠图》中的"反正"也全为副词，分别是 12 和 41 个。我们说，这时"反正 2"已经形成并得到广泛使用。

　　语法化是一个渐变的过程，既包括实词虚化也包括虚词向更虚的方向的发展，这种变化在口语中体现得最明显，下面是我们对《1982 年北京话调查资料》中抽取的总计 86 条词语的分析。从中我们看到，这 86 个"反正"全为虚词，并且在自然口语的话语分析中，有用作话语标记的表现，如：

　　（36）（问：解放前您住哪儿?）住在这二条，就在那革委会南半拉。父母在这儿，我们打寿长街儿搬来的，寿长街儿就西半拉，福长街儿，寿长街儿，反正，不是那边儿都盖成大楼了吗?（《1982 年北京话调查资料》被调查者：张秀英）

　　（37）现在，反正挺忙的，咳，反正现在就是反正这怎么说啊，我们记件儿呀，记件儿干一双给多儿少钱呀，就是给你划一个范围。（《1982 年北京话调查资料》被调查者：陈志强）

　　在上述实例中，"反正 2"使用的语境和其意义没有太大的联系，更多地用作说话人进行思考的标记，是保持话语连贯的语言单位，体现了说话人组织话语及思考的痕迹（董正存，2008）。

　　这与对英语中话语标记的研究是相一致的，英语中与"反正 2"相对应的语气副词 anyway 一般都认为是话语标记（Deborah Schiffrin，2007），如：

　　（38）It's late now, anyhow.

　　（39）He may not like my visit, but I shall go and see him anyway.

　　话语标记"反正 2"的"语义变成不再指较客观的语境，而指较主观的（包括说话人的观点），不再用做表述事物，而用做满足话语结构的需要"（Traugott，1986）。在话语生成和理解中发挥着关联性和顺应性的作用，保持说话者内部话语连贯，掌握话语主动权。

现代汉语中表达语气的手段有四种：语气词、语调、副词"难道、多"等、句法格式（黄伯荣、廖序东，2007）。王力（1982）认为"语气副词与语气助词一样，都是表示说话人的情绪的，二者的区别在于出现的位置不同，语气助词只用于句末，而语气副词则用在谓词之前"。在《1982 年北京话调查资料》中共出现两例"反正2"位于句末的情况，如：

（40）那会儿也是，够累的慌反正。（《1982 年北京话调查资料》被调查者：马光英）

（41）渐渐这房都多了，以后他也不那么不那么不像先，过去那个合同那么累了。躲着他，还是，反正。（《1982 年北京话调查资料》被调查者：石昆山）

上例中的"反正"虽然位于句末，但更多地还是由于状语位置灵活的缘故，把它看作语气助词显得有些不妥，但这种活用现象是不是为"反正2"的进一步虚化奠定了基础只能从语言的发展中找到答案。

五　结语

上文我们从历时的角度细致地分析了"反正"的发展情况，虽然在一段时期内"反正"和"正反"可以互用，但"反正"的使用频率远远高于"正反"，并且当"反正"的副词用法出现之后，二者便各表其义，各司其职，不再互用。下面我们用图3来粗略地勾勒一下"反正"和"正反"的发展概貌：

语法化的"历程"既可以从时间的距离观察到，也可以从语言学家的分析中观察到（Paul J. Hopper，2005）。"反正1"是最先出现的用法，表示行为动作，属于行域；"反正2"是较晚出现的用法，表总括的意思，说话人认定命题为真，属知域。"语词的行域义是基本的，知域义是从这个基本义引申出来的，引申途径之一是隐喻"（沈家煊，2003）。通过上

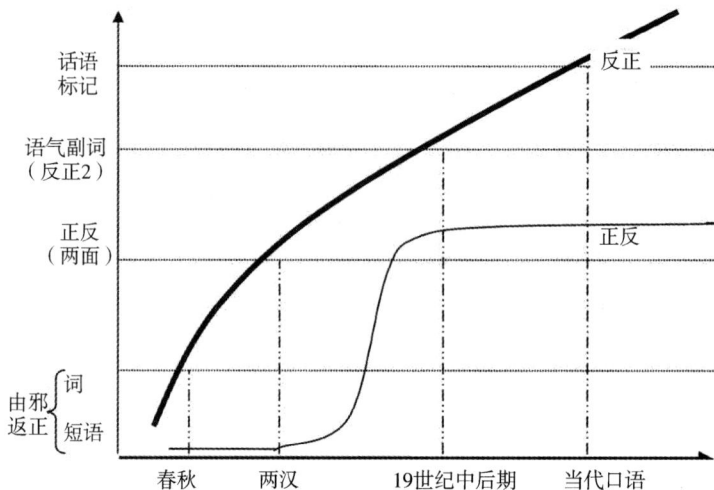

图 3　　"反正"和"正反"的发展概貌图

文的分析和图示的勾勒可知，"反正"经历了一个意义从客观世界到说话人主观世界、由客观或相对主观到更加主观的过程，同时也经历了一个由短语词汇化为词，由实词虚化为虚词的渐变性过程，在这一过程中其意义不仅由实变虚，也由客观变得主观。在"反正"的语法化过程中，语义是基础条件，隐喻、推理、主观化等认知因素和高频使用为其句法位置、语篇功能、语用目的等方面的变化发挥了驱动作用，状语功能和语音弱化则分别凸显了"反正2"在书面语和口语中的形成。总之，在对"反正"的考察中，我们将语言的语法化、词汇化、主观化等方面动态的、历时的变化与整体语言系统相结合进行综合地，深入地研究，方能理清"反正"动态发展的整体情况。

参考文献

Deborah Schiffrin. *Discourse Markers*. 世界图书出版公司 2007 年版。

Lakoff George. *Woman*，*Fire and Dangerous Things*：*What Categories Reveal about the World*. Chicago：The University of Chicago Press，1987.

Langacker Ronald W. Grammar and conceptualization. Berlin：Mouton de Gruyter. 1999.

Paul J. Hopper，Elizabth Closs Trangott. *Gramniaticalization*（*Second Edition*）. 北京大学出版社 2005 年版。

Traugott，Elizabeth Closs. *On Conditionals*. Cambridge University Press，1986.

William Croft，D. Alan Cruse. *Cognitive Linguistics.* 北京大学出版社 2006 年版。

陈晓桦：《语气副词"反正"的语义语用分析》，《语文学刊》2007 年第 5 期。

董正存：《情态副词"反正"的用法及相关问题研究》，《语文研究》2008 年第 2 期。

黄伯荣、廖序东：《现代汉语》，高等教育出版社 2007 年版。

李福印：《认知语言学概论》，北京大学出版社 2008 年版。

李宏：《副词"反正"的语义语用分析》，《语言教学与研究》1999 年第 4 期。

李科第：《汉语虚词辞典》，云南人民出版社 2001 年版。

吕叔湘：《现代汉语八百词》，商务印书馆 1980 年版。

梅家驹、竺一鸣等：《同义词词林》，上海辞书出版社 1983 年版。

沈家煊：《"语法化"研究综观》，《外语教学与研究》1994 年第 4 期。

沈家煊：《复句三域"行、知、言"》，《中国语文》2003 年第 3 期。

史金生：《语气副词的范围、类别和共现顺序》，《中国语文》2003 年第 1 期。

孙朝奋：《〈虚化论〉评介》，《国外语言学》1994 年第 4 期。

王力：《中国现代文法》，商务印书馆 1982 年版。

谢之君：《隐喻认知功能探索》，复旦大学出版社 2007 年版。

张谊生：《现代汉语副词探索》，学林出版社 2004 年版。

中国社会科学院语言研究所词典编辑室：《现代汉语词典》，商务印书馆 2006 年版。

朱景松：《现代汉语虚词词典》，语文出版社 2007 年版。

宗守云、高晓霞：《"反正"的语篇功能》，《张家口师专学报》1999 年第 1 期。

传承性法律词（素）的词义及构词演变*

提　要： 传承性法律词（素）是法律词汇系统中的基本词汇，有着较强的稳固性、能产性和传承性。随着社会的不断变迁，同一传承性法律词（素）在不同的时代，也往往会发生一些变化，或者词形保留，词义也得以保留；或者词形保留，词义发生部分变化；或者仅保留词形，词义发生完全的转移。细致分析这批传承性法律词（素）的词形状况与其法律意义之间的历时演变状况，有助于为今后立法技术中法律语言的准确使用以及新法律术语的构词命名提供借鉴。

　　法律词语是按词汇的使用语域划分出的一个小类，它主要由法律术语、法律行业语和法律常用词三部分组成。按词语的使用频率、构词能力和历史传承情况又可将其分为基本法律词语和一般法律词语。

　　一般法律词语属于法律词汇系统的外围成分，变动性比较大，只在某一历史时期具有较高的使用频率和较广的使用领域，如"黥、劓、磬、鞭笞、囹圄"等；基本法律词语是法律词汇系统中的核心成员，其中有一部分词活跃在各个历史时期，得以世代传承，如"犯、贼、刑罚、偷盗、判处、审讯、自首"等，还有一部分单音词成为各个时代法律术语和行业词构词的基础，如"法、罪、劫、赃、狱"等，我们将这些词语称为"传承性法律词（素）"。

　　本文以古代经典法典《唐律疏议》和现代 1949——2006 年的"人大立法法律法规"（以下简称"人大立法"）为语料，从中抽取出具有较高使用频率的单音节传承性法律词（素），如"裁、察、查、承、盗、斗、断、法、犯、告、官、国、害、获、监、奸、检、劫、禁、拘、决、令、论、免、窃、伤、赦、审、释、税、司、死、讼、贪、逃、偷、徒、枉、

---

　　* 本文作者王晓、王东海，发表于《中国科技术语》2010 年第 3 期，收录本书时略作修改。

违、伪、问、诬、误、刑、凶、疑、役、议、诱、赃、责、贼、诈、债、帐、征、证、制、纵、罪、捕、杀、残、打、毒、警、讯、质、状、度、规、科、摄、服、宪、狱、执、案"等。通过探讨这批词语法律意义的变化以及这种变化对其构词能力的影响等问题，以期为今后立法技术中法律语言的准确使用以及新法律术语的命名提供一些借鉴。

一 传承性法律词语的特点

传承性法律词（素）的主要特点在于其稳定性与传承性。其词（素）形原样传承，词义和词用有的原样沿袭，有的则有不同程度的变化，但传承词（素）的以下三个功能特点保证了其在法律词汇系统中基本词汇的地位。

首先，从词形上来说，这些词语（素）在千百年的传承中，词形一直都未改变，都以词或词素的形式活跃于法律语域中；其次，从词用上来说，这些词（素）因为代表了法律领域内的基本概念和事物而经常被行业甚至全民广泛使用，在普通民众中的知晓度、使用频率都非常高。最后，从其构词功能上来说，这些词语（素）作为词素参与构词的能力古今都很强，可以说正是由于人们对它们的熟知与习用，才使得它们成为构造法律新词的基础。

传承性法律词（素）的这三个方面的特点是相辅相成、互相促进、统一的。正是人们日常习用对其产生的心理上的亲切感促使它们成为构成新法律词语的基础，从而促成了其强大的构词能力，而正是由于其对构词活动的不断参与，才使得其词形得以历时的传承。

二 传承性法律词（素）的发展演变

（一） 词（素）义基本沿袭

一些法律词（素）在历时传承中词义基本没变，一直以词或词素的形式保留在法律语域中，意义得以原样保留，这样的词所占比例也最大，在我们统计的语料中约占77%。这也在一定程度上保证了法律制度的延续性和连贯性。

比如"法",《玉篇·水部》:"法,法令也。"《易·蒙》:"利用刑人,以正法也。"可见其"法律、法令"的意义早已产生,古今未变。这符合语言与社会的共变理论,因为法律是各个时代的人们都需要遵守的行为规则,因此"法"在词汇系统中有其存在的价值和必要。

"法"在其"法律、法令"义位上的构词量古今都很大,根据我们所掌握的语料统计,古代法律词汇中以"法"为词素所形成的词语共 108 个,如"赎法、诈假官法、贼法、诈为官文书法、殴法、妻法、强盗法、杀伤法、邦法、兵符法、捕法、告法、不法、违法、据法、立法、枉法、法官、法例、法令、一等法、俗法、重法、罪法、本法、轻法"等;现代法律词汇中以"法"为词素形成的词语数量和古代的相差不大,共 115 个,如"劳动法、残疾人保障法、修正最高法院组织法、保险法、程序法、钞法、民法、投资法、国家通用语言文字法、税法、宪法、刑法、妇女权益保障法、残疾人保障法、水污染防治法、法定、非法、合法、违法、执法、法规、法纪、法人、法制、司法"等。

通过"法"在"法律、法令"义位上构词的对比,我们可以看出:

(1)"法"作为法律词汇核心成员,古今词义基本没变,有着很强的稳定性和能产性,构词能力异常强大。在其所构成的纷繁复杂的法律词语中都形成了一个以"法"为基础而聚合成的法律词群。

(2)虽然"法"在古今构词方面都有着很强的能产性,但在音节形式方面存在着很大的差异,从其所构成词语的音节来看,古代法律词语中双音节的 51 个,占 47.2%;三音节的 49 个,占 45.4%;三音节以上的 8 个,占 7.4%。现代法律词语中双音节的 17 个,占 14.8%;三音节的 47 个,占 40.9%;三音节以上的 51 个,占 44.3%。见表 1:

表 1   **"法"字古今构词情况表**

音节 / 百分比	双音节(%)	三音节(%)	三音节以上(%)
古代	47.2	45.4	7.4
现代	14.8	40.9	44.3

从"法"所构成的词语可以看出,古代以双音节和三音节占优势,现代的音节明显增长,多音节词语占优势,这主要是为了加强表义的准确

性和精确性的结果。

（3）语言作为社会成员最重要的交际工具，它的发展变化是和社会紧密相连的，各时期的社会发展状况也必然会在语言系统中有所反映。古代法律词语中有一些带"法"的词是现代法律中所没有的，如"一等法、轻法、常法"等，而随着现代依法治国步伐的加快和法制文明的进步，现代法律词汇中也出现了一些古代没有的词语，比如"法定、法规、法人"等。

再如"罪"，《玉篇·网部》："罪，犯法也。"《易·解》："雷雨作，解，君子以赦过宥罪。"可见，"罪"在"犯法或作恶的行为"意义上古今没有变化，也是一个传承性很强的法律词，古今的构词量也都很大。根据我们的语料统计，古代法律词汇中以"罪"为词素形成的词语有66个，如"叛罪、杀罪、大辟罪、斗罪、私罪、死罪、笞罪、出入人罪、论罪、免罪、得罪、处罪、罪法、罪名、罪物、罪状、罪囚、重罪、轻罪、私罪、首罪、原罪"等；现代法律词汇中共44个，如"判罪、无罪、犯罪、治罪、罪证、罪名、行贿罪、伪证罪、投机倒把罪、假冒注册商标罪、藏匿财产罪、藏匿财产罪、非法经营罪、擅自设立金融机构罪、渎职罪"等。

类似的单音节词还有很多，常见的如"审、盗、犯、奸、禁、拘、贪、赃"等。

（二）词（素）义发生引申变化

语言不是静止不动的，词汇系统的变化和社会的发展、人认识的变化紧密相连。新事物的出现、旧事物的消亡以及认识的深化，都可能会引起词汇系统和词义的变动。"一个词词义的演变主要表现在其义位的增加、减少、易位和置换。"（张志毅、张庆云，2005）义位的增加、减少、易位变化都只是在原有意义的基础上产生了一定的引申义变；而义位的置换则使词语的形义关系发生了根本改变，同一词形所表示的意义被与原词义之间没有任何联系的新产生的意义所代替，使得原有词语仅保留了词形，词义发生完全改变，这一类情况比较特殊，我们将单独论述。

1. 义位的增加

随着法律新事物、新现象的不断出现，就需要语言中不断地增加新词或使原词增加新义，而使原词增加新义是在不增加新词形的基础上增加词的内容，符合语言的经济性原则。当然，新义位的增加肯定会在一定程度上对原有的词义关系与构词情况产生一定的影响。

比如"毒"，《说文》解释为"害人之草"，在古代法律语域中主要指"毒物、毒药"，如"蛊毒、毒害、鸩毒、有毒、荼毒"等。而到现代，甚至从近代开始，随着社会的发展和人们对鸦片、海洛因等物品毒害性认识的加深，"毒"开始特指毒品，而一切与毒品有关的活动都是法律严厉打击的对象，所以"毒品"之"毒"成了法律语言生活中一个经常使用的词（素），并以此构成了大批的词语，如"贩毒、缉毒、戒毒、禁毒、冰毒、毒种、吸毒"等。

再如"宪"，在古代的法律文本中与"法"的意义相当，都指"法律、法令"，如《管子·立政》："正月之朔，百里在朝，君乃出令，布宪于国。"从近代开始"宪"增加了一个表"宪法"简称的义位，而且由于语言的经济性和精确性的要求，致使"宪"的"法律、法令"变为非常用义，表"宪法"的义位则逐渐发展成为其常用义。到现代法律文本中"宪"仅专指宪法，而且不再独立使用，仅作为构词词素存在于"宪法""宪章""修宪""立宪"等词语中。在我们所测查的语料中，这类词语约占到 10%，类似的还有"残""打""质""状""讯"等。

2. 义位的减少

某一词语义位的减少可能由于其所指事物或现象的消失，也可能由于其他相关词语或词义的变动，因为语言系统在其发展变化中总是要保持一个动态的平衡。

比如"狱"在古代的常用义有两个，一是指诉讼案件，如《左传·庄公十年》："小大之狱，虽不能察，必以情。"二是指监狱、牢狱，如《释名·释宫室》："狱，又谓之牢，言所在监牢也。又谓之囹圄。"在古代法律词语中以这两个义项所构成的词语都很多，前者如"谳狱、刑狱、狱案、狱成、狱结、鞫狱、反狱、断狱、典狱、察狱等；后者如"狱官、牢狱、劫狱、管狱、狱囚、狱卒、越狱、在狱"等。但是到了现代，其前一个义项已基本上由"讼"或"案"所取代，而"狱"只表"监狱"的意义。

再如"执"，古代可专指拘捕犯人，《说文》："执，捕罪人也。"《诗·大雅·常武》："铺敦淮濆，仍执丑虏。"此义可以构成执捉、拘执、执缚等词语。到现代，"执"的这一义位因被同义的"逮""捕"等词替换而逐渐消失不用，在法律文本中主要用其"执行"等意义。根据对语料的统计，这类单音词占词语总量的 6.5% 左右，类似的单音节传承性法律词还有"服""案"等。

3. 义位的易位

"词位中的义位易位，就是义位的主次（核心和非核心）位置变易，或常用、罕用的位置变易。"（张志毅、张庆云，2005）有些古代的法律词语传承到现代，虽然其法律义位的数目基本没有变化，在现代汉语法律层面构词也很多，但因其内部义位的易位使得某些义位的构词量发生了一定的变化。

比如"徒"，在古代法律语境中，表刑罚的"徒刑"义是其核心义，因为"徒刑"是古代的五刑之一，"徒"在法律语境中有很高的使用频率，可以构成的词语如"徒罪、徒囚、徒役、承徒、科徒、流徒、免徒、馀徒、徒犯、处徒、配徒"等；而表"徒众、学徒"等意义是其非核心义。到现代在汉语层面上"徒"则主要指"教徒、学徒"，构成的词语如"教徒、学徒、徒弟"等；表刑罚的意义成为非常用义，仅构成"徒刑、无期徒刑、有期徒刑"等词语。

再如"贼"，在古代法律语域中主要作名词，既可以表示"抢劫或偷窃财物的人"，构成"盗贼、窃贼"等词语；也可以表示"对国家、人民、社会道德造成严重危害的人"，构成"残贼、草贼、寇贼、内贼、杀人贼、外贼、贼船、贼匪、贼人、贼徒、贼众、盗贼、窃贼"等词语。通过对语料的考察，可以看出在古代法律词汇系统中"贼"以其后一个意义为主，但到现代法律文本中"贼"的这一意义已很少使用，仅构成"卖国贼"等词语。而其前一意义则较多地被人们采用，义位主次位置发生变易。再如"度""规""科"等。

（三）词（素）义消亡

文字是记录语言的书写符号系统，同一词语形式可以表达不同的词汇意义。传承性法律词（素）在其演变中有时出现词形保留，原法律义位消失转变为普通法律文本常用词的情况。这类情况在传承性法律词（素）中所占比例很小，仅占词语总量的 1.3% 左右。

比如"辞"原来是一个典型的法律词（素），当"讼辞"讲，《书·

吕刑》："上下比罪，无僭乱辞"。一直到唐代，这一义位仍然为法律中所常用，构成的词语如"辞状、辞理、辞牒、受辞、疑辞、辞诉"等，但也使用其他非法律义位，如"文辞、辩辞、辞工、辞朝、辞见、言辞"等。传承到现代，其法律义位完全被"言辞、推辞、辞职"等义位所取代，并构成了大量的词语；而表法律义位的"辞"所构成的词语也就随着"辞"的消亡而消亡了。

又如"言（yàn）"，其在古代也是一个典型的法律词（素）。《集韵·原韵》："言，讼也。"《后汉书·循吏传·许荆》："（荆）尝行春到耒阳县，人有蒋均者，兄弟争财，互相言讼。"唐·柳宗元《段太尉逸事状》："我畏段某耶？何敢言我！"《敦煌变文集·搜神记》："经州下辞，言王凭。州县无文可断，遂奏秦始皇。"在古代法律文本中的构词，如"举言、告言、言告"等。到现代，不仅"言"的这一法律义位消失了，语音形式也随之消亡。现在的"言"主要指"言语""言说"，在法律语境中作为普通法律文本常用词而使用。这就造成了"言"在其法律义位上构词的消失。

再如"摄"，在古代法律文本中，"摄"的主要意义有代理、捉拿、拘捕，如"摄判、管摄、捕摄、追摄、勾摄、掩摄、徵摄"等。到现代法律文本中，"摄"原有的法律义位消失，完全被"摄影"等非法律义所替换。

三　传承性法律词（素）的类词缀化现象①

一些单音节传承性词语（素）在长期的使用过程中开始逐渐定位、类化，成了类词缀。比如"法"，吕叔湘（1979）在《汉语语法分析问题》中就已经指出它属于类后缀，汤志祥（2001）、陈光磊（1994）等也都认可"法"的类词缀性质。以"法"为基础构成了一系列法律术语，如"劳动法、残疾人保障法、保险法、投资法、妇女权益保障法、钞法、税法"等，这种构词方式促成了"法"类后缀的形成。

再如"罪"，现代立法中为了保证司法的准确性，就需要对各种"罪

---

① 本节所引用的词语如无特别说明，一律选自《法学词典》（第三版）（《法学词典》编辑委员会编，上海辞书出版社 1989 年版。）

名"加以细致地区分，而这些"罪名"大多都是以"XX罪"的形式出现的，这就使"罪"在构词中的位置趋于固定，语义上也趋向类化，具有了类词缀的性质。

类似这样的词素还有"犯""案""令""警"等。而且不仅单音节，一些以这些单音节词（素）为基础而构成的双音节词素也开始显现出类词缀的特点，比如"非法"，它在诸如"非法剥夺宗教信仰自由罪、非法逮捕、非法管制罪、非法拘禁罪、非法买卖枪支弹药罪、非法侵入住宅罪、非法搜查罪、非法行为、非法制造枪支弹药罪"等法律术语中的位置也趋向于定位与类型化，具有了类前缀的性质。类似的双音节词素还有"条例、犯罪、法人"等。

当然，我们这里说它们逐渐成了类词缀，并不是否认其作为词根的性质，正如张斌（2004）所说："汉语的词根、类词缀同文字之间并不存在对应的关系，同一个汉字有时是词根，有时候则可是类词缀"，如：

罪 {
　词根—罪^1：犯罪、罪过、罪名、罪状
　类词缀—罪^2：贩卖毒品罪、放火罪、非法搜查罪、聚众劫狱罪、
　　军人临阵脱逃罪、破坏选举罪、抢劫罪、诽谤罪
}

犯 {
　词根—犯^1：犯人、犯意、犯罪、犯法、侵犯
　类词缀—犯^2：共犯、劳改犯、惯犯、教唆犯、老人犯、少年犯、实行
　　犯、同案犯、未决犯、现行犯、胁从犯、战犯、政治犯、帮助犯
}

法 {
　词根—法^1：法院、法人、立法、法典、法定、法案、
　　法规、法令、法律
　类词缀—法^2：非制定法、根本法、工会法、公司法、海洋法、环境
　保护法、婚姻法、继承法、人身保护法、外国投资法、物之所在地法
}

四　结语

通过以上分析，我们可以看出，传承性法律词语在历史传承中，虽然因社会的发展和人们认知的变化使它们在某些方面可能发生了一些变化，但其高频使用性与强大的构词能力是古今一直都没变的。无论古代还是现

代，它们都是构成法律词汇的最基本成分，而且通过我们对《新词语大词典》（2003）中有法律意义的新词语的测查，发现其中大多数都是以这批法律传承词（素）为基础构成的，如"江盗、货盗、盗抢、偶犯、嫌犯、疑犯、检控、劫案、警纪、警鼠、航警、边警、前科、绺窃、窃犯、突审、起获、判罚、服判、公捕、收捕、骗奸、消法、智力犯罪、白领犯罪、修宪、严打、侦讯、缠讼、涉案、要案、公决"等。所以，由此我们甚至可以预测，在以后的法律新术语创制中，这些传承性法律词（素）依然会是其主要构成成分。

参考文献

陈光磊：《汉语词法论》，学林出版社 1994 年版。

亢世勇、刘海润：《新词语大辞典》，上海辞书出版社 2003 年版。

吕叔湘：《汉语语法分析问题》，商务印书馆 1979 年版。

汤志祥：《当代汉语词语的共时状况及其嬗变》，复旦大学出版社 2001 年版。

张斌：《简明现代汉语》，复旦大学出版社 2004 年版。

张志毅、张庆云：《词汇语义学》，商务印书馆 2005 年版。

长孙无忌等撰，刘俊文点校：《唐律疏议》，法律出版社 1999 年版。

义位是其成分义、结构义和语境义的函数*

提　要：函数是从数理逻辑借来的概念，义位的成分义是由义位内部不同类型的义素组成的函数；义位的结构义是由义值（包括基义和陪义）和义域（包括多少域、大小域、伙伴域）以及内部的子类型组成的函数；义位的语境义则是由主体语境义、语言环境义、小背景义、大背景义、语境零义组成的函数。上述三种函数又共同构成义位的多元函数表达式。本文以词汇语义为研究的切入点，采用理论和实证、共时和历时、静态和动态相结合的方法对该命题进行多角度的论证分析，希望能对词义本体研究和应用研究有所帮助。

　　词汇主义是当前世界语言学研究的首要趋势（R. Hudson，1991），词义的研究是词汇语义研究的重中之重（张志毅、姜岚，2006）。关于词义的探索已有三千多年的历史，古今中外的学者们大多从哲学、语文学、语言学和普通语义学等角度对词义进行共时和历时的分析。伴随着传统哲学的现代化转向，弗雷格（G. Frege，1892）开始从逻辑学的角度研究语义问题，他的语义组合原则是：句子的整体意义是其组成成分语义的总和及其各部分的组合方式的函数。20 世纪 70 年代产生的蒙塔古（R. Montague）语义学采用严密的数学模式处理和描写自然语言，声称"句子的整体意义是部分意义的函数；句子的意义是它的部分意义组合方式的函数；句子意义是上下文应用的函数；句子的意义是时空的函数"（方立，1993）。大概与此同时，以薛恩奎（И. А. Мельчук）为代表的莫斯科语义学派创建了"意思<=>文本"学说（简称 TCT 学说），该学说的核心概念之一即"词汇函数"理论，函数式为 Y = f（X）。该学派利用这一理论和公式细致分析了俄语词间的语义关系，概括出替换函数和参数函数两大类 70 多

---

　　* 本文作者刘善涛，发表于《国际汉语学报》2013 年第 1 期，收录本书时略作修改。

种类型（张家骅等，2005）。

在吸收借鉴前人研究成果的基础上，我们对词义进行了现代语言学和现代逻辑学的思考，认为义位（glosseme）是其成分义（component meaning）、结构义（structure meaning）和语境义（context meaning）的多元函数，用函数式表示为 G=f（cpm）+g（stm）+h（ctm）（f，g，h>0）。

一　命题的推导和命题证明的共时视角

（一）词位、义位与义位变体

对义位和词位进行多维度划分是现代语言学发展努力探索的结果，本文从词汇语义学的维度将义位界定为一个词的一个自由义项，是语义系统中自由的、最基本的单位；把构成多义词的一束义位称为词位；把义位在具体语境中的意义称为义位变体。

（二）义位的成分义

现代语义学的解释语义学和生成语义学等学派都认为，义位的组成成分为一组语义成分，义位是义素（noeme）的综合体。如：

> 【飞机】一种航天器，由机翼、机身、发动机等构成。种类很多。广泛用在交通运输、军事、农业等方面。（《现代汉语词典》第5版，简称《现汉5》，下同）

该义位是由四个义素构成的综合体：（1）上位义素—航天器；（2）结构义素—机翼、机身、发动机等；（3）类别义素—种类很多；（4）功用义素—广泛用在交通运输、军事、农业等方面。

> 【函购】用通信方式向生产或经营者购买。（《现汉5》）

该义位是由三个义素构成的综合体：（1）工具义素—通信方式；（2）关事义素（陈昌来，2003）—生产或经营者；（3）上位义素—购买。

从上面的举例可以看出义位的成分义是由不同类型的义素（用 x 表

示）构成的多元函数，函数公式为：

$f(cpm) = f_1(x_1) + f_2(x_2) + \cdots + f_n(x_n) \ (x>0)$。

在此函数式中，x1、x2…xn 为定义域和自变量，f1、f2…fn 为对应规则和关系算子，f（cpm）为值域和因变量。

（三）义位的结构义

义位的结构义包括语义结构义和语法结构义两方面。义位是由义位内部的义值（义素）和义域（义素）构成的，义值（value meaning）是义位的质，即质义素；义域（field meaning）是义位的量，即量义素，它包括大小域、多少域、伙伴域等类型。义值中分析出基义（义素）和陪义（义素）。基义（fundamental meaning）又分析出共性义素和个性义素，个性义素中又分析出主要个性义素和次要个性义素。陪义（connotative meaning）又可分出属性陪义、情态陪义、形象陪义、风格陪义、语体陪义、时代陪义、文化陪义等不同的类型。义位结构间的质、量、主、次关系，构成义位内部的层级结构（张志毅、张庆云，2005）。如：

【草泽】〈书〉低洼积水野草丛生的地方：深山~。（《现汉 5》）

该例中的"〈书〉"是陪义中的语体陪义，"低洼积水野草丛生"是基义中的主要个性义素，而"地方"则是基义中的共性义素，"深山~"属于义域中的伙伴域。

【撒】〈方〉减轻（气味、分量等）：~味儿｜~分量。（《现汉 5》）

该例中的"〈方〉"属于语体陪义，"减轻"是基义，"气味、分量等"是伙伴域中的显性伙伴域，"~味儿｜~分量"属于伙伴域中的隐性伙伴域。

【俊俏】〈口〉（相貌）好看：模样~。（《现汉 5》）

该例中的"〈口〉"属于语体陪义，"相貌"是伙伴域中的显性伙伴域，"好看"是基义，"模样~"属于伙伴域中的隐性伙伴域，从释义和例证中可以看出该义位又具有赞美、喜爱的情态陪义。

从上面的举例可以看出义位的结构义，也是由不同性质、不同类型的义值和义域构成的多元函数，函数公式为：

$$g(stm) = g_1(vlm) + g_2(fdm) = [g_{11}(fdmm) + g_{12}(cntm)] + g_2(fdm) = \{[g_{111}(fdm_1) + g_{112}(fdm_2) + \cdots] + [g_{121}(cntm_1) + g_{122}(cntm_2) + \cdots]\} + [g_{21}(fdm_1) + g_{22}(fdm_2) + \cdots] \quad (fdm, fdmm, vlm > 0; cntm \geqq 0)。$$

在此函数式中，vlm、fdm、fdmm、cntm…为定义域和自变量，g1、g2、g11、g12…为对应规则和关系算子，g（stm）为值域和因变量。

如果对双音复合词语素义之间的语义结构进行分类，大致可以分出 A+B＝A＝B、A+B＝A、A+B＝B、A+B＝C、A+B＝A+B、A+B＝A+B+D、A+B＝A+D、A+B＝D+B 等八种类型（亢世勇，2004）。这种分类是一种便于操作的语义结构分析，我们下文的实证研究将以此为参数和切入点。

再者，义位的语法结构这里专指构词结构，即联合、偏正、补充、动宾、主谓等。这些结构类型也是自变量，同一成分，不同类型之间的意义是不同的，如"评分"做动宾结构时为动词，是"评定分数"的意思；做偏正结构时为名词，是"评定的分数"的意思。"扑跌"做联合结构时为名词，是"相扑或摔跤"的意思；做偏正结构时为动词，是"向前跌倒"的意思，这种因不同语法结构所形成的不同意义在词典中分列为不同的义项（《现汉5》）。再如"铺盖"做联合结构时为名词，是"褥子和被子"的意思；做偏正结构时为动词，是"平铺着盖"的意思，这种因不同语法结构所形成的不同意义在词典中则分别立目，表示不同的词（《现汉5》）。

（四）义位的语境义

弗雷格1884年在《算数基础》中提出必须在句子联系中解释词的原则，后人称之为语境原则。语境作为解释语言的社会功能的手段是以索绪尔（Sunssure）的"结构段"为前导的。由于索绪尔对"语言"和"言语"的区分，并将研究对象锁定在"语言"方面，语境一般只是用来指称单个语言项目前后毗邻的语音、词或短语，最多不过是指在句子层次上对语词和句子意义有制约作用的所谓上下文，与语言外部环境基本无涉

（许力生，2006）。1923 年马林诺夫斯基（Malinowski）确立"语境"概念，并首次区分了"情景语境"和"文化语境"，使"语境"包含了与语言相关的外部世界的特征。弗斯（Firth）在此基础上创立了完整的语境理论，他将语言外的情景因素视为与语言内的上下文同等重要，语言学的任务是要把语言中各个有意义的方面与语言外的各种因素联系起来研究。韩礼德（Halliday）、海姆斯（Hymes）、莱昂斯（Lyons）、哈里斯（Harris）、维索尔伦（Verschueren）、斯波伯（Sperber）和威尔逊（Wilson）等学者都对语境进行过研究。

　　义位的语境意义类别共包括五类：（1）主体语境意义（subject context meaning），即义位在言语中受交际者影响而产生的意义。（2）语言环境意义（linguistic context meaning），即义位的组合意义，包括义位内部语素的组合意义和义位之间的组合（义位搭配）意义两种情况。（3）小背景意义，即场合义（occasions meaning）。（4）大背景意义，即社会文化意义（social and cultural meaning）。（5）语境零义（zero context meaning），指受交际者、场合、时代等语境参数的制约，某些义位的义值为零（张志毅、张庆云，2005）。

　　如"我们"一词在表示群体的时候使用时指包括说话者在内的若干人；在个人的文章或发言中使用则多指作者或说话者本人，此时"们"表示复数的意义为零；在课堂上老师常说"今天我们学习……"中的"我们"的语义重心不在说话者，而在学生，义位趋于零。"我们"一词的意义差别是由主体语境义和场合义的不同形成的。

　　表示容量单位的"斗"在"斗胆、斗印、斗碗"等词中用来指物体大，在"斗室、斗舍、斗船"等词中用来指物体小，"斗"义的两极对立现象是由其使用的语言环境义决定的。

　　同样是表示照明工具的"灯"，古代多指油灯，现在多指电灯，时代不同，所指不同，这是社会文化意义的差别形成的。

　　从以上诸例可以看出义位的语境义，也是由不同类别的参数构成的多元函数，函数公式为：

　　$h（ctm）= h_1（sbjcm）+ h_2（lgtcm）+ h_3（ocsnm）+ h_4（scctm）+ h_5（zcm）（sbjcm、lgtcm、ocsnm、scctm > 0；zcm \geqq 0）$。

　　在此函数式中，sbjcm、lgtcm、ocsnm、scctm、zcm 为定义域和自变量，h1、h2、h3、h4、h5 为对应规则和关系算子，h（ctm）为值域和因变量。

（五）函数式的内涵

词的义位是从众多的语境义中抽象概括出来的，用具有不同关系算子的成分义（义素）和结构义展示其特定的函数值。义位（glosseme）是其成分义（component meaning）、结构义（structure meaning）和语境义（context meaning）的多元函数，用函数式表示为 $G = f (cpm) + g (stm) + h (ctm)$（$f, g, h > 0$）。在此函数式中，cpm、stm、ctm 为定义域，是自变量，用一组词或词组代表不同的意义类型；f, g, h 分别为关系算子，表示不同的意义关系；G 为义位的值域，是因变量，大多用词组或句子的形式表示在三个子函数式影响下生成的最终值，其中，f, g, h 的取值不能为零，$f (cpm), g (stm), h (ctm)$ 的任一变化都会影响 G 的最终取值。

如上文"飞机"的义位是从各种"战斗机、客机、运输机、农业机、森林防护机、航测机、医疗救护机、游览机、公务机、体育机、试验研究机、气象机、特技表演机、执法机等"等具体的语境义中抽象概括出来的，义位中"航天器"属于基义中的共性义素，"由机翼、机身、发动机等构成"是基义中的主要个性义素，"种类很多"是次要个性义素，"广泛用在交通运输、军事、农业等方面"为义域。

再如：为了适应部分人"以瘦为美"的审美标准，汉语中新造了"减肥"一词，并被人们广泛接受和使用，词义逐渐固定为"通过控制饮食、增加运动、服药等方法减去多余脂肪，使不过于肥胖"（《现汉5》）。在此义位中"通过控制饮食、增加运动、服药等方法"为方式义素，次要个性义素和义域中的多少域，"减去多余脂肪，使不过于肥胖"为目的义素，主要个性义素，"减去"为方式义素，基义中的共性义素。该词义逐渐发展，语义场发生转移，基义中共性义素不变，个性义素发生变化，用来比喻"精简机构；裁减冗员"（《新华新词语词典》）。该义位的产生是通过原义位成分义、结构义和语境义函数值的变化形成的，由于产生时间较短，还没有收录进《现汉5》，但已被大多数新词词典所收录，其函数值能否得到规范汉语的接受还有待验证。

二　命题证明的历时视角

一切事物都必须置于一定历史过程中去考察，借助历时的研究成果，才能全面地科学地认识事物，进而促使共时的研究。现代语言学的研究告诉人们：语言是一个开放的、动态的平衡系统。同理，作为语言系统的一个子系统—词义也处于动态的平衡变化之中。

一般说的词义演变都是限制在一个词位之内，从词汇语义的角度分析，词义演变是由词位内义位的成分义、结构义和语境义函数值的改变引起的，词义演变的最终结果为三者影响下的原义位，即原函数值的变化，具体体现为：词位中义位的转移、转类、虚化、缩小、扩大、深化、贬降、扬升、弱化和强化（张志毅、张庆云，2005）。如"报"：

G_1 受了别人的东西以后，还送给别人东西以为回报。《诗经·卫风·木瓜》："投我以木瓜，~之以琼琚。"

引申为 G_2 回报别人的恩惠或仇恨，即报恩或报仇。《论语·宪问》："以直~怨，以德~德。"

又引申为 G_3 天对人的善恶的回报（迷信）。《荀子·宥坐》："为善者天~之以福，为不善者天~之以祸。"（郭锡良等，1999）

在 G_1 中"受了别人东西"为前提义素，"以后"为时间义素，而"受了别人的东西以后"为义域中的显性伙伴域，"还送给"为方式义素，"别人"为受事义素，"东西"为内容义素，"还送东西"为基义中的主要个性义素，"别人"为次要个性义素，"回报"为上位义素，基义中的共性义素。在"投我以木瓜，~之以琼琚"的语境义中，G_1 的内容义素为"琼琚"，主要个性义素为"还送琼琚"。

随着 G_1 语境义的变化，G_1 引申出 G_2 的意义，在 G_2 中显性伙伴域因扩大而变为隐性伙伴域，不再出现在 G_2 的释文中，"回报"仍为上位义素，基义中的共性义素，"别人"仍为受事义素，次要个性义素，而基义中的主要个性义素由具体的实物抽象为"恩惠或仇恨"，同时"恩惠或仇恨"也显示出该位的多少域，"报恩或报仇"成为 G_2 的核心义素。在"以直~怨，以德~德"的语境中，G_2 的语境义分别为"报仇"和"报恩"。在由 G_1 到 G_2 的义位演变过程中，G_1 发生义位的转移、虚化、扩大和强化。

再由 G_2 引申为 G_3,"天"成为施事义素,"人"成为受事义素,二者为 G_3 的显性伙伴域,"人的善恶"为前提义素,是主要个性义素,"回报"仍为上位义素,共性义素,义位中增加了"迷信"的情态陪义和文化陪义。在"为善者天~之以福,为不善者天~之以祸"的语境中,G_3 的语境义分别为"天对人的善的回报"和"天对人的恶的回报"。G_2 到 G_3 的演变,G_2 发生义位的转移、贬降和再度强化。又如"臭":

G_1 名词,气味。《左传·僖公四年》:"一薰一莸,十年尚犹有~。"(薰:香草。莸:臭草。)

引申为 G_2 形容词,(气味)难闻的。《水经注·沔水注》:"白起攻楚,引西山谷水灌城……死于城东者数十万,城东皆~,因名其陂为~池。"(郭锡良等,1999)

"臭"由 G_1 演变为 G_2 词性由名词变为形容词,"气味"成为显性伙伴域,"难闻的"成为核心义素和基义,义位发生转类和缩小。再如"出局":

G_1 指棒球、垒球比赛击球员或跑垒员在进攻中因犯规等被判退离球场,失去继续进攻机会。

G_2 泛指在体育比赛中因失利而不能继续参加下一阶段的比赛:经过预赛,有三支球队被淘汰~。

G_3 比喻人或事物因不能适应形势或不能达到某种要求而无法在其领域继续存在下去:粗制滥造的产品必要被淘汰~。(《现汉5》)

在"出局"的原有义 G_1 中"棒球、垒球比赛"为类别义素和显性伙伴域,在新义 G_2 中扩大为"体育比赛",在新义 G_3 中再度扩大为经济、文化等某种领域。在 G_1 中"击球员或跑垒员"为受事义素、主要个性义素和显性伙伴域,在 G_2 中扩大为运动员或运动队,在 G_3 中再度扩大为某领域中参与竞争的事物、个人或团体等。在 G_1 中"在进攻中犯规等"为原因义素和次要个性义素,在 G_2 中扩大为"在比赛中失利",在 G_3 中再度扩大为"不能适应形势或不能达到某种要求"。在 G_1 中"被判退离球场,失去继续进攻机会"为结果义素和主要个性义素,在 G_2 中扩大为"不能继续参加下一阶段的比赛",在 G_3 中再度扩大为"无法在其领域继续存在下去"。从 G_1 到 G_2 的演变发生在体育比赛义场,属于场内转移,但从 G_2 演变为 G_3 使得语义场发生变化,属于场间转移。

类似的例子还有很多,如"池、穷、诬、淫、网、谤、诛、妻子、锻炼、骨肉、领袖、眉目、渠道、爪牙、阿斗、菜单、下课、充电、阳光、软着陆、防火墙、擦边球"等。可见，在词义演变过程中，义位中的成分义、结构义和语境义的函数值都发生或多或少的变化，最终引起原函数值的变化和新函数值的产生，新义位的形成，义位演变中各函数值的调整和变化对原有词和新词的词义演变都是同样适用的。

三 命题证明的实证研究

为了从实证角度证实上述命题，我们以词的语义结构为研究的切入点，从既无成分义也无语境义（无信息）、只有成分义（单信息）、既有成分义也有语境（双信息）三个方面探讨具有中级汉语水平的韩国留学生对新词和基本词的词义理解状况，进而分析语素义、语境义和词的语义结构在词义理解函数量变关系中的数值反映。

（一）实验设计

本实验采用 2（词汇类型）×8（语义结构类型）×3（提示信息）被试内实验设计。自变量为词汇类型（新词、原有词）、语义结构类型（A+B=A=B、A+B=A、A+B=B、A+B=C、A+B=A+B、A+B=A+B+D、A+B=A+D、A+B=D+B）、提示信息（无信息提示、单信息提示和双信息提示）。因变量为被试猜测词义的成绩。

（二）选词原则与实验材料

在实验之前，我们以《新华新词语词典》为主要语料来源建立了一个中小型的《对外汉语新词教学信息库》（简称《信息库》，刘善涛等，2011），并在一系列思想和原则的指导下对其收录的 1835 条词目进行了 12 个方面的属性标注，这为我们选择新词提供了适量的封闭域。同时，根据对教材中生词的考察和学生的反映情况，我们按照《汉语国际教育用音节汉字词汇等级划分》（简称《等级划分》，下同）中"汉字等级表"中的"普及化等级汉字"和"中级汉字"选取《信息库》中同时使用这两级汉字所构成的双音节词，然后通过专家干预的方式，以词的八种语义结构类型为标准，把从《信息库》中抽取的双音节词以及《等级划分》中的"中级词汇"和"高级词汇"进行适度筛选，作为本实验的备用词语。

在实验中，我们为每种语义构词类型选取了 30 个被试词，共 480 个，抽样 48 个（见表 1），抽样数量和留学生每篇课文中的生词数量大致相等，符合留学生的接受情况。

表 1　　　　　　　本实验涉及的语义构词类型、词汇类型和所选词语

ID	类　型	被试新词	被试原有词
1	A+B＝A＝B	层级、绩效、亮丽	服从、答复、停留
2	A+B＝A	解读、亮化、皮草	动静、口头、响亮
3	A+B＝B	打压、老记、企划	出卖、报废、凑巧
4	A+B＝C	板块、充电、下海	动手、弟子、蓝图
5	A+B＝A+B	公关、备考、危房	预约、常识、持久
6	A+B＝A+B+D	帮困、情变、新低	送行、笔试、重大
7	A+B＝A+D	变脸、电眼、换血	动身、往常、讲座
8	A+B＝D+B	洗钱、死机、天价	操心、顾问、留恋

（二）试题设计

本次测试的试题形式为单项选择题，每个试题设置四个选项，选项内容为被试词语的正确释义和三个干扰项，要求被试对象从中选择正确的释义选项。试题中的语言在不影响表达连贯性和释义准确性的前提下，尽量使用简单词汇和句型，要求被试对象能完全理解被试项目所表达的意思。根据提示信息的不同，我们设置了三套试题，分三个步骤进行实验，每步实验相隔四周，并且每步试题中被试词语的顺序已被随机打乱，以排除时间过短和测试内容过于重复而影响实验的信度。下面我们以新词"解读"和原有词"停留"为例介绍一下被试词语在三种不同提示信息下的处理情况。

无信息：	解读　　　　是否学过?　　　　是 □　　　否 □
语素义：	解：动词，明白，如"理解、了解、误解" 读：动词，看书时念出声来，如"读书、朗读、读音"
语境：	只有经历了人生的酸甜苦辣才能解读出生活的意义。
选项：	A：把内容多读几遍，从而更好地理解 B：一边读书，一边了解和理解书里的内容 C：解决读书中遇到的问题 D：分析，理解；体会

无信息：	停留　　是否学过?　　　　是 □　　否 □
语素义：	停：动词，停止；动作、行为不再继续 留：动词，停住；不离开，如"逗留"
语境：	绿灯亮的时候，车辆不要在马路中间停留。
选项：	A：在某个地方留学以后就生活和居住下来，不再回国 B：停下一件事情去做另一件事情 C：暂时停下来，不继续前进 D：停止自己的工作留给别人做

（四）被试对象

为了排除国别因素和母语因素对本实验的影响，此次实验选取了在中国的大学二年级学习汉语的 18 名母语为韩国语的韩国籍留学生为被试对象，他们学习汉语的时间为 1—3 年，已经具有了中级汉语水平。

（五）实验结果

实验完成后，我们对每种条件下的回答情况进行统计，选择正确计 1 分，选择错误或未作选择计 0 分，表 2 记录了三种实验条件下被试的正确词次和正确比率。

表 2　　　　　　　　　　本实验中各类条件下词语理解的成绩①

类型	新词				原有词				数值
	无信息	单信息	双信息	数值	无信息	单信息	双信息	数值	数值
A+B=A=B	22/40.7	33/61.1	35/64.8	90/55.6	22/40.7	34/63	34/63	90/55.6	180/55.6
A+B=A	13/24.1	15/27.8	30/55.6	58/35.8	21/38.9	23/42.6	33/61.1	77/47.5	135/41.7
A+B=B	14/25.9	21/38.9	31/57.4	66/40.7	12/22.2	20/37	29/53.7	61/37.7	127/39.2
A+B=C	18/33.3	15/27.8	34/63	67/41.4	26/48.1	22/40.7	35/64.8	83/51.2	150/46.3
A+B=A+B	27/50	34/63	35/64.8	96/59.3	28/51.9	38/70.4	36/66.7	102/63	198/61.1

---

①　"/"之前的数据为正确词次，即所有被试在相应类型、相应阶段测试时正确项目的累计数；之后的数据为正确比率，即该类型的正确词次与该类型词语在相应阶段测试时出现的总词次之比。如在新词的"无信息"测试阶段，A+B=A=B 类词语出现的总词次为 3×18=54 次，累计正确词次为 22 次，得出总的正确比率为（22/54）×100%=40.7%。在新词的"无信息"测试阶段出现的总词次为 3×8×18=432 次，累计正确词次为 160 次，得出总的正确比率为（160/432）×100%=37%。

续表

类型	新词				原有词				数值
	无信息	单信息	双信息	数值	无信息	单信息	双信息	数值	数值
A+B=A+B+D	30/55.6	38/70.4	37/68.5	105/64.9	34/63	39/72.2	37/70.4	111/68.5	216/66.7
A+B=A+D	16/29.6	20/37	34/63	70/43.2	19/35.2	18/33.3	34/63	71/43.8	141/43.5
A+B=D+B	20/37	25/46.3	32/59.3	77/47.5	27/50	25/46.3	33/61.1	85/52.5	157/48.4
数值	160/37	201/46.5	268/62	629/48.5	189/43.8	219/50.7	272/63	680/52.1	1309/50.5

从实验步骤 1 的测试数据中我们可以发现在没有任何信息提示之下留学生猜测词义的成绩不甚理想，正确比率在半数以上的是 A+B＝A+B+D 和 A+B＝A+B 两种语义表面化倾向较强，语义透明度较高的构词类型，而对于 A+B＝A+D、A+B＝B、A+B＝A 等语义表面化倾向较弱，语义透明度较低的构词类型的正确比率则在半数，甚至在 30% 以下。这说明语素的多义性以及语义构词的复杂性等因素影响对生词词义的判断，甚至在一定条件下会产生负作用。

从实验步骤 2 的测试数据中我们可以发现在有构词语素义信息的提示之下，留学生猜测词义的难度比步骤 1 有所下降，被试的总正确比率提高了 9.5%。其中 A+B＝A＝B 类型词语的提高幅度最大，在新词和原有词中分别提升了 20.4% 和 22.3%，此外 A+B＝A+B+D 和 A+B＝A+B 的提高幅度也位于其他构词类型的前列。但 A+B＝C、A+B＝A+D、A+B＝D+B 三种构词类型中的测试成绩则呈现出负增长的趋势，尤其是 A+B＝C 类词语，其在新词和原有词中的正确比率和步骤 1 相比分别降低了 5.5% 和 7.4%。这说明构词语素义信息的提示对留学生猜测生词词义是有帮助的，特别对于可以从语素义直接获知词义的语义透明度较高的词语而言，其效果更加显著，但又不能一概而论，对于语义透明度较低的词语而言，其积极效果不太明显。

从实验步骤 3 的测试数据中我们可以发现在既有构词语素义信息又有语境信息提示之下的词义猜测成绩比前两个步骤又有了一定的进步，在新词和原有词的理解中，步骤 3 比步骤 2 的正确比率分别提高了 15.5% 和 12.3%，比步骤 1 的正确比率分别提高了 25% 和 19.2%，其中提高幅度最大的是 A+B＝A、A+B＝B、A+B＝C 类词语，而对于 A+B＝A＝B、A+B＝A+B+D、A+B＝A+B 类词语的提高幅度则较小，甚至在某些情况下出现了负增长的现象。这说明语境信息的提示对留学生猜测生词词义也是有帮助的，尤其是对于语义透明度较低的词语其效果更加显著，而对语义透明度较高的词语的作用效果不明显。

从新词和原有词两种词汇类型中各语义结构的被试词在三个测试步骤后的总正确词次和正确比率来看，A+B＝A+B+D、A+B＝A+B、A+B＝A＝B 三种类型的词语在新词和原有词中的正确词次都分别是前三位的构词类型，正确比率都在 50% 以上，这从最后每种类型词语的总正确词次和正确比率的数值分析中也能得到证明。同时，数据也显示对于 A+B＝A、A+B＝B 两种构词语素义在词义中只体现其中一个语素的意思而另一语素的意思在词义中不存在的构词类型的正确词次和正确比率是最低的，而对于A+B＝C 构词语素义不能体现词义的构词类型总正确比率位列第五，为46.3%。这说明留学生对新词和原有词中不同构词类型的理解策略是大致相同的，其间不存在本质的差异，语素义在词义中都有体现的、语义透明度较高的词语的猜测成绩最好，语素义部分体现词义的、语义透明度较低的词语的猜测成绩最差，而对于语素义不体现词义的 A+B＝C 类型的词语留学生则可以借助语境信息得出较好的猜测成绩。从总体而言，留学生对不同构词类型的认知理解梯度依次为 A+B＝A+B+D ＞ A+B＝A+B ＞ A+B＝A＝B ＞ A+B＝D+B ＞ A+B＝C ＞ A+B＝A+D ＞ A+B＝A ＞ A+B＝B。

（六）实验结论

（1）中级汉语水平的韩国留学生已具备通过构词语素义猜测生词词义的能力，对于词义表面化倾向较强，语义透明度较高的词语的词义猜测能力稍好一些，但是构词语素的多义性和生词语义结构的复杂性会影响留学生对生词词义的理解。

（2）构词语素义信息能对生词，特别是 A+B＝A+B+D、A+B＝A+B、A+B＝A＝B 类型的生词的理解产生较好的促进作用，但对语素义部分体现词义 A+B＝A+D、A+B＝D+B 类型词语或语素义不能体现词义的 A+B＝C 类型词语的促进效果不显著，甚至在某些情况下会产生负作用。

（3）句子语境也会对词义理解产生影响，与无语境信息相比，有语境的词义猜测更为理想，但又不可一概而论，留学生对词义表面化倾向较弱，语义透明度较低的 A+B＝C、A+B＝A、A+B＝B、A+B＝D+B、A+B＝A+D 类型的词语能够借助丰富的语境信息较好地理解词义，而对本已能够借助语素义较好地猜测出词义的词语而言，语境信息的作用效果不十分明显。

（4）原有词因其高频性和常见性，留学生在社会生活和语言生活中较易接触，因而词义理解和猜测成绩在一定程度和范围内高于新词，但留学生对原有词和新词词义的猜测和理解效果不存在本质的差异，留学生对这两种词汇类型在各实验阶段的成绩呈现出一定的相似性。

总之，留学生汉语词汇的理解与其构词语素、语义结构和语境信息密切相关，词义理解的最终结果是其成分义、结构义和语境义之间的函数，留学生对新词和原有词的理解具有相似性和相通性。对词的意义的探索是一个相当复杂和艰巨的工作，从宏观的角度分析，义位受客体因素、主体因素和语言因素的影响；从语言世界分析，义位还受语音、语法、语言接触等因素的影响。本文仅从词汇语义学的角度进行分析，将理论和实证、共时和历时、静态和动态相结合，希望能对词汇语义研究、中文信息处理、词典编纂以及对外汉语词汇教学有所帮助。

参考文献

Frege，G.（弗雷格），*Über Sinn und Bedeutung*. 1892. 中译本《论涵义和指称》（一译《论意义和意谓》），刊于涂纪亮《语言哲学名著选辑》，三联书店 1988 年版。

Hudson，R. *English Word Grammar*，Routledge，USA，1998.

陈昌来：《现代汉语语义平面问题研究》，学林出版社 2003 年版。

方立：《美国理论语言学研究》，北京语言学院出版社 1993 年版。

国家汉办：《汉语国际教育用音节汉字词汇等级划分》，北京语言大学出版社 2010 年版。

郭锡良、唐作藩等：《古代汉语》，商务印书馆 1999 年版。

亢世勇：《面向信息处理的现代汉语语法研究》，上海辞书出版社 2004 年版。

刘善涛、李敏、亢世勇：《对外汉语新词教学信息库的研究与实现》，《语言文字应用》2011 年第 1 期。

商务印书馆辞书研究中心：《新华新词语词典》，商务印书馆 2003 年版。

许力生：《语言学研究的语境理论构建》，《浙江大学学报》（人文社会科学版）2006 年第 4 期。

张家骅、彭玉海等：《俄罗斯当代语义学》，商务印书馆 2005 年版。

张志毅、姜岚：《词汇语义学的新进展》，《词汇学理论与应用（三）》，商务印书馆 2006 年版。

张志毅、张庆云：《词汇语义学》，商务印书馆 2005 年版。

中国社会科学院语言研究所词典编辑室：《现代汉语词典（第 5 版）》，商务印书馆 2005 年版。

原型范畴理论与词典编纂

——以《现代汉语词典(第六版)》中的新词语类词缀为例[*]

提　要：原型范畴理论对词典的收词立目、义项切分和排列、释义和例证等各方面都有一定的指导作用。新兴类词缀在人们创制和认知新词语的过程中发挥着原型作用，词典应按照原型范畴的要求，利用语料库技术，挖掘出积极稳定的新词新义，描绘出词义演变的脉络，概括出典型意义和用法。

"范畴"一词源于古希腊哲学家亚里士多德(前384—前322年)的《工具论·范畴篇》，书中以唯理主义为基础，第一次对范畴体系进行了较系统的整理和研究，从而形成了由"充分必要条件"双向联合定义的古典范畴理论。但是，这种绝对化的二分思维割断了事物之间的联系。1933年，英国哲学家维特根斯坦在《蓝皮书》指出所有的"Spiel(游戏)"都由一个复杂的、相互交叉的相似性网络连接在一起(陈嘉映，2003)。语言跟"Spiel"一样，是由多种多样的具有家族相似性的范畴构成的。20世纪70年代以来，Rosch(1973)、Labov(1973)、Lakoff(1987)等认知心理学家通过对一些基本范畴的大量实证研究发现，"原型(Prototype)"是人们对事物的范畴化认知中起关键作用的基本范畴，这样就形成了现代范畴理论，也即"原型范畴理论"。

词典的编纂和修订既需要对孤立的词语个体进行考量，也需要对各语义场内的类义词群以及具有层级差异的词汇系统进行整体把握。原型范畴是一种"理想的认知模型(ICM：Ideal Cognitive Model)"，融语文知识

---

　　* 本文作者刘善涛，曾以《原型范畴理论与词典编纂——以新词语类词缀与〈现代汉语词典〉(第6版)为例》发表于《东方论坛》2013年第3期，收录本书时略作修改。

和百科知识于一体，在一定环境下中可以产生"原型效应（Prototype Effects）"。原型范畴理论对词典的收词立目、义项切分和排列、释义和例证等各方面都有一定的指导作用。

单义性和词群化是当代汉语新词语的重要特点，也是新词语词典收词的重要特色。但是，作为实录性的编年本新词语词典与规范性工具书的《现代汉语词典》（简称《现汉》）在编纂目的和宗旨方面存在一定的差异，《现汉》增收新词新义的原则与新词语词典也有所不同。本文以原型范畴理论为指导，以周荐和侯敏主编的五本编年本新词语词典为语料来源，研究附加式新词在 2006—2010 年度新词语词典和《现汉》五版、六版（简称《现汉 5》《现汉 6》）中的处理情况，并对相关问题提出建议，希望对新词语词典的编纂和《现汉》的再次修订有一定帮助。

一　新词语类词缀概观

新词中根据某种词语模（李宇明，2002）而滋生出的同族新词语由于其造词的格式化和框填性则更容易被人们模仿、创制和传播，从而使新词数量在一定时间内呈现出急剧猛增的态势。在这些有着一定生命力的造词模式中，模槽是语境中不断变化的变量，而模标则是较为稳定的常量。但是，一定数量的模槽变化也会引起模标的词义变动，最突出的表现就是模标的词义相对泛化，位置相对固定，构词的类化和能产，进而发展成类词缀①。在词语模"X 族"中，"族"是模标，是常量，原义为"事物有某种共同属性的一大类"（《现汉 5》）。在《06 汉新》（即《2006 汉语新词语》的缩写，下同）中根据模槽的不同所构成的同素新词有 29 个，如"奔奔族、吊瓶族、飞鱼族"等；《07 汉新》中有 48 个，如"爱邦族、毕婚族、CC 族"等；《08 汉新》中有 36 个，如"爱券族、单眼族、飞单族"等；《09 汉新》中有 65 个，如"爱鲜族、背卡族、毕漂族"等；《10 汉新》中有 72 个，如"爱堵族、摆婚族、斑马族"等。可见，在不同模槽的推动下，"族"不仅表现出极强的构词能力，也在原义的基础上

---

① 类词缀是介于词根和词缀之间的中间状态，目前学术界还没有一个可操作的学理定义。本文为了使研究对象更为充分全面，对类词缀的界定稍显宽泛，将新词中出现频率较高的部分词缀和定位性较强的词也作为研究对象，特此说明。

引申出新义"称具有某种共同属性的一类人"(《现汉6》)。

经统计,五本新词词典共收新词语2980个,共用汉字1698个,但是每个汉字的构词能力是有差异的。经过我们的人工干预,初步筛选出新词语类词缀52个,共构成新词1133个,占新词总数的38%。将它们与《现汉》五版、六版对比,这52个类词缀又可分为三种情况:(1)《现汉5、6》都收的(类)词缀有10个,占总数的19%,共构成新词112个,按构词能力分别为"吧19、友18、症15、性12、手10、化10、制8、式8、第7、秀5"。(2)《现汉5》没收,《现汉6》增收的类词缀有12个,占总数的23%,共构成新词578个,按构词能力分别为"族250①、门115、被51、奴39、裸21、网21、拼20、宅15、雷13、博13、晒12、软8"。(3)《现汉5、6》都没收的类词缀有30个,占新词类词缀总数的58%,共构成新词443个,按构词能力分别为"客70、女50、男45、哥23、二代23(一代9、三代2)、云19、团16、基15、微14、体13、淘12、漂11、零11、次11、粉10、霸8、党8、奥8、帝7、姐7、囧7、军7、领7、闪7、潮6、哨6、萌6、版5"。

二　原型范畴理论与词典的收词立目

从上文数据可以看出,新词词群多是基于一定的词语模式和语义框架不断类推形成的,类词缀是各同素类义词群的造词原型和意义原型,在人们认知和创制新词的过程中起着关键作用。从新词中类词缀的数量、比重、构词能力以及短期内的发展趋势来看,新词语词典在收词时应对类词缀采取积极有效的态度,既要收录新近产生的大量新词,也要对新词词群进行范畴化总结,概括出具有原型意义的类词缀,并单立条目。② 但是,上述新词语类词缀只有"宅、雷、晒、团、囧、萌"被收录进新词语词典,其他则遗漏在外。而在国家语言资源监测与研究中心、北京语言大学等部门联合公布的2011年度中国媒体体育娱乐类十大流行语中③,首次

---

① 单字后的数字为该字的构词数,下同。

② 从旧词新义的角度上分析,部分新词词群的出现也会使语素的原有义发生变化,产生新义,如"族、门、客"等,新词语词典也应收录。新词语词典收录类词缀也可以给规范性词典提供参考。

③ 年度中国媒体十大流行语发布 http://book.sina.com.cn/news/c/2011 - 12 - 14/1726293679.shtml 2011,查询日期,2012年12月1日。

以后缀式复合结构"某某体"的形式呈现"撑腰体、淘宝体、断电体"等同族新兴词群。可以说,从庞大冗杂的新词词群中抽象概括出典型的类词缀,并将其立目,既是新词语词典编纂的需要,也对规范性语文词典的编纂和修订有着一定的积极作用。

规范性语文辞书受词典性质和编纂宗旨的制约,在收录同素类义新词和类词缀方面虽不可"冒进",但也不能过于"保守"。《现汉6》虽增收了"族、门、被"等新型类词缀,但也存在着失收的现象。"客"是新词语中构词能力较强的语素,《现汉5》已收录"黑客",《现汉6》又增补"播客、博客、拼客、晒客"等,可见"客"的新义已逐渐稳定下来,词典应本着系统性的原则,增收新语素"客"。《现汉5、6》都收录了"奥林匹克运动会",但是现代汉语的双音化趋势使"奥运"一词的使用频率远高于短语"奥林匹克运动会",其在新词语词典中共构成18个新型短语,在"人民网"报刊语料库中共使用51938次,而后者仅1643次。建议《现汉》增收"奥运",并单立字头"奥2",将"奥运"类词语至于其下,以示外来语素,与原有语素相区分。因此,词典应在通过对新词词群和新兴类词缀的多维度分析之后,将词典中已收录的同素类义新词归纳出类词缀,以体现词典的闭环性和系统性。

同时,新词语反映着外在客观世界和主观世界的新变化,新词外在对应物的生命力决定着新词的生命长度,词典应加强对新词和新兴类词缀的预测,酌情收录具有一定稳定性的类词缀和新词,并加以标示。《现汉5》中"族"义项④释为:事物有某种共同属性的一大类:水~ | 语~ | 芳香~化合物◇打工~ | 上班~。《现汉6》直接将◇后的新义单列义项体现出了新词预测的重要性。当代社会的激烈竞争催生出"北漂、南漂"等"漂一族";新生的网络技术和网络销售方式也产生了"云安全、云电视、计算云"和网络"淘客、团购客",从而使原有词中的"漂、云、淘、团"逐渐产生出新的意义,并且可以预见,在一定的时间内,这些新的意义和用法还将继续使用,词典应本着时代性和实用性的原则,酌情考虑用"◇"标示出新生的,有一定稳定性和生命力的类词缀。

三　原型范畴理论与词典释义

传统"充分必要条件"释义方式的缺陷是要求范畴内成员和成员间

语义特征的均值等同性，对综合语义特征认识不足，忽视了反映语词重要意义特征的其他特性（章宜华，2001）。但原型范畴理论指出一个词的所指事物不必具有共同的属性才能被理解和使用，词的意义不必满足范畴成员的充分必要条件，意义是由人的认知原型来决定的。这就要求词典释义应在足量的语料库中概括出词目的典型意义范围和使用范围。新词"晒"在《现汉6》中释为"展示自己的东西或信息供大家分享（多指在互联网上）"。经"人民网语料库"检索，新词"晒"不止"展示自己的东西或信息"，还可以是他人或单位、集体、社团的；不仅可以通过互联网"晒"，也可以是电视、广播、宣传栏等。但是在"晒"的所有用例中约80%以上是个人在网上展示自己的东西或信息，所以《现汉6》的释义是以原型为基础的典型概括，符合人们的认知心理，词典释义是积极可取的。

但《现汉6》中也存在着义项归纳不典型的情况。"奴"是近年来较为流行和能产的类词缀，《现汉6》增设了义项和例证"称失去某种自由的人，特指为了偿还贷款而不得不辛苦劳作的人（含贬义或戏谑意）：洋~｜守财~｜车~｜房~"。但是，通过对新词语词典和语料库中"X奴"类新词词义的考察发现，"为了偿还贷款"的"车奴、房奴"比重不足50%，语言中还有因价格上涨而难以接受的"菜奴、果奴"；为得到证书而忙于各种考试的"证奴、考奴"；为获得产权或专利的"产权奴、专利奴"；经常上班、加班，很少休息的"上班奴、加班奴"等。可见，词典对"奴"的新义概括过窄，新词义域需要适当放宽，建议改为"为了某种目的或由于某种原因不得不辛苦劳作的人（含贬义或戏谑意）：车~｜房~｜证~｜加班~"。

四 原型范畴理论与词典义项的切分和排列

新词新义的产生反映了认识的动态性，在认识新事物的过程中，语义范畴围绕原型不断扩大，促使次范畴的产生和语义的细化，最终形成以原型义项为中心，以辐射型、连锁型或二者混合的模式构成的意义等级序列和意义网络。词典中义项的设置既需要归纳出词的原型义项，也需要切分出适当的引申义项，全面构建词的多义网络。"被"是现代汉语中较为常用和能产的一个词，《现汉》前五个版本都将其作为同形词处理，分立

"被1、被2、被3"。《现汉6》将"被"立为一个词目，将原有的同形词处理为以原型义项为中心的辐射型引申演变模式是符合实际的。由早先实义动词"被"虚化为介词，形成"NP1＋被（＋NP2）＋VP"格式，再进一步虚化为助词，压模为结构更为紧密"被＋V"模块，《现汉6》对"被"原有义项的排列和词性标注是恰当的。近年来，"被"的语义进一步虚化，"被＋V"逐渐演变成"被＋X"构式，形成大量的"被X"新词，从而使"被"成为一种表示遭受义的被动标记和不成词的构词语素，构式"被＋X"整体表示一种讽刺、戏谑的感情色彩。因此在《现汉6》中切分出新的义项和例证也是积极可取的。

"奴"在《现汉》早期的五个版本都设立了三个义项，但这些义项不能与词典中所收录的"看财奴、守财奴、洋奴"中"奴"的语素义形成较好的照应，也不能与新义形成较好的衔接。因此，《现汉6》在增补新义的同时也添补了原有义。但是，将旧义和新义置于一项既不能有效展现新旧词义的区分，也不能使读者准确把握新词词义，需要对新旧词义切分出两条义项。

原型理论根据人的认知机制对多义词的范畴结构进行系统分析，展现语义生成与扩展的脉络，揭示多义词各义项之间的相互关系。但是，具有一定稳定性的新生类词缀的词义（如"客、淘、漂"等）在词典中的缺失则使得词义发展脉络无法得到全面揭示。原有词"X友"中的"友"多指真实的实体空间中彼此有交往，有交情的朋友，如"病友、队友、工友、密友"等。《现汉5、6》释为"友"①朋友：好～｜战～。但是新词中"友"多指虚拟的不同网络社团中网友之间的互称，如"博友、晒友、宅友、妙友、闪友、换友"等，因此我们建议为"友"增添新的义项和例证"特指网友：博～｜晒～｜宅～"，以便与《现汉6》新收入的"博3、晒2、宅"相照应，体现出词典收词的系统性。

五　原型范畴理论与词典例证

词典在选例的过程中要求选择典型例证，典型例证使用频率比较高，在人们的认知中形成凸显效应，同时稳定性和接受性也比较强，它不仅可以有效体现类词缀的意义和用法，也对同模内其他新词的仿拟和类推有着积极示范作用。"氧吧、茶吧、股吧"之类的"X吧"是从"网吧"中类推而来的；"黑客"对"晒客、播客、博客"之类的"X客"也有着一定的示范作用，因此词典中应该收入"网吧""黑客"作为例证。同时，新词语的大量创制也使词典在选择典型例证时还应遵守时代性的原则。新词中由"手"构成的"X手"共有10个，如"操盘手、代购手、骂手、推手"等，这些新词中"手"的意义和原有义相同，都是指"擅长某种技能的人或做某种事的人"，因此《现汉6》没有增添新义，而是在原有例证"选~｜能~｜拖拉机~"中添补了"操盘~"，与"操盘"的立目相对应，这是合理可取的。但是，原例中的"拖拉机~"是否有存在的必要值得商榷。在20世纪"拖拉机"是一种重要的和普及的交通工具和生产工具，但在21世纪则被其他工具所代替，较少使用，建议将其删除或更换新例。"门"是从英语中的"-gate"意译进入汉语词汇的，在汉语中，"门"表现出较强的定位性和能产性，《现汉6》释为"借指引起公众关注的消极事件：贿赂~｜考试~"。经"人民网语料库"检索，"贿赂门"出现711次，"考试门"出现41次，二者差异甚大，后者显然不符合例证配置的原型性要求。通过对语料的分析可知，"X门"中的X可以是名词，也可以是动词，但以名词或名词短语为典型，因此建议将例证更换为"质量~｜造假~"。前者在"人民网语料库"中出现3704次，后者出现1039次。这在例证选取的典型性和词语搭配的多样化方面都符合原型理论的要求。

六　结语

当代汉语词汇的动态变化是编纂、修订各类新词语词典和规范性辞书的重要动力，同时，新词语词典的编纂也为规范性辞书的修订提供了一定的参考和借鉴。单义性和词群化是当代汉语新词语的重要特点，也是新词语词典的收词特色。因此，对类词缀的归纳和收录既是进一步体现新词语词典参考价值的重要途径，也是提高规范性辞书应用价值的重要方法，同时也是体现两类辞书时代价值的重要手段。

"理念演绎辞书"（张志毅，2007），新兴类词缀在人们创制和认知新词语的过程中发挥着原型作用，词典应在原型范畴理论的指导下，在收词立目时对新兴类词缀采取较为开放的态度，规范性词典也应在时代性、系统性、能产性、稳定性等一系列原则下积极有效地收录它们，以体现辞书的实用价值。同时，在切分义项、排列条目、归纳意义、列举例证的过程中也应按照原型范畴的要求，利用语料库技术，挖掘出积极稳定的新词新义，描绘出词义演变的脉络，概括出典型意义和用法。

参考文献

Labov, W., The boundaries of words and their meanings ［A］. In C. J. Baily&R. Shuy (eds.), New Ways of Analyzing Variation in English ［C］. Washington：Georgetown University Press，1973.

Lakoff, G. Women, Fire, and Dangerous Things ［M］. Chicago：University of Chicago Press，1987.

Rosch, E. Natural Categories ［J］. Cognitive Psychology, 1973（4）.

陈嘉映：《语言哲学》，北京大学出版社 2003 年版。

侯敏、周荐：《2007 汉语新词语》，商务印书馆 2008 年版。

侯敏、周荐：《2008 汉语新词语》，商务印书馆 2009 年版。

侯敏、周荐：《2009 汉语新词语》，商务印书馆 2010 年版。

侯敏、周荐：《2010 汉语新词语》，商务印书馆 2011 年版。

李宇明：《词语模》，《语法研究录》，商务印书馆 2002 年版。

亚里士多德（Aristotle）：《工具论》，余纪元等译，中国人民大学出版社 2003 年版。

张志毅：《理念演绎辞书》，《辞书研究》2007 年第 5 期。

章宜华：《论充分必要条件与原型理论释义功能》，《辞书研究》2001 年第 4 期。

中国社会科学院语言研究所词典编辑室：《现代汉语词典（第 5 版）》，商务印书馆 2005 年版。

中国社会科学院语言研究所词典编辑室：《现代汉语词典（第 6 版）》，商务印书馆 2012 年版。

周荐：《2006 汉语新词语》，商务印书馆 2007 年版。

从语言系统内部看旧词新义的变化[*]

提　要： 新词的产生是社会发展的需要，利用原有词形创制新词，既符合语言自身的规律也符合人们的心理习惯，但是客观的社会因素与主观的心理因素只是促使旧词产生新义的外部条件，语言系统本身的变化才是其产生的内部因素。

改革开放以来，我国社会各领域都发生了很大的变化，而"词汇作为语言中最活跃的因素常常能敏感地反映社会生活和社会思想的变化"（陈原，1980）。当然，社会的因素只是促成词汇系统调整的一个原因，正如简·爱切生（1997）所说："语言变化是社会因素的刺激、语言结构本身的问题和人的心理作用这三者水乳交融的混合物。"当新事物、新现象出现时，人们或者创造新词，或者利用旧词表达新义；前者虽然丰富了词汇总量，但会增加记忆的负担；后者则在基本上不增加词汇总量的前提下，一定程度上也满足了人们求新、求异等心理需求，扩大了词的容量和内涵，而且从语言系统来说，用旧词表新义也是其自身经济原则和类推规律的体现。

本文在现代语言观的指导下，从语言系统内部的语音、语义、语法、语用四个方面来探究旧词产生新义时的变化，语料主要从《现代汉语词典》（2002 年增补本）后面附的 1200 条"新词新义"中的 60 条"新义"词，以及与词典正文中"旧义"词作比较来获取的（新义词的部分释义参考《新华新词语词典》）。

一　语音方面的变化

"词义的变化不一定以语音的变化为条件，但语音的变化可以产生或

---

* 本文作者王晓，发表于《牡丹江教育学院学报》2010 年第 1 期，收录本书时略作修改。

巩固词义的变化"（符淮青，2004）。用旧词表新义本身就是利用旧的语音形式表达一个新的意义，语音形式一般是不会有所变化的，但词义和其语音形式的密切关系使得语音形式在词义变动时，为了辨义的明确，会在某些方面做些改动，作为加强词义变化的形式标志。

本文收集的语料中，旧词产生新义前后语音变化的情况很少，只有三例，且都是儿化与非儿化之间的变化。如："挂牌"，原义中儿化，即"挂牌儿"，用来指医生、售货员、服务员等工作时胸前佩戴印有姓名、号码等的标牌。新义中有三个义项，都是非儿化的：1. 挂出牌子，指某些单位正式成立或营业。2. 指公司在股票市场上市。3. 体育主管部门公布要求转换所属职业体育组织的人员名单叫挂牌。①

二 语义方面的变化

旧词产生新义有两种情况，一种是新义在旧义的基础上引申出来，表现为词义项的增加，它们是多义词关系，这类词在旧词产生新义词中约占90%左右；另一种是新义和旧义之间没有联系，只是偶然借用了同一个词形，旧词和新词之间是同形同音关系，这类词在旧词新义中占的比例不大，只有10%左右。

这里我们主要讨论第一种情况。按照现代语义学的观点，词的一个意义可看作一个义位。由词的一个义位引申到另一个义位，必然会涉及其义位内部各要素的变化。

（一）基义方面的变化

基义即一个词的基本意义。在语言中，基义有两类变体：学科义位（用于某一专门领域），普通义位（用于普通日常生活）。这两种义位是密切相关的，科学技术的发展和人们文化水平的提高会促使两种义位之间的互动演变（张志毅、张庆云，2005：17）。

1. 学科义位泛化为普通义位

原来专指某一领域的专门的学科义位泛化为普通义位，比如"出

---

① 文中词的释义基本来自《现代汉语词典》（2002年增补本），部分参考《新华新词语词典》，一般不标注引号，下面不一一说明。

局"原指棒球、垒球比赛击球员或跑垒员在进攻中因犯规等被判退离球场，失去继续进攻的机会，属于体育领域用语，用于指称比较具体的事物；其新义则用来比喻人或事物因不能适应形势或不能达到某种要求而无法在其领域继续存在下去，所指事物比较广泛，也可指称抽象事物。类似的词还有：接轨、充电、盲点、盲区、磨合、软着陆、硬着陆等。

2. 普通义位转变为学科义位

原来为日常生活的普通义位，新义则指称某一领域的专门学科义位，如"菜单"原是生活领域中一个极其平常的词，指餐厅开列的各种菜肴名称的单子；新义则用于计算机领域，指选单的俗称。"漫游"本指漫无目的地随意游玩，现在用于信息通信行业，指移动电话或寻呼机的一种功能。

（二）陪义方面的变化

陪义是一个词的基本意义之外的含义，与基义相比，具有次要的交际价值，但它能提高、加强语言的表达功能。陪义主要包括情态陪义、风格陪义、语体陪义、时代陪义、方言陪义、外来陪义等类型（张志毅、张庆云，2005：33-35）。本文涉及的陪义主要有：语体陪义、方言陪义、时代陪义、语域陪义等。

1. 语体陪义

语体是一个受语境、地域、体裁、题材、话题等多因素制约的多元概念。义位在语体类别领域里所表现出的色彩义即语体陪义（张志毅、张庆云，2005：43）。如"息影"原本只用于书面语，指退隐闲居；新义中语体发生变化，不再只用于书面，也开始应用于日常生活，指影视演员由于某种原因不再拍戏。

2. 方言陪义

有些词开始只用于某些地区，但因其表意的准确性、形象性与不可替代性，逐渐被吸收进汉语普通话。如"生猛"原是粤方言词，指鱼虾等活蹦乱跳的状态；借用到普通话中则形容人富有生气和活力，不仅使用地域发生了变化，词义所指称的对象也发生明显的转移。

3. 时代陪义

一些词语的某个意义在旧社会时常被人们使用，但随着社会的发展，这个意义虽然还存在，但已经不被人们经常使用，而是使用在这个意义基础上产生的新义。比如"老总"，旧社会是对一般军人的称呼，带有一种畏惧、奉承的意味；到新社会，人民解放军成了人民的子弟兵，变成了百姓的亲人，自然"老总"的旧时代意义就不再被人常用。随着经济、文化的发展，社会中各种企事业单位兴起，"老总"转而成了担任总经理、总工程师、总编辑等职务的人的代名词了。

4. 语域陪义

旧词产生新义的过程中，语域陪义的改变非常普遍，比如"软着陆"原本用于航天工业领域，指人造卫星、宇宙飞船等利用一定的装置逐渐安稳地降落；新义则主要用于经济领域，指采取稳妥的措施使某些重大问题得以解决。"下课"原本用于教学领域，指上课时间结束；新义则指体育界中教练被撤换或被迫辞职。

三　语法方面的变化

蒋绍愚（1989）认为："语法也不仅仅限于句法，词类、构词法等也属于语法的范畴……语法的变化会造成词义的变化。"旧词产生新义的过程与语法意义的改变也有着密不可分的联系。词的语法意义主要包括：范畴意义、结构意义和功能意义三个方面（张志毅、张庆云，2005）。其中前两者是紧密相连的，我们放在一起来研究。

（一）词的范畴意义与功能意义的变化

所有的实词都具有一定的词类范畴，而词的语法意义和词汇意义有着紧密的联系。在旧词产生新义的过程中，主要表现为词类的转变，即转类。根据词类及其功能变化的不同，主要分为：

1. 动词→名词，

"保安"，原本为动词，在句中主要做谓语，指保护、保卫人的生命安全；新义则指保护、保卫人的生命安全的人，变为名词，在句中做主语或宾语。

2. 名词→动词

"构架"，原来是名词，指事物的结构框架，多用做主语和宾语；新义则指建立某种抽象的事物，变为动词，在句中做谓语。

3. 名词→形容词

"前卫",旧义指在军队中担任警戒的部队,或指在球赛中担任助攻或助守的队员,是一个名词,在句中做主语或宾语;新义变为形容词,在句中做定语、谓语或状语,指具有新意特点、领先于潮流的。

4. 形容词→动词

"强暴",旧义指强横凶暴,是形容词,在句中做定语、状语或谓语;新义则特指强奸,动词,在句中做谓语。

(二) 词的结构意义的变化

词的语法结构的变化也同样会引起词义的变化,促成旧词新义的产生。比如"家居"原指在家闲着,没有就业,是状中式复合词;新义则指家庭居室,变为定中式复合词。"料理"的旧义为办理、处理,是并列式复合词;新义则吸收港台词汇成分,变成了一个单语素名词,指菜肴。

另外,还有一种特殊情况,即不改变词的语法结构,而是通过改变词中一或两个语素的意义使词义发生了变化。因为词义是由语素义构成的,所以语素义的各种变化也会带来词义的变化(曹炜,2001)。如"透析",旧词和新词同为状中式复合词,但旧词中的"透"为"渗透","析"为"分开";新词中的"透"则为"透彻","析"为"分析",这样通过改换词中语素的意义,也促成了新义的产生。

但就我们所收集的语料来分析,无论是通过变换词的语法结构,还是通过改换语素义使旧词产生的新义,都属于我们上文所说的第二种情况,属于同形同音词关系。

四　语用方面的变化

我们这里所说的语用主要就其语境来说的。旧词新义的演变往往开始于词在特定语境中的使用,人们在言语交际中,出于表达的需要,说话者会主动"超常规"地使用某词。或者是基于相似联想,运用类比、比喻等方式;或者利用时地、因果、施受等自然的相关性特点,所以"采用旧词的形式以表他义,往往来源于修辞"(葛本仪,2001)。旧词产生新义时使用最多的修辞手段是比喻,其次是借代、委婉等。下面就主要以这三种修辞手法做一些分析。

　　比喻是以新义和旧义之间的相似性为基础而建立起某种联系，这种联系一开始可能只是某个人的临时创造，但一旦受到大家的认可，约定俗成下来，就会在旧义的基础上产生一个基于比喻的新义。如"朝阳"原本指初升的太阳，现新义比喻新兴的、有发展前途的事物。"接轨"原义是指连接铁路路轨，新义则比喻两种事物的衔接。类似的词语还有充电、出局、错位、登陆、底线、顶风、防火墙、挂牌、滚动、激活、界面、经典、聚焦、开局、漫游、盲点、盲区、磨合、平台、夕阳、硬着陆、软着陆、重头戏等。

　　借代这种修辞手法，本来指临时用甲事物来代替乙事物，通过甲事物的形式来表达乙事物的意义，但经常使用，得到社会的认可，也会促使某些词产生一个基于借代的新义。比如"票房"本来指戏院、火车站、轮船码头等处的售票处，新义借指票房价值。"家教"原义指家长对子弟进行的关于道德、礼节的教育，新义则借指受聘到别人家中进行文化、艺术教育的人。类似的词语还有息影、下课、庄家、资质、内功、前台等。

　　现代社会随着教育的普及，人们文化素质的提高，求新，求美，求雅，求文明逐渐成为一种普遍心理，而委婉的使用正符合了人们这一要求。比如"强暴"在现代汉语中本来指强横凶暴或强暴的势力，后来从港台地区传入表"强奸"义的"强暴"，它一方面强调了施暴者的强迫性与暴力性；另一方面也强调了受害者的无辜，在一定程度上减少了对受害者的刺激与伤害，非常符合人们求婉雅的心理，这就促成了这一基于委婉的"强暴"的新义的产生。

　　总之，旧词产生的新义大多是在原义的基础上引申出来的，新义和旧义之间有着或语音，或语义，或语法，或语用的变化，但仍有一定的关系，主要表现为单义词向多义词的转变。但也有一部分新词只是偶然借用了同一个词形表示了两个毫不相干的意义，它们属于同形同音词。这是两种不同情形的旧词新义现象，所以在把这些词收入词典时应加以区分。

参考文献

［英］简·爱切生：《语言的变化：进步还是退化？·序言》，徐家桢

译，语文出版社 1997 年版。

曹炜：《现代汉语词义学》，学林出版社 2001 年版。

陈原：《语言与社会生活》，三联出版社 1980 年版。

符淮青：《现代汉语词汇》，北京大学出版社 2004 年版。

葛本仪：《现代汉语词汇学》，山东人民出版社 2001 年版。

蒋绍愚：《古汉语词汇纲要》，北京大学出版社 1989 年版。

商务印书馆辞书研究中心：《新华新词语词典》，商务印书馆 2003 年版。

张志毅、张庆云：《词汇语义学》，商务印书馆 2005 年版。

中国社会科学院语言研究所词典编辑室：《现代汉语词典（2002 年增补本）》，商务印书馆 2002 年版。

二 基于词典信息库的新词教学研究

《对外汉语新词教学信息库》的研究与实现*

提　要： 伴随着语言生活和社会生活的不断变化，对外汉语的新词教学日益得到重视。在前人研究成果的基础上，在当前基于信息库的电化教学启发下，我们建立了《对外汉语新词教学信息库》。本文主要就建库思想、建库原则、语料来源、属性标注等方面的工作做一下介绍，并对下一步的工作做出规划。

新词语作为词汇系统的重要组成成员，自吕叔湘（1984）提出"大家来关心新词新义"的呼吁以来，新词语的整理和研究工作取得了巨大成就，研究内容几乎涉及了新词语的方方面面，可以说新词语的研究在词汇本体研究中所取得的成绩是令人鼓舞的（亢世勇，2008）。同时，随着社会的发展以及语言学界对新词语研究的重视，语言教学领域也开始重视新词语的研究。赵永新（1996）明确指出，"对外汉语教学中，重视新词语的教学是必要的"，并强调"新词语在对外汉语教学中具有特别重要的意义"。进入 21 世纪，学者们开始从课程设置、教学大纲、教学计划的制定以及教科书的编写等方面对对外汉语中的新词语教学情况展开了一系列研究。但从总体上看，新词语研究的理论与实践成果在对外汉语教学领域中的应用性研究或创新等方面显得相对滞后，诸多方面尚待深入拓展。

在前人研究成果的基础上，在当前语言教学理论和基于信息库的电化教学实践的启发下，我们建立了一个中小型的《对外汉语新词教学信息库》（简称《信息库》，下同），希望对对外汉语新词教学有所帮助。

---

* 本文作者刘善涛、李敏、亢世勇，发表在《语言文字应用》2011 年第 1 期，收录本书时略作修改。

一　《信息库》建设的基本思想和立条原则

(一)　语言信息和非语言信息相结合

"学习词汇,不要把它看作孤立的对象,而要把它看作一个整体,就等于学习词汇的各种关系网络"(皮特·科德,1987),词汇教学应体现出语言的系统性和网络性。然而在具体的词汇教学中,由于各方面的限制使我们对词汇系统性的把握还不够,在某种程度上影响了词汇教学甚至整个语言教学的成效。《信息库》的开发与建设有助于打破课堂教学和纸质教学工具的某些局限,集新词的音形义等语言信息和社会文化、心理认知等非语言信息于一身,从而对新词的词汇系统性和网络性作出全面描述。

(二)　一词一义一条,新旧词义兼容

在《信息库》的建设中我们将语音、语法、语义、语用相结合的一体化的新词定义为一个"词位",列为一个条目。同时,由于新词和原有词相比还具有一定的不稳定性,新词中少数的异形词现象便是这种不稳定的具体体现,我们通过语料分析将具有一定稳定性和可接受性的新词词形立为条目,将同一新词中的异形词看作是新词词位的"无值变体"(长召其、张志毅,2003),将其置于备注信息之中,以便学习理解。此外,新词中还存在着一定数量的旧词新义现象,尤其是在原有词的基础上引申出的新词,如果不对原有词的语言信息进行标注,也会在很大程度上影响对新词的理解和掌握,因此我们就将这部分原有词也立为条目,以便更全面地掌握新词词义。通过对异形词和旧词新义等语言现象的处理,从整体上实现一词一义一条,新旧兼容的立条原则。

(三)　静态词汇学习和动态语言运用相统一

语言具有层级性,语言教学和语言学习也应注重对不同层级的语言单位的系统学习和掌握。目前,对外汉语教学界主要存在着"语素(字)本位""词本位""词组本位""句本位"等不同的教学"本位"观。我们在《信息库》的建设中积极吸取各家优秀之说,以"词位"为基点,对不同语言单位进行纵向分析和描写,一方面对语素及语素义在新词

"词位"中的构词情况进行分析，建立了一套语素义信息子库；另一方面在语素分析的基础上建立了一整套词群信息子库，包括原有词词群库、新词词群库以及相关新词词群库，在词群词语的选取方面同时收录正序和倒序的词语，这样既将新词的学习与原有词的温习结合起来，又将新词置于部分短语中进行掌握和理解，同时我们按照词语使用时的语境建立了例句信息子库，每一"词位"选录两到三个典型例句。通过这一系列的标注工作，我们希望在新词的教学和学习中能够实现静态的词汇学习和动态的语言运用的统一。

我们将上述建库思想和原则用图 1 表示如下：

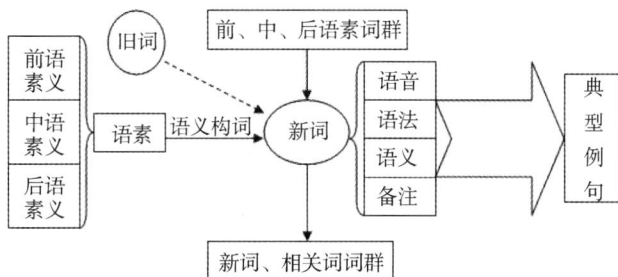

图 1　《信息库》建设的基本思想和立条原则

二　《信息库》建设的语料来源

1992 年国家汉办编制的《汉语水平词汇与汉字等级大纲》（简称《大纲》，下同）正式出版，该《大纲》对汉语水平考试和对外汉语教学起到了极大的促进作用，成为我国对外汉语教学总体设计、教材编写、课堂教学、成绩测试以及辞书编纂的重要依据。但是，由于该《大纲》长期未见修订，其中的词语不能及时反映出社会生活和语言生活的变化，这也成为近年来该《大纲》受到批评的主要原因。

为了弥补《大纲》在新词收录方面的缺陷，在综合对比分析各类新词语词典的基础上，我们选取了当前集"开放性、时效性、权威性、群众性、前瞻性和全面性"（郭鸿杰、周芹芹，2003）等特点于一身的《新华新词语词典》作为语料的主要来源，并以其他新词语词典作为参考和补充。该词典是一部语词和百科兼收的中小型语文词典，主要收录 20 世纪 90 年代以来出现或进入社会生活的新词新义新用法，也酌收部分早些时候出现但目前高频使用的新词语，共收条目 2200 条，连同相关词语约4000 条。除语文词语外，尤其关注信息、财经、环保、医药、军事、法律、教育、科技等领域的新词语（前言）。该词典自出版以来受到了广泛好评，被认为是"对 20 世纪 80 年代末 90 年代初以来问世的一系列新词新语词典优良传统的继承和发扬，体现了这些年以来语言文字应用理论研究的成果"（苏向红，2003）。我们认为这部词典在词典类型、收词时间、收词数量和语义领域等方面是符合我们当前研究要求的。

《新华新词语词典》在词语收录方面既有单音节词也有双音节和多音节词语，音节数最多的为十音节，如"城市居民最低生活保障"等。由于本文的研究对象为"新词"，我们在《信息库》建设中主要收录了其中的三音节及三音节以下的新词和旧词新义中的原有词，并以"词位"为基点对其进行分条处理。此外，为了研究的全面，《信息库》还收录了其中的数字词、字母词和数字字母词，最终共立条目 1825 条。

三 《信息库》属性信息的确立与描述

按照《信息库》建设的基本思想和立条原则，我们从语音、语法、语义、语用和其他等方面为其确立了 12 条属性信息，见图 2。我们希望通过对新词属性信息的详细描述，最终能够达到易学易用，新旧兼容的学习效果，在一定程度上增加学生的词汇量，并提高学习词语的积极性。

（一）语音信息

语言是音义结合的符号系统，学习新词必须要知道新词的读音，因此有必要对新词标注语音信息。同时，随着社会生活和语言生活的发展，汉语新词中出现了一批字母词、数字词等特殊的词语形式，我们对字母词没有标注汉语语音，对数字词按相应的汉字注音加以标注，如："9·11 事件"注为"Jiǔ·Yāoyāo Shìjiàn"；"AA 制"注为"AA zhì"等。

（二）词性信息

标注词性有利于掌握词的意义和用法，新词由于其自身的性质，语法功能比较单一，标注词性的难度相对较低。《信息库》的词性标注继承了

新词属性信息

语音属性　语法信息　语义属性　语用信息　其他信息

拼音　词性　构词法　词汇类型　语素　语义构词　新词　旧词义

新词义

前中后语素义

产生理据、社会文化色彩、认知心理因素、英文翻译、异形词的不同形态等

名、动、形等　单纯、合成等　方言、外来等　前语素词群　中语素词群　后语素词群　新词词群　相关新词词群　语义分布　典型例句信息

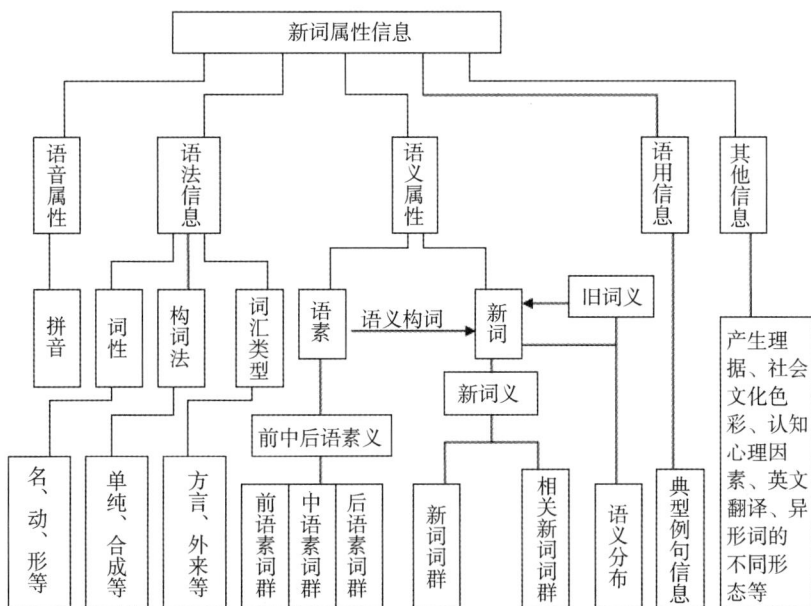

图2　《信息库》属性信息的确立与描述

目前流行的中文信息处理和现代汉语教学语法体系的分类标准和词类体系。划分词类的标准是语法功能，但是，由于新词的单义性和单功能性使得《信息库》里的词语主要是名词、动词和形容词，其他词类为数很少。

（三）词汇类型信息

由于语言系统的复杂性，新词又可分为不同的类型，每一大类之下又分为不同的小类，我们本着实用简便的原则，将词汇类型分为：①方言词，并对其方言来源进行标注；②外来词，又分为音译外来词、音义兼译外来词、音译加意译外来词、字母外来词、日源借形词五类；③简略词，又分为简称词、略语词、缩语词三类；④意译词，它是借用外语里某个词的意义，用本族语言的构词材料和规则构成新词，因此有必要对这类词也进行标注；⑤修辞造词，新词中主要利用了仿造、比喻、借代等修辞格，对其进行标注有利于掌握词语的深层含义；⑥异形词，这是新词中形态还没有固定的一部分词，对其进行标注有助于对不同形态的新词的掌握。

(四) 构词法信息

构词法信息有助于学习者对汉语词法结构的了解和掌握，同时由于汉语词、短语、句子的结构是基本一致的，这在一定程度上也有助于学习者对短语结构规则和句子结构规则的掌握。《信息库》中的构词法信息采用了汉语教学领域通用的分类，将新词分为单纯词和合成词，合成词又分为复合式、重叠式和附加式，复合式再分为联合、偏正（定中、状中）、动宾、补充、主谓五类，附加式分为前附式和后附式两类。

(五) 语素义信息

由于所收新词音节的限制，我们将语素分为前语素、中语素和后语素三类，在此基础上借助《汉字义类信息库》（亢世勇等，2001）并参考部分字典、词典对词中的不同语素义和词性（此处"词性"是《信息库》中对汉字的词性标注）进行分别标注。这样既能巩固学生对所学汉字字义的掌握，也便于学生了解语素在词中的意义变化和不同语素的构词能力。

(六) 语义构词规则

在语素义整合转化为词义的过程中存在着一定的规则，我们在前面语素义信息标注的基础上，对新词的语义构词规则进行分析。由于单纯词是由一个语素构成的词，所以这一部分的标注对象是合成词，双音节合成词直接对其前、后两个语素的语义构词情况进行标注，三音节合成词先对其进行层次划分，只对上位层次的语义构词情况进行标注。在综合对比当前语义构词研究成果的基础上，我们采用亢世勇（2004）归纳出来"字义与词义关系"的八种语义构词类型，对《信息库》中新词的语义构词规则进行了详细标注。

(七) 词群信息

词群信息库包括三个子库，原有词词群信息库、新词词群信息库、相关词语信息库。原有词词群信息库是在语素义标注的基础上，通过《汉语语义构词数据库》（亢世勇，2004）对新词中不同语素义所形成的原有词词群进行逐一标注，从而建立了一套相对完整的前语素词群、中语素词群和后语素词群信息子库。同时，为了让学习者能对《信息库》中的新词进行系统的了解和掌握，我们在对新词语素分析的基础上建立了新词词群信息库，对新词的词群信息进行标注。最后，语言是不断变化发展的，新词的产生也是不停息的，为了适应语言的变化，克服《信息库》收词量小的局限，我们参考其他新词语词典的收词，建立了相关词语信息库，主要收录与《信息库》中的词语有一定语义联系，但尚未收录的新词语。我们这样做的目的是一方面将新词的学习和原有词的温习相结合，另一方面补充新词语的数量，提高学生认知新词的能力和学习新词的兴趣。

（八）语义分布信息

新词的产生及时地反映出社会生活和语言生活不同领域的变化，对新词的语义分类进行标注有助于掌握新词所属的语义领域和使用范围。我们在语料的标注中共分出了十类语义领域，分别是：社会生活、时事政策、经济商业、科学技术、教育学习、文体娱乐、医药卫生、资源环境、军事战争、其他。"其他"类主要标注不属于前九类和跨类的新词。

（九）旧词义信息

在原有词的基础上创造新词是新词产生的主要途径之一，原有词词义引申使所产生的新词词义透明度降低，理解难度加大。为了更方便地理解新词词义，我们建立了旧词词义信息子库，将发生了引申关系的原有词设为一个"词位"，立为条目。同时，词义引申也使得原有词和新词的语素义发生变化，进而导致词汇类型、词群信息、语义构词规则等一系列的变化，我们在标注时对其属性信息进行逐一对比，努力使标注工作做得恰当、精确。

（十）新词义信息

词汇的学习主要是对词义和用法的掌握，新词词义信息是《信息库》中必不可少的一个环节。前面对语素义、语义构词规则等属性的标注主要是为了使学习者更好地了解和掌握新词的词义信息。新词词义信息的标注主要依据《新华新词语词典》，并参考其他新词词典的释义，同时对重复释义的异形词和简略词进行合并，将稳定性强的"词位"立为条目，其他词形或者放在备注信息中，或者置于释义的开头部分，如："构建"释为"建立某种系统，多用于抽象事物"，而"建构"释为"建立，构筑，多用于抽象事物"，我们认为这两种释义是一样的，并且通过对"人民网"语料库的检索可知"构建"的使用频率远远高于"建构"，因此我们将"构建"立为条目，将"建构"置于备注信息中，以便学习理解。再如："电眼"和"电子眼"等，显然前者是后者的简略形式，考虑到汉语双音节占主导的优势地位并结合语料检索，将前者立为条目，后者放在释文的前面，如："电眼"释为"电子眼的简称，指用于监控、摄像的电视装置"。

（十一） 例句信息

例句是新词的使用环境，学习者可以通过例句掌握新词的用法，也可以通过例句进一步理解和巩固词义，可见，例句信息也是《信息库》建设的必备环节。为了使学习者更为直接地了解到语言的真实面貌，例句的设立主要是从真实的语料文本中筛选出来的，选取能够准确体现新词的语义、语法、语用等信息的典型例句。同时，为了全面掌握词语使用状况，我们为每一条新词配备两到三个例句。

（十二） 备注信息

新词的产生和发展受到多种因素的影响，理解和掌握新词是一件十分复杂的事情，设立必要的备注信息，有利于对新词进行更为全面的标注。备注信息里面主要包括词语产生的理据、社会文化色彩、认知心理因素、外来词和意译词的英文翻译、异形词的不同形态等。备注信息既对上述标注工作做了不同程度的补充，又增加了新词分析的颗粒度，是语料标注中不可缺少的环节。

四　结语

通过对上文建库步骤的具体说明，我们初步建立了较为完整、系统的《对外汉语新词教学信息库》，样例如图 3 所示。今后我们将在《信息库》的基础上对新词在词汇系统中的共性以及新词自身的个性等方面进行统计分析。同时，我们也尝试将这些研究成果积极地应用于语言教学，密切和实践相结合，并提出相应的教学对策，在教学实践中检验其具体价值，并对其中的不足进行修订和补充。

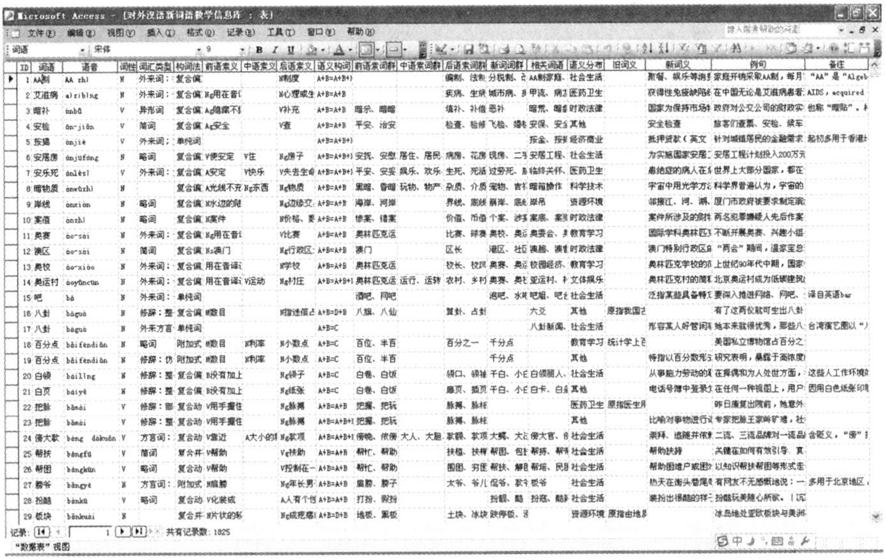

图 3　《信息库》样例

参考文献

［英］皮特·科德：《应用语言学导论》，上海外语教育出版社 1987
年版。

郭鸿杰、周芹芹：《现代汉语新词语的构词特点——兼评〈新华新词
语词典〉》，《解放军外国语学院学报》2003 年第 4 期。

亢世勇：《现代汉语新词语计量研究与应用》，中国社会科学出版社
2008 年版。

亢世勇：《面向信息处理的现代汉语语法研究》，上海辞书出版社
2004 年版。

亢世勇等：《汉字义类信息库的研究与实现》，《汉语语言与计算机学
报》2001 年第 2 期。

吕叔湘：《大家来关心新词新义》，《辞书研究》1984 年第 1 期。

商务印书馆辞书研究中心：《新华新词语词典》，商务印书馆 2003
年版。

苏向红:《汉语新词新语整理和研究进一步面向世界》,《语言文字应用》2003 年第 4 期。

长召其、张志毅:《异形词是词位的无值变体》,《语言文字应用》2003 年第 3 期。

赵永新:《新词新语与对外汉语教学》,中国对外汉语教学学会秘书处编:《中国对外汉语教学学会成立 10 周年纪念论文选》,北京语言学院出版社 1996 年版。

基于《信息库》的新词词汇共性分析与教学研究[*]

提　要：本文在《对外汉语新词教学信息库》的基础上从语音、语法、语义、语用等语言信息和客体、主体等非语言信息两大方面多个角度将新词和原有词进行对比分析，探求新词在词汇系统中所展现出的词汇共性，在此基础上提出教学建议。

现代语言学的广阔视野告诉我们，语言的发展变化既受语言系统外部因素也受语言系统内部因素的影响和制约，客观外在世界以及主观内在世界的发展变化都和语言系统本身的发展变化有着千丝万缕的复杂联系。因此，现代汉语中新词语的产生既是语言系统外部的主客观世界也是语言系统内部的语言世界共同作用的结果。

一　新词语言信息分析及在对外汉语新词教学中的作用

新词最终以何种形式出现和发展从根本上说是语言世界内部各组成要素相互影响的结果。本文主要在《对外汉语新词教学信息库》（简称《信息库》，刘善涛等，2011）的基础上对新词的产生与语言系统内部各要素的变化之间的关系做出定性定量分析，为我们更为全面地认识新词语，为新词语的对外汉语教学提供理论性和数据性的指导。

---

　　*　本文作者刘善涛、李敏，发表于《中国计算语言学研究前沿进展（2009—2011）》（孙茂松、陈群秀主编，清华大学出版社 2011 年版），收录本书时略作修改。

（一） 双音节占优势符合留学生原有词学习的认知心理

语音是语言的物质外壳，是人们交际中运用语言作用于听觉的要素。"由于汉语词的双音化的强烈倾向，一方面许多原来的单音词双音节化了，另一方面一些多音的词语也简缩成双音的了"（吕叔湘，1963），前者形成的双音节主要体现在原有词中，后者则在原有词和新词中都有体现。通过对《信息库》中 1652 个新词音节的统计分析可以看出双音节新词在新词中仍占绝对优势，见表1[①]。

表1   《信息库》中新词各音节的数量、比重和例词

音节数	数量	占新词总量的比（%）	例词
单音节	15	0.91	吧、炒、城、的、托儿、腕儿
双音节	1304	78.93	追捧、桌面、资费、资信、资讯、自考、综治、族群、最爱、作秀
三音节	328	19.85	内窥镜、平面人、卡丁车、全球通、软广告、跳楼价、洗钱罪、以太网

我们根据周荐（1999）对《〈现代汉语词典〉（修订本）》的统计结果进行整理后发现，以《〈现代汉语词典〉（修订本）》为代表的原有词中单音节词有 8795 个，约占单双三三个音节总数的 16.52%；双音节词有 39548，约占 74.26%；三音节词 4910 个，约占 9.22%。将这两部分统计数字相比较，我们可以明显地看出双音节词在原有词和新词语中的比重是基本一致的，这说明新词和原有词在音节形式上有很大的共性，在基本词汇学习的基础上，这也为留学生更好地接受、认识新词语提供了便利的语音条件。单音词在原有词中的比重大于在新词中的比重是由于单音词在古汉语中占优势和单音词几千年的历史积淀造成的，毕竟新词和原有词的生命历程是不相同的，单音新词数量上的劣势减小了单音词教学的工作量，为留学生的单音节新词的学习提供了某种便利。与原有词相比，新词中三音节词的数量相对高出很多，这和多位学者论述的新词语的多音化趋势、词群现象显著等特点密切相关。新词音节加长说明构词语素增多，这样所表示的词义内容就更加明确，更方便学生认识和理解词义。

————————

① 其中，数字词 1 个（9.11 事件），字母词 3 个（AA 制、卡拉 OK、移动 PC），数字字母词 1 个（3+X）没有统计在内。

从书写形式上来看，外来词是用字的问题，但是这类词直接跟语音相关，也涉及语义。外来词中的音译外来词是直接用汉语的语音形式和文字形式来表示外来的意义；音义兼译外来词和音译加意译外来词则部分地用汉语的语音形式和文字形式来表示外来的意义，它们在进入汉语的同时都和汉语的语音形式发生了一定的关系，在具体教学中可以将汉语的语音和外来的语音，将汉语的书写形式和外来的书写形式进行对比，以便学生更好地理解和掌握。

（二）词性单一，以三大实词为主便于掌握新词的用法

掌握词的语法功能和意义是词汇教学必不可少的环节，和原有词的教学一样，对新词词性的教学也是新词教学的一项主要内容。但是，新词由于其自身的性质，语法功能比较单一，教学难度相对较小。我们对《信息库》中 1652 个新词的词性进行统计，结果见表 2。

表 2　　　　　《信息库》中新词各词性的数量和比重

	名词	动词	形容词	区别词	副词	总计
数　量	896	693	51	11	1	1652
百分比（%）	54.24	41.95	3.09	0.67	0.01	100

从表 2 中可以看出，由于新词的单义性和单功能性使得《信息库》里面词语主要是名词、动词和形容词等实词词类，其中名词和动词又占绝大多数。这与词汇反映客观世界密切相关，客观世界不断发展变化，表现为不断产生新事物，伴随着新事物的产生即产生了新事物的运动以及性质状态。

根据俞士汶等（1996）对《现代汉语语法信息词典》中各类词库情况的介绍，我们将上述五类词在原有词中的数量和比重统计见表 3。

表 3　　　《现代汉语语法信息词典》中原有词各词性的数量和比重

	名词	动词	形容词	区别词	副词	总计
数　量	27409	10397	2369	498	1050	41723
百分比（%）	65.69	24.92	5.68	1.20	2.52	100

将两组数据进行比较可知，新词和原有词在词类方面有很大的相似性，名动形三大实词类所占的比重都达 90% 以上，但是新词又显示出其

独特的特点，词类单一，动词的比重比原有词大等，这些都需要在教学中加以区分和重视。同时，教学实践证明，与虚词词类相比，名动形等实词词类更容易教师实施教学，更方便学生理解，新词词类中的特点为新词教学提供了语法方面的便利条件。

（三）以合成词为主，定中式占半数有利于掌握构词规则

"语法的组合规则和聚合规则构成一种语言的语法规则。这是从两个不同的角度去研究语言现象是总结出来的规则"（叶蜚声、徐通锵，1997）。汉语词语的聚合规则主要体现在前文论述的具有不同语法特征的词语聚合成的不同词类中。词语的组合规则主要体现在语素组成词的规则，即构词法方面。从词的结构类型上说，合成词共 1617 个，占词语总量的97.88%，而单纯词只有 35 个，占词语总量的2.12%。合成词中的复合式又远远大于附加式和重叠式。据统计，在《信息库》中复合式共 1586 个，占合成词总量的 98.08%，附加式共 31 个，占合成词总量的 1.92%，而重叠式只有 1 例 "多多"。在复合式合成词中，构词类型所占数量的对比依次为：定中>动宾>状中>联合>主谓>补充；在附加式合成词中，构词类型所占数量的对比为：后附式>前附式，具体见表 4。

表 4　　　　《信息库》中新词各结构类型的数量、比重和例词

	类别	数量	新词总量的比（%）	合成词总量比（%）	复合词总量比（%）	附加式总量比（%）	例词
复合式	联合	115	6.96	7.11	7.25		高尚、关爱、厚黑
	定中	835	50.54	51.64	52.65		假球、驾校、弱项
	状中	192	11.62	11.87	12.11		热映、锐减、性贿赂
	动宾	346	20.94	21.40	21.82		息影、验资、宰客
	补充	46	2.78	2.84	2.90		胜出、锁定、抬升
	主谓	51	3.09	3.15	3.22		通胀、危改、刑拘
附加式	前附	4	0.24	0.25		12.90	亚健康、反季节
	后附	27	1.63	1.67		87.10	志愿者、追星族

杨梅（2006）以《现代汉语语法信息词典》中所收词语（成语和惯用语除外）为信息库，统计了基本词的构词情况，部分统计结果见表 5。

表5　　《现代汉语语法信息词典》中原有词各结构类型的数量和比重

排名	构词方式	数量（个）	百分比（%）
1	定中式	22912	58.07
2	联合式	5872	14.88
3	述宾式	3845	9.75
4	状中式	2635	6.68
5	附加式	1769	4.48
6	述补式	800	2.03
7	主谓式	321	0.82
8	重叠式	207	0.52

　　通过比较上述两表的统计结果，我们不难发现，新词语在构词方式上与基本词汇基本一致，其中偏正式中的定中结构是构词能力最强的一类。动宾式、状中式在新词语构词法中比例明显提高；联合式在新词语构词法中所占比例明显下降。这说明随着词汇的发展，构词方式也在不断发展。掌握构词法，学生可以进一步认识一些词语的含义（王小宁，1995）。在教学中让学生熟悉和掌握一定的构词规则，特别是新词中构词能力比较强的构词规则，对于理解新词有着极大的帮助作用。同时，新词由于其形成的时间比较短，单义性和理据性比较强，这些构词规则的掌握则更容易，更有效果。

（四）新词词义表面化倾向易于词义的理解和掌握

　　语素（字）本位理论认为词是由语素构成的，在语素组合成词的构成中必然包含着一定的规则，利用这些规则可以更有效地实施词汇教学，更方便地掌握词义。在对新词的语素进行标注的基础上，我们根据亢世勇（2004）归纳出的原有词语素义与词义的八种关系类型（见表6），将新词的语义构词规则进行了量化统计。

表6　　　　原有词语素义与词义的八种关系类型①

序号	类型	表示的意义	在原有词中的比例（%）	原有词例词
1	A+B=A=B	A、B是同义的，词义就是其中的一个语素义	7.71	门户、哄骗

---

①　八种类型中的A、B代表构成合成词中的前后两个语素。

续表

序号	类型	表示的意义	在原有词中的比例（%）	原有词例词
2	A+B＝A	指词义只保留了语素 A 的意义，B 的意义已经不存在了，即带有后缀的词以及一些偏义复词	1.97	人物、质量、稻子
3	A+B＝B	词义是语素 B 的意义，而语素 A 已经不存在了，即带有前缀的词	0.57	阿哥
4	A+B＝C	词义和语素义之间没有任何明显的联系，AB 组合后产生了新的意义，词的引申义和比喻义也属于此类	8.02	爪牙、绿色（健康的、安全的）
5	A+B＝A+B	词义是由 A、B 两个语素义相加而成	27.60	陪考、绿色
6	A+B＝A+B+D	词义包含了 A、B 两个语素义，但是又加上了其他的意义（D）	44.99	冷眼、吉星
7	A+B＝A+D	语素 B 的意义已经变成了其他意义（D），词义由 A、D 两个语素义构成，有的又加上了其他的意义	5.31	救星、舅妈
8	A+B＝D+B	语素 A 的意义已经变成其他意义（D），词义由 D、B 两个语素义构成，有的又加上了其他的意义	3.60	走运

可见，在原有词语素义与词义的八种关系类型中只有第四种（A+B＝C）看不出语素义与词义的关系，其他 7 种类型的语素义与词义都有着明显的关系，而第四种在原有词中只占 8.02%，其他七种共占 91.98%。数据表明，原有词语素义与词义有密切的关系，可以由语素义推知词义，这也为我们的研究提供了理论支撑和数据支持。

由于单纯词是由一个语素构成的词，所以我们只对 1617 个合成词的语义构词情况进行了标注，双音节合成词直接对其前、后两个语素的语义构词情况进行标注，三音节合成词先对其进行层次划分，只对上位层次的语义构词情况进行标注，统计结果见表 7。

表 7　　　　《信息库》中新词各语义构词类型的数量、比例和例词

序号	类型	在《信息库》中的数量	在《信息库》中的比例（%）	《信息库》中的例词
1	A+B＝A＝B	18	1.11	封杀、绩效、垮塌、提升
2	A+B＝A	10	0.62	托儿、解读、亮化、热辣

续表

序号	类型	在《信息库》中的数量	在《信息库》中的比例（%）	《信息库》中的例词
3	A+B＝B	15	0.93	打压、老记、盘整、诉求
4	A+B＝C	151	9.34	白领、把脉、包装、蛋糕
5	A+B＝A+B	377	23.31	安检、澳区、扮酷、车市
6	A+B＝A+B+D	817	50.53	AA制、安乐死、币市
7	A+B＝A+D	92	5.69	变脸、并轨、长线、大鳄
8	A+B＝D+B	137	8.47	菜单、地价、走熊、洗钱

从表中的统计数据可以看出新词和原有词在语义构词方面的相似性，第五种（A+B＝A+B）和第六种（A+B＝A+B+D）仍然是新词语义构词的重要手段，两者共占新词总数的73.84%，除第四种（A+B＝C）语素义与词义没有直接关系的情况外，其中七类共占新词总数的90.66%，这和原有词的语义构词情况基本一致。这说明新词中构词语素义能揭示整个词语的意义，也即多位学者所论述的新词词义表面化倾向，越来越多的新词能够"望文生义"从而说明新词中重视语素教学，由语素义推知词义的可行性。虽然第四种类型的语素义和词义之间没有直接的联系，但这些新词大多是由原有词的词义引申产生的，可以在原有词教学的基础上拓展出由引申手段形成的新词新义现象。

（五）　新词语义和语用领域的不同分布符合学习需求的差异

外部世界的变化是纷繁复杂的，新词的产生来自于不同的使用领域，新词的语义分类既可以帮助我们掌握新词所属的语义领域也可以使我们了解其不用的使用范围。在前文标注的基础上，我们对《信息库》中1652个新词的语义领域进行了统计分析，结果见表8。

表8　《信息库》中各语义领域新词的数量、比例和例词

类别	数量（个）	在新词中的百分比（%）	例词
社会生活	495	29.96	AA制、安居房、吧、便利店
时政法律	189	11.44	避税、出台、打拐、盗印、房改

续表

类别	数量（个）	在新词中的百分比（%）	例词
经济商业	245	14.83	按揭、保值、变现、二手房
科学技术	138	8.35	超链接、磁卡、多媒体、光驱
教育学习	55	3.33	奥赛、备考、辩赛、成教、充电
文体娱乐	154	9.32	蹦极、爆棚、出镜、当红、档期
医药卫生	52	3.15	变性术、导医、复吸、健商
资源环境	41	2.48	岸线、臭氧洞、地缘、环岛
军事战争	18	1.09	核扩散、冷和、电子战、天军
其他	265	16.04	曝丑、百分点、菜单、倒计时

统计数据显示，改革开放以来，随着中国社会、经济、文化的发展，人民的生活水平在迅速提高，生活质量在不断改善，反映在语言生活中则是社会生活、经济科技等领域出现了大量的新词语。同时，留学生最感兴趣的也是此类领域的新词新语，这要求教师在生活中要密切关注社会不同行业、不同领域的变化，尤其是经济、科技等变化速度比较快的领域，这样才能使新词教学更具时效性。

语义分布也是新词语用分析的一个方面，另外对新词使用环境的掌握也是新词教学和学习的一个重要方面，学习者可以通过上文对新词语法属性和语义属性的分析在掌握了新词的语法功能和词汇意义之后，再结合《信息库》中筛选出来的典型例句可以更全面地掌握新词的用法，也可以通过例句进一步理解和巩固词义。这样就可以将新词的语义、语法、语用等信息进行全面地了解和学习。

二　新词非语言信息分析及在对外汉语新词教学中的作用

以上我们借助《信息库》对新词的语言信息和教学建议进行了初步分析，通过分析可知，"语言是一个统一体，在造词活动中，语言各方面的要素都是同时起作用的"（葛本仪，2001）。新词在其创制过程中虽然各种因素所占的比例各异，但却是各方面因素共同作用的结果。这就要求我们在看待语言发展和实施语言教学的时候要树立全面的、动态的观点，系统描述和分析新词中包含的不同语言属性。同时，语言的发展变化还受语言系统外部因素的影响和制约，社会、文化等客观外在世界和心理、认知等主观内在世界的发展变化都和语言系统本身的发展变化有着千丝万缕的复杂联系。

（一）教学和学习中的新词应主要体现社会客体方面的信息

20 世纪 60 年代中期，美国学者威廉·布莱特在其《社会语言学》中最早提出了语言和社会结构的"共变"理论，指出了语言对社会的依附性和对社会发展的应变性。我国社会语言学家陈原（1980）也指出："语言中最活跃的因素——词汇，常常最敏感地反映了社会生活和社会思想的变化"。在这种理论视角下，让我们分析一下上述新词产生的客体世界的原因。

客体世界是外在的、现实的物质世界，它包括自然客体和社会客体两个方面。当代社会人们对自然客体的发现已经很难进行，新词语中反映自然客体的事物也微乎其微，《信息库》中所收的 1652 个新词中只有 10 个用来指称自然客体的事物，占新词总数的 0.61%，如：岸线、臭氧洞、沙尘暴、湿地等。

随着社会的飞速发展，科技的日益进步，人们的创造能力和认识水平日益增强和提高，大量反映社会客体的新词随之涌现，这些词语成为新词的主体。前文我们将《信息库》中的新词划分出十种语义类型，那是一个比较粗略的分类，也可以称为是对新词的上位语义领域的划分，在教学中我们还可以根据各种需要对新词做进一步的下位层级的划分。新词中包含社会客体因素的分类有房屋建筑、科技产品、网络信息、交易市场、体育器材等，如：

　　房屋建筑：安居房、标间、高架桥、供楼、福利房、烂尾楼、新盘、小剧场等；
　　科技产品：文件、芯片、移动 PC、优盘、触摸屏、存储器、电玩、电眼、光驱等；
　　网络信息：局域网、聊天室、上网、网吧、网虫、网卡、信息港、在线、域名等；
　　交易市场：大盘、币市、复牌、股市、旺市、尾市、走牛、走熊、城、挂牌等；

　　体育器材：保龄球、蹦床、冰壶、沙狐球等。

　　客体世界的各种变化与语言世界的变化具有一致性，留学生对当代中国社会不断变化的客体世界和语言世界具有极高的兴趣，新词教学也正是为了适应这一变化和学生的需求而设置的。新词教学应主要反映社会客体的各种变化以满足留学生的生活需要和学习需求。

（二）新词的主体信息有利于培养学生的抽象思维能力

　　主体世界是内在的、主观的精神世界，"它是词的主体信息、内部意义、心理意义的来源"（张志毅、张庆云，2005）。语言是人类特有的交际工具和思维工具，人类精神的干预对语言的发展变化也起着非常重要的作用。新词的产生必然含有复杂的主体因素，即人的认识、情感、想象等，也必然体现着人的主体精神因素在新词创造中的积极能动作用。

　　人类思维最重要的功能是善于抽象化，原有词的词义经过人们的逻辑推理和抽象思维产生新义，推动着词义的发展和新词的产生。词义引申中的隐喻和换喻在旧词新义的转化中发挥着重要作用，前者建立在两个意义所反映的现实现象的某种相似的基础上，如"板块"原是地质学术语，指由地质上的活动地带划分的岩石圈的构造单元，由于其结构形式上的相似性，现用来比喻构成整体的若干具有内在联系又相对独立的事物，类似的还有：曝光、擦边球、菜单、出炉、蛋糕、断奶、孵化、航母等；后者的基础则是两类现实现象之间存在着某种联系，这种联系在人们心目中经常出现而固定化，因而可以用指称甲类现象的词去指称乙类现象。如"白领"，原指白色的衣服领子，由于从事脑力劳动的职员，如管理人员、技术人员、政府公务人员等穿的衣服为白色的，现用来指称这些人，类似的还有：绿卡、前卫、下课、黑马、白页等。据统计，在《信息库》所收的 1652 个新词中，通过词义引申的方式产生的新词约有 182 个，占新词总数的 11.02%。对这类新词的教学要注意让留学生掌握词语的引申义等语言常识，加强其类推能力，并且让他们学会以动态的观点来看待词语，从而增强对新词的了解和运用能力。

　　人是一个能动的主体，人们的心理包括求新、求美、求简、求雅和求秩序等多种欲望，这些心理欲求在词汇系统中的重要表现便是新词的不断产生，创制新词的途径主要有两个：其一，人们可以赋予一个老的形式以新的意义，如前文所述；其二，人们可以按照原有的构词规则，构造出一些新的词汇形式，赋予这个形式一定的意义，新词的产生就体现了人的主体精神因素在新词创造中的积极能动作用。在《信息库》所收的 1652 个新词中，新创造的词约有 1470 个，占新词总数的 88.98%。可见，创造新词语仍然是词语产生的重要途径，这又和新词产生的社会原因密不可分，因为我国社会在迅猛发展，新生事物不断涌现，很多新事物用原有的词语已无法记录，所以要创造大量的新造词语来记录这些事物。同时，由于人们的求简心理和语言经济性的要求，大量的大量简略词语应运而生。《信息库》中的 1652 个新词中有 1042 个属于简略造词的方式产生的，占新词总数的 63.08%，如此庞大的比重也为新词教学提供了便利的条件，在教学中让学生注意到语言由繁到简的词汇生成方式，这样就更方便学生掌握新词产生的理据，也就更容易理解新词的词义。

三　结语

语言是一个复杂的系统，从整体上说，语言系统的内部因素和语言系统的外部因素是一个相互依存的互动的过程，语言的社会属性和自身的系统性要求我们在看待语言发展时要树立全面的、动态的观点，试图将这些要素分开来说明新词在词汇系统中的共性只是为了论述的方便。在教学中，虽然新词教学所面对的是分散的、孤立的词语，但词汇是一个系统，"只有系统才能给个体以质的规定性"（张志毅、张庆云，2005）。因此，我们强调将新词教学置于词汇系统之中，在系统中认识新词的价值。

同时，新词毕竟是不同于原有词及其他词汇类型的一个特殊的类，我们在注重新词在词汇系统中的共性的同时，还应看到新词在词汇特点和词汇类型等方面所具有的独特的个性，这样才能在教学中"因词制宜"，区别对待。

参考文献

陈原：《语言与社会生活——社会语言学札记》，上海三联书店 1980年版。

葛本仪：《现代汉语词汇学》，山东人民出版社 2001 年版。

亢世勇：《面向信息处理的现代汉语语法研究》，上海辞书出版社 2004 年版。

刘善涛、李敏、亢世勇：《对外汉语新词教学信息库的研究与实现》，《语言文字应用》2011 年第 1 期。

吕叔湘：《现代汉语单双音节问题初探》，《中国语文》1963 年第 1 期。

王小宁：《对外汉语词汇教学初探》，《清华大学学报》（哲学社会科学版）1995 年。

杨梅：《现代汉语合成词构词研究》，博士学位论文，南京师范大学，2006 年。

叶蜚声、徐通锵：《语言学纲要》，北京大学出版社 1997 年版。

俞士汶、朱学锋等：《现代汉语语法信息词典规格说明书》，《中文信息学报》1996 年第 2 期。

张志毅、张庆云：《词汇语义学》，商务印书馆 2005 年版。

周荐：《双字组合与词典词条》，《中国语文》1999 年第 4 期。

基于《信息库》的新词词汇个性
分析与教学研究[*]

提　要：新词语既是词汇系统的重要组成部分又是词汇系统中独特的一员，其自身既具有和原有词共有的某些词汇共性又在词汇特点、词汇类型等方面体现出自身的个性。本文主要在《信息库》的基础上对新词在词汇系统中的独特个性做出分析，并对其教学策略做简要探讨。

一　新词词汇特点分析及在对外汉语新词教学中的作用

据统计，20 世纪 80 年代以来发表的研究新词语的论文有 600 多篇，其中涉及新词语特点的研究文章有 121 篇，占总数的 19.2%，是新词语研究中关注最多的一个方面（亢世勇等，2008）。我们在《对外汉语新词教学信息库》（简称《信息库》，下同）的基础上对新词在词汇系统中的共性特点做了分析（刘善涛、李敏，2011），在对比分析中可以看出新词和原有词之间的某些差异以及新词所体现出的某些特点，如语音中的多音化倾向；语法中名词、动词、形容词占绝对优势；语义构词中的词义表面化倾向；语义领域和使用范围中以社会生活和经济商业等方面的新词居多等。下面我们就新词的词汇特点做进一步说明，以方便对外汉语的新词教学。

（一）以具有新颖性、适用性和稳定性的词为主要教学对象

正因为原有词中的某些词语满足不了现实交际的需要，才会出现大量

---

　　* 本文作者刘善涛，曾以《基于语料库的现代汉语新词语言信息分析》为题发表于《牡丹江大学学报》2010 年第 5 期，收录本书时略作修改。

的新词语。新词语的产生在一定程度上体现了语言的创新性，满足了人们交际的需要，在特定的环境中起到了不可替代的作用。极具鲜活性、形象性的新词语，在交际时恰当地运用，会使人耳目一新，无形中增大了新词的适用性和实用价值。"企"是新词中构词能力比较强的一个词，在《信息库》中表示与企业有关的新词共 6 个，如：国企、民企、企管、外企、乡企、校企，这些词无疑增加了不同企业类型之间的区分度，体现了新词的适用价值。新词的产生也使部分原有词的释义有所调整，《现代汉语词典》（第五版）中对"企"的释义为"抬起脚后跟站着，今用为盼望的意思"，该释义在"企划、企图、企盼"等词中是完全适用的，但在"企业"一词中，语素义与词义无法直接对应。王艾录、司富珍（2002）认为"企业"的形成理据是"企盼盈利之业"的简称，这种解释未免有些牵强。目前学界大多认为"企业"一词属于日源借形词（刘正埮、高名凯等，1984），是日语中利用汉语材料构成的新词（邢福义、汪国胜，2006），也就是说该词由于特殊原因用汉字的字形表达了外来的概念，与汉语中构词语素义没有必然的联系，所以我们认为有必要给"企"设立一个新的义项，即"企业"，这样对上述新词的解释就更为方便，对留学生也更容易接受。

　　新词的新颖性和适用性不仅体现在新造词方面，通过旧词赋新义、外来词借用等手段也能体现出新词的上述性质。"菜篮子"本来指"盛菜的一种容器"，其新义用来指代"城镇中蔬菜、副食品的供应"，当这个原有词的新义和新用法固定以后，根据类推和联想机制又激活了同一语义范畴中其他词语的新义和用法，比如"粮袋子"指代"储备粮的供应"，"油瓶子"指代"食用油的供应"等。这些新词语的形成既受到原有词"菜篮子"的类推影响，也为原有词增加了新的意义和用法，同时也增加了语言的趣味性、经济性和适用性（郭丽君，2006）。再如，"安乐死"一词是由英语"euthanasia"意译而来的，它不仅改变了原有词的词汇形式使其更容易融入汉语的语言系统，而且用一种委婉含蓄的方式表达出此种生命结束方式与一般生命结束方式的区别，把人们不乐于听到的"死"进行了恰当的包装，体现出这个词的适用价值。

　　我们在强调新词新颖性和适用性的同时也应看到新词的变动性和不稳定性。词汇系统由比较稳定的内核和比较活跃的外层以及中介物构成的，新词属于词汇系统中的外围成员，随着时间的推移，有的将昙花一现，有的则可能会正式进入词汇系统的内核而一直沿用下去。对外汉语的新词教学要增强预测性，重点突出稳定性和适用性强的新词，对于使用频率低、稳定性差的部分新词，不需花费太多的精力和时间，而对于那些一时见于网络、广播和报纸等方面的新词则可一笔带过，让学生明白词义和词所在句子的整体意思即可。

（二）　新词单义性使词义理解相对容易

据调查，《现代汉语词典》（第二版）共收词目 56147 条，共有义项68344，两个以上义项的 9996 词，占词语总数的 14.63%，义项最多的达24 个，平均每词 1.27 个义项（苏新春，2001）。通过对《新华新词语词典》的统计可知，在其所收的 2168 条词目中，有 105 个新词具有 2 个义项，有 7 个新词具有 3 个义项，词典中的多义词共 112 个，约占新词语总数的 5.17%。比较可见，新词中的多义词比基本词汇要低 10% 左右，而且基本词汇义项最多有二十多个，新词语由于其产生时间比较短，义项数不会达到这个数字，所以说新词语单义性占强势是很明显的。

新词中约 95% 的新词具有单义性，这说明在新词教学中对词义的讲解和掌握是相对容易的，不需要花费太多的时间讲解新词的词义引申，即使有发生词义引申的新词由于产生的时间比较短，引申轨迹与基本词相比也较为清晰，学生对词义的理解和掌握相对容易，这在一定程度上也为新词的对外汉语教学降低了难度。

（三）　词群化有利于提高学生的词汇量

新词在产生之初并不是被任意创造出来的，受社会文化条件、人们思维方式和语言结构规律等方面的影响，"大多数新产生的词语，都有一个现成的框架背景，这一框架就像造词模子一样，能批量生产新词语，并使其所生产的新词语形成词语簇"（李宇明，2002）。其中最能体现出词语模的这种造词模式的便是新词缀的出现，它包括两层含义，一是老词缀重新焕发活力，二是新词缀的出现。老词缀包括前缀"老"（如老外、老记、老总），后缀"化"（如数字化、信息化、边缘化）等；新词缀中的前缀有"超"（如超豪华、超现代）、"软"（如软环境、软着陆）等；后缀有"度"（如知名度、透明度）、"族"（如追星族、波波族）等。

通过对《信息库》中 1652 条词语的字频统计分析，我们可知构词数量在 5 个以上的语素共有 229 个；10 个以上的语素共有 57 个，依次为（括号内数字为构词数量）：市（33）、网（32）、股（24）、权（24）、盘（19）、打（18）、点（18）、卡（18）、线（18）、车（17）、牌（17）、商（17）、展（17）、导（16）、水（16）、税（16）、特（16）、彩（15）、房（15）、球（15）、热（15）、保（14）、化（14）、机（14）、价（14）、区（14）、外（14）、高（13）、黑（13）、警（12）、人（12）、软（12）、升（12）、生（12）、信（12）、大（11）、动（11）、读（11）、光（11）、减（11）、聘（11）、小（11）、业（11）、爆（10）、标（10）、地（10）、婚（10）、级（10）、空（10）、片（10）、评（10）、上（10）、通（10）、位（10）、销（10）、新（10）。这些语素大多都有自己的构词模式，形成新词词群，其中有些语素既可以位于词头形成前缀也可以位于词尾形成后缀，如"网"构成的新词有"网吧、网虫、网德、网格、网关、网教、网警、网卡、网恋、网龄"等，也有"城域网、广域网、互联网、局域网、宽带网、万维网、校园网、因特网"等；有些语素既可以构成双音节新词也可以构成三音节新词，如"股"构成的新词有"股民、股评、股权、股市、股事、股灾、股指"等，也有"法人股、概念股、国有股、绩差股、绩优股、垃圾股、蓝筹股、普通股、优先股、原始股、债转股、红筹股"等。

新词的这种能产性和词群化色彩使学生对新词的认知更为便利，在某一语素的基础上发散出与此有关的新词词群，便于在新词之间找到相互连贯的线索，提高学生词汇量，从而使新词教学有法可依，更为顺利。

（四）理据性使新词教学更有据可循

汉语新词的上述特点使得我们对新词理据的把握更为明确，对新词理据的探究也更为方便。章宜华（2003）曾对当前新词的产生和构造理据做出如下评论，他指出在网络信息时代，每天都有大量的新词产生，这些新词的确立一般不再是为"任意事物"指定"任意符号"了，而是新事物或新现象在现有语言符号上的"概念升华"。因此，在反映所指内容特征方面，新词比"原始"词汇的表意更明了、更准确、更科学。这句话说明了新词由于其自身的新颖性、单义性和适用性以及在构造过程中的词语模等因素的影响使得新词的理据更为清晰。换言之，如果我们弄清了新词产生的理据，明白了新词理据形成的"过程"，对新词的认定、规范和释义就会更为科学；对梳理新词语、新词义的形成、演变的过程及动因，对揭示当代汉语词汇的动态发展规律甚至汉语词汇的构成机制也能提供一定的依据；同时，清晰的新词理据也会使对外汉语的新词教学更有据可循，学生如果能够了解新词的产生机制，对新词的认知就会更加便利，这在一定程度上也能提高学生新词学习的积极性和主动性。

二　新词词汇类型分析及在对外汉语新词教学中的作用

根据新词的产生途径来划分词汇类型的话，严格地说，新词的词汇类型有两种，一是新造词，既包括新产生的汉字词也包括新产生的字母词、数字词等，只要其形式不是汉语和其他语言中所固有的都属于新造词；二是借自汉语或其他语言中的原有词而产生的新义新用法，这包括借自汉语中的方言词、其他语言中的外来词、原有词的词义引申和词语适用领域的转移等。但是这种分类过于笼统，并且广义的新造词和借原有词之间也存在交叉情况，有些新词是在借的基础上又进行了改造。在前人研究的基础上我们对新词的词汇类型进行了细化，共分出了六种类型。"汉语构成新词的手段往往不是单一的，有的综合了几方面的力"（周洪波，1997），所以上述几种类型之间也不是完全孤立的，相互之间也存在着交叉和联系。

（一）新造词是新词教学的重点内容

利用汉语中已有的构词材料和构词方式创造新词是新词产生的主要途径，在《信息库》中的1652个新词中有约1464个新词属于新造词，占新词总数的88.62%。当前，新词语的产生已成为一定程度的全民造词运动，新造词在产生之初只是一种个体的偶用，由于其新颖性和多源性的特点，往往表现出不同的词汇形式，甚至不规范的词汇形式，它们在由个体偶用向群体多用的发展过程中相互竞争，最后按照"词竞众择，适者生存"（张志毅、张庆云，1997）的生存法则将使用频率高、规范性强的词确立下来，成为全民常用词。比如"Internet"这个词刚进入汉语的时候有"互联网""网际网络""因特网""互联网络""网际网路""国际联网""信息网""交互网""英特网""讯息网""国际网""交互网络"

等 12 个不同的词汇形式，最终确立了音译加意译词"因特网"和意译词
"互联网"为稳定形势（邹嘉彦、游汝杰，2003）。

　　在《信息库》的建设中我们将词典释义中标记为"又称""也称"
"也写作"等不同词汇形式的新词统一处理为异形词，将词语形式较为稳
定的新词，一般也是词典中的目标词在《信息库》中列为条目，将其异
形词置于备注之中。经统计，《信息库》中共有 116 个新词存在异形词，
有些新词不止一个异形词，如：

　　　　暗补—暗贴；保龄球—地滚球；蹦床—弹网运动；边缘人—边际
　　人；冰毒—艾斯；呼机—BP 机、Call 机；空间站—轨道站、航天站；
　　波波族—布波、波波、BOBO 族；超链接—链接、超级链接、网页
　　链接。

　　从新造词在新词中所占的数量和比重来看，新造词的教学是新词教学
中的重点内容，在对外汉语词汇教学中新造词的频繁出现既增加了教学中
的词汇数量也使学生对汉语词汇产生一种畏惧感，正确地看待新造词，恰
当的教学策略是提高教学效率和学生学习积极性的重要手段。在新造词的
教学中既要坚持规范性、频率性的原则，恰当处理新造词中的异形词现
象，不要被形态多样的异形词所吓倒，又要坚持新词之间、新词类型之间
相互联系的观点，新造词的词汇类型只是新词类型中的一个方面，将多种
类型相互联系起来，新造词的理据性就会清晰可见，教学难度也会降低。

（二）　词义引申使原有词和新词连为一体

　　每一个词并不是孤立存在的，它"存活"于整个动态的词汇网络和
语言系统之中。由于人们交际的需要和语言经济性的要求，并不需要为每
一个新产生的概念都创造新的词汇形式，汉语中的原有词语通过词义引申
与新兴概念联系在一起便产生了新的意义和用法，这样就使得一些原有词
因为被赋予新的含义，又展现出新的活力，派上了新的用途，这种途径产
生的新词，往往能给人耳目一新的感觉。例如"下课"原指教师结束讲
课。在四川的足球比赛中，观众对本地球队的成绩不满，对教练员的执教
不满，就齐声呼喊，要求教练员"下课"。自此，"下课"一词便引申出
了新的意义，用来指体育运动中教练员被解职，在此基础上词义进一步扩

大，泛指被动地离开工作岗位或某一竞争范围。同时，在词义引申的过程中词语的使用领域也发生转移，由教育领域到体育领域再到社会生活领域，词语的义项逐渐增加，新词也不断出现。

经考查，在《信息库》所收的 1835 个词语中，通过词义引申的方式产生的新词约有 182 个，占新词总数的 11.02%。词语使用领域发生转移的类型主要有四种：

（1）日常用语词义的相互转移，共 57 个，占词义引申总数的 31.32%，如：

包装：原指用专用的纸张、薄膜等包裹商品或把商品装进盒子、瓶子等容器；
现指对人和事物的形象进行装扮、美化，使更具有吸引力或商品价值。
阳光：原指日光；
现用来形容人健康开朗、充满活力或比喻事物、现象等公开透明。

（2）专业术语词义泛化为日常词语，共 63 个，占词义引申总数的 34.62%，如：

把脉：本为医学术语。指医生用手按在病人腕部动脉上，根据脉搏的变化来诊断病情；
现比喻对事物进行调查、分析，做出判断或提出解决方案。
板块：本为地质学术语。指由地质上的活动地带划分的岩石圈的构造单位；
现在也用来指构成整体的若干具有内在联系而又相对独立的事物。

（3）日常词语转移至专业领域，共 38 个，占词义引申总数的 20.88%，如：

访问：原指有目的地去看望、拜访；

现用在计算机领域，用来指对网络上特定的资源、对象进行查看浏览。

充电：原指把电源接到蓄电池等设备上，使电池重新获得放电能力；

现比喻通过学习补充知识、提高技能等。

（4）专业领域词义的相互转移，共 24 个，占词义引申总数的13.19%，如：

抢滩：原用在军事领域，指军队抢占滩头阵地；

现用在经济领域，借指抢占市场或进入某一领域参与竞争。

杀毒：原用在医学领域，指用物理方法或化学药品杀死治病的微生物；消毒；

现用在计算机领域，指用特别编制的程序清除存在于软件或存储载体中的计算机病毒。

数据显示，在词义引申的过程中专业词语泛化和日常词语之间的转移是词义引申的主要方式，专业词语之间的转移数量最少，并且大部分发生在经济和科技等人们熟悉的领域，这为认知原有词的词义转移提供了便利的外部条件。因原有词词义和用法的变化而产生新词，从原有词到新词的词义引申之间必然存在着一定的纽带和桥梁，在教学过程中理清词义引申的途径和使用领域的转移类别是至关重要的，只有这样才能让学生理清词义变化的脉络，将新词的学习和原有词的学习结合起来。同时，原有词词义的引申不是孤立进行的，当一个词的意义和用法固定下来之后，相关语义场的词语也会发生一定的变化，如上文中提到的"菜篮子、粮袋子、油瓶子"等。所以在词义引申的教学中要拓宽思路，将原有词系统和新词系统积极有效地联系起来，启发学生思维，激发学习的积极性。

（三）优势方言的新词学习有助于提高学生的交际能力

方言是一种语言的地域变体，是共同语的分支。当前，就普通话和汉语方言的关系来说，已经进入"普通话和汉语方言动态和谐"（于根元，

2009）的阶段。推广普通话是国家的一项语言文字政策，但这并不意味着要消灭方言，普通话还是要不断从各方言中吸取有用的成分来丰富自己，被吸收的方言往往都表示某种特殊的意义。一是普通话里没有相应的词来表示，所以被吸收进来，如"侃、炒、托儿、膀爷、哈韩、傍大款"等。二是普通话中虽然有与方言词意义基本相同的词语，但是求新求异的心理驱使人们在普通话和方言之间更乐意选择优势方言中具有特色的词语，或者经过普通话改造过的方言词，这些词与普通话中的词语相比能表达出一种新颖的意味、色彩和格调，给人们一种新奇感，如"下课"一词本可以用"解雇"来表示，但是其新颖性和独特性使其广泛流行；汉语中本来就有"结账"这个词语，但还是从粤方言中吸收了"埋单"并经过改造书写为人们更容易接受的"买单"。三是由于方言词表示了方言地区的特有事物，所以被吸收到普通话中，如"橄榄、椰子"等，这类词所表达的是自然客体，在新词中数量很少，几乎没有。

据统计，《信息库》中共有 86 个方言词，它们主要来自港澳粤台、北京、四川、上海、吉林。各方言中方言词的数量及比例见表 1。

表 1　　　　《信息库》中各地区方言新词的数量、比例和例词

方言词	数量	占方言词的比例（%）	例词
港澳粤台	66	76.74	猛料、拍档、拍拖、无厘头
北京	14	16.28	宰、大腕、泡妞、款爷
四川	4	4.65	下课、雄起、勾兑
吉林	1	1.16	海选
上海	1	1.16	闹猛

东南沿海地区，作为改革开放的前沿阵地，经济发展在全国最为迅速。这些地方的方言，尤其是粤方言成了一种强势方言，粤语北上已经成为势不可挡的趋势，其在新词中的比例也逐渐增加。北京是全国的政治文化中心，也是新闻媒体发布的基地，北京方言最容易在全国传播，最方便为人们所接受。四川、上海、吉林等地的方言由于各方面的原因未能产生较大的影响是有其客观原因的，也是必然的。

对外汉语教学虽然以普通话的语言技能训练为主，但是普通话与汉语方言之间有着千丝万缕的联系；了解一定的汉语方言知识和掌握一定量的汉语方言，能够扩大学习者的交际范围，提高他们的交际适应能力（丁启阵，2003）。新词的产生途径是多样的，将新词中的稳定性强、使用频率高的方言词，特别是粤方言和北京方言词引入对外汉语教学是必要的，也是可行的。在方言词的教学中积极结合方言词的地区意义和地区色彩，将地区文化融入词汇教学中将更容易方便学生的理解。

（四）不同类型的外来词有利于不同国别学生的新词学习

改革开放以来，我国与世界的语言文化交流日趋频繁，人们的知识文化水平也有所提高，旧有的语言观念和文化心态也在慢慢发生变化，对外来文化、外来词语的心理承受能力也有了显著增强，作为异域信息载体的外来词语大量进入汉语词汇系统之中，形成了汉语引进和吸纳外来词语的新局面。

外来词也叫借词，包括借音和借形两类。意译词是用本族语言的构词材料和规则构成的新词，把外语里某个词的意义移植进来，它不属于外来词，但和外来词又有着一定的联系。下面我们就《信息库》中外来词和意译词及其子类的新词数量、比例统计见表 2。

表 2   《信息库》中外来新词和意译新词及其子类型所占的数量、比例和例词

类型		数量	占外来词的比例（%）	例词
外来词		74		
借音	音译外来词	24	32.43	吧、的、拷贝、克隆、迪斯科
	音译兼意译外来词	20	27.03	奥赛、蹦迪、波波族、脱口秀
	音译加意译外来词	13	17.57	保龄球、基因组、芯片、扎啤
	字母外来词	3	4.05	AA 制、3+X、移动 PC
借形	日源外来词	14	18.92	企划、瘦身、人气、卡拉 OK
意译词		84		炒、冰毒、硅谷、街舞、安乐死

通过对比可以看出外来词和意译词的数量基本一致，这足以显示当今社会人们对外来词的接受力度和承受能力。值得注意的是，外来词进入汉语并不是对外来语言形式的照搬，而是经过了汉语这种孤立语语言类型的改造，使其更符合汉语的表达形式。最突出地表现在语音方面，在保持语音与外族原词语近似的前提下，采用与汉语语素谐音的方法，把外来词的

语音形式和音节结构改造成汉语的语音形式和音节结构，以便在不同程度上与原词词义发生某种联系，使该词义在一定程度上能够反映人们对所指事物的认识、评价和审美情趣。如"雅飞士""雅皮士"中"士"的使用说明这些词指的应是一类人；"脱口秀"应该与说话有关；"锐舞"直接标明是一种舞蹈；"蹦极"中的"蹦"指明了动作类型，"极"则表示极限运动等。在外来词的引进中另一个值得注意的现象便是外来词音译成分或意译成分的语素化，前者如单音语素"的、奥、吧、波、秀、啤"等，双音语素"艾滋、克隆、基因、迷你"等；后者如"网、热、干、股"等，这些语素具有极强的构词能力，能够形成一个个庞大的词群，极大地丰富了汉语的词汇系统。

对于外来词的新词教学要坚持音形义相结合的观点，但又得有所侧重，对借音外来词要在汉语语音和外来语音对比的基础上讲解新词的意义，对借形外来词则坚持形体和词义相结合进行讲解。在对待外来词和意译词的态度上既要区分二者的差异，也要在差异中寻求统一点，二者毕竟和外来概念有着一定的联系，对它们的讲解和掌握最好是和外族语中的原有形式联系起来。另外，外来词的语素化为外来新词和汉语新造词的理解提供了一定的便利条件，总结出这些构词能力强的外来语素对于丰富汉语的词汇系统，扩大学生的词汇量意义重大。

（五）简略词便于词义的猜测和理解

简略词的出现是语言经济性的典型体现，在《信息库》的建设中我们对简略词的定义比较宽泛，凡是能从释义中提取出新词的词语形式都处理为简略词。同时，为了对不同新词的简略方式进行区分，我们对研究对象进行了细化，将简略词分为三种类型：①简称词，指可以直接从释义中进行语义提取的新词，如动词"坑农"的释义为"坑害农民"，新词词形是从释义中直接提取过来的，名词"诺奖"的释义为"诺贝尔奖奖金的简称"，其释义框架多为"……的简称"，这类词的释义一般较为简洁，多为 A+B＝A+B 的语义构词方式。②略语词，这类词的释义较为复杂，但从释义成分中也可以提取出新词的词汇形式，如动词"签售"的释义为"新书、新唱片发行时著作者到场签名销售"，名词"囚歌"的释义为"以囚犯诉说自己悔恨心情为内容的歌曲"，释义中的附加内容比较多，多为 A+B＝A+B+D 的语义构词方式。③缩语词，指将释义中的词语以数字的形式缩略成词,如动词"三讲"指"讲学习、讲政治、讲正气",名词"三险"指"基本养老保险、基本医疗保险、失业保险三种社会保险的合称"。通过对《信息库》的统计可知,《信息库》中的 1652 个新词中有 1042 个简略词,占新词总数的 63.08%,上述三种简略词的数量、比重和音节分布情况见表 3。

表 3　　　　《信息库》中各类型新词简略词所占的数量和比例

类型		双音节	三音节	总计
简称词	数量	308	14	322
	占简称词的比(%)	95.65	4.35	100
	占简略词的比(%)	29.56	1.34	30.90
略语词	数量	527	186	713
	占略语词的比(%)	73.91	26.09	100
	占简略词的比(%)	50.58	17.85	68.43
缩语词	数量	6	1	7
	占缩语词的比(%)	85.71	14.29	100
	占简略词的比(%)	0.58	0.09	0.67

简略词以其形式的简洁性,意义的凝固性、系统性在新词的创制中发挥着积极的作用。大量的简略词的存在证实了新词词义表面化的倾向,比较而言,简称词的词义是最方便讲解和理解的;其次是略语词,因为学生可以从构成新词的语素中找到词义理解的线索;最后是缩语词,因为每一个数字所代表的内容是相当丰富的,但又是隐晦的,学生要理解这个数字就要理解它所代表的一组词,甚至是它所代表的文化内涵,可是这种词在新词中的数量很少。所以从整体上来看,简略词的教学重在分析语素义和词义相结合的线索,同时还要注意不同词语和词群之间的差异,在词义分析的基础上结合相关的词汇类型和构词理据进行综合讲解和把握。

(六) 修辞造词反映出新词的文化内涵和内部理据

"有一批新词语仅仅指出它们内部的构造方式,做常规性的表层分析,还无法足以使人们理解它们的意义,因而应当注意研究修辞方式的渗入与新词语创造之间的密切关系"(沈孟璎,1988)。修辞现象词汇化作为新词语产生的重要途径之一,运用修辞手段构造新词语能够给抽象的概念赋予具体可感的形象，用生动活泼的语言形式命名平淡的事物，充分体现了语言的形象化特点和人们在新词创制中求新求异的心理，形成了简短活泼、委婉含蓄的语言风格，增加了词语的感情色彩，便于为广大群众接受。在《信息库》所收的 1652 个新词中，修辞式造词法产生的词语共689 例，占总数的 41.71%，并且有些词语不止使用一种修辞方式，如"蓝领"既使用了整体借代的修辞方式又是仿"白领"而造出的新词；"贪内助"在指称"爱财如命、助纣为虐的贪官妻子"，这个词在创制的时候既仿造了"贤内助"又使用了委婉的修辞方式。《信息库》中使用的主要修辞方法和数量统计如表 4。

表 4　　　《信息库》中各修辞类型所造新词的数量、比例和例词

类别	数量（个）	占修辞造词总数的比例（%）	例词
比喻	263	38.17	谷底、骨感、硅谷、航母、牛市、含金量
借代	139	20.17	白领、辩手、大腕、肥皂剧、关键词
委婉	22	3.19	培智、弱智、文胸、安乐死、第三者
仿词	302	43.83	单选、粉领、光谷、高端、股市、荒漠化
夸张	16	2.32	宰、杀熟、天价、爆棚、跳楼价、地球村
反语	3	0.44	款爷、侃爷、膀爷
拟人	7	1.02	平疲、疲软、访问、攀升、服务器、城市病

同时，为了对研究对象进行细化，我们根据比喻和借代两种修辞方式在造词活动中的情况分别进行了再分类，统计结果如表 5。

表 5　《信息库》中比喻和借代两种修辞类型所造新词的数量、比例和例词

类别		数量（个）	占修辞造词总数的比（%）	占各类的比（%）	例词
比喻	整体比喻	115	16.69	43.73	把脉、板块、包装、曝光、防火墙
	部分比喻	148	21.48	56.27	冰毒、并轨、变脸、大鳄、边缘化
借代	整体借代	81	11.76	58.27	白领、出局、挂牌、黑马、小灵通
	部分借代	58	8.42	41.73	辩手、出镜、名嘴、飘红、二手房

修辞现象词汇化反映了汉语造词中独特的文化韵味，同时也使得新词中语素义和词义的关系错综复杂，多数新词的词义并不等于词素义的简单相加，学

生对词义的把握难度加大。在对外汉语新词教学中如果不结合新词产生中的修辞方式分析其文化内涵和内部理据就很难理解词的含义，如果能结合修辞造词的词语理据，并结合类推的思维方法，就有助于学生触类旁通、以简驭繁地掌握汉语词汇，将新词造词和语言使用中经常出现的修辞手法教给学生，授之以渔，可以有效地扩大词汇量，对于提高汉语词汇教学水平效果显著。

三　结语

通过上文的分析可以看出，伴随着我国社会生活和语言生活的不断变化，新现象新事物的不断出现，利用汉语中已有的构词材料和构词方式创造新词是新词产生的主要途径。同时，新词产生的途径又是多种多样的，其他途径产生的新词语也为数不少，其中以简略词语为最，这体现了语言经济性的原则和人们求新求简的心理驱动。改革开放的不断深入使得我国国内各地区之间以及我国与国际社会之间的交流不断加深，形式多样的外来词和方言词也在相互的交流中不断碰撞，相互竞争，体现出各地区的经济、文化特色。经济、实用的原则也促使人们采用"旧瓶装新酒"的办法，赋予了许多原有词语新的意义，使部分专业词汇和日常词汇之间的使用领域发生转移，修辞现象词汇化为新造词增添了立体可感、生动活泼的韵味，增加了词语的感情色彩，在群众中受到广泛欢迎。总之，新词产生的途径是多种多样的，是语言系统和非语言系统、共时和历时等多种因素相互作用的"合力"效果，但具体到某个或某类新词的产生，其理据和途径又是可以分析的，可以归类，可以构成系统的。对外汉语新词教学应该不惧困难，开拓创新，在扩大学生词汇量的同时，立足词汇网络的系统性原则，注重新词之间，新词与原有词之间的联系，努力挖掘新词产生的理据，归纳新词产生的规律和有代表性的语素，这样才有助于打破学生孤立的词汇学习局面，有助于学生触类旁通、以简驭繁地掌握汉语词汇，提高学习的积极性和学习效率。

参考文献

亢世勇等：《现代汉语新词语计量研究与应用》，中国社会科学出版社 2008 年版。

丁启阵：《论汉语方言与对外汉语教学的关系》，《语言教学与研究》

2003 年第 6 期。

郭丽君：《新词语的产生和发展研究》，博士学位论文，中国传媒大学，2006 年。

李宇明：《词语模》，《语法研究录》，商务印书馆 2002 年版。

刘善涛、李敏：《基于〈信息库〉的新词词汇共性分析与教学研究》，孙茂松、陈群秀主编：《中国计算语言学研究前沿进展（2009—2011）》，清华大学出版社 2011 年版。

刘正埮、高名凯等：《汉语外来词词典》，上海辞书出版社 1984 年版。

沈孟缨：《修辞方式的渗入与新词语的创造》，《山东大学学报》1988 年第 3 期。

苏新春：《关于〈现代汉语词典〉词汇计量研究的思考》，《世界汉语教学》2001 年第 4 期。

王艾录、司富珍：《语言理据研究》，中国社会科学出版社 2002 年版。

邢福义、汪国胜主编：《现代汉语》，华中师范大学出版社 2006 年版。

于根元：《推广普通话 60 年》，《语言文字应用》2009 年第 4 期。

张志毅、张庆云：《新时期新词语的趋势与选择》，《语文建设》1997 年第 3 期。

章宜华：《信息时代新词的产生与构造理据》，《辞书研究》2003 年第 5 期。

中国社会科学院语言研究所词典编辑室：《现代汉语词典（第五版）》，商务印书馆 2005 年版。

周洪波：《合力构词》，《语法研究和探索（八）》，商务印书馆 1997 年版。

邹嘉彦、游汝杰：《当代汉语新词的多元化趋向和地区竞争》，《语言教学与研究》2003 年第 2 期。

影响留学生基本词汇学习和新词学习状况的调查研究[*]

提　要： 本文通过问卷调查和简要访谈的形式，对具有中高级汉语水平的韩国留学生的基本词汇学习和新词学习状况进行了调查研究，结果发现留学生普遍认为词语的用法和意义是学习的重点，而对词义的理解和掌握是词汇学习中的最大困难；与平时的课堂学习相比，留学生更希望在报刊阅读课上及时地接触到中国社会生活和语言生活的最新变化，但我们在教学大纲的制定和教材的编写方面并没有较好地满足留学生的这一需求。因此应进一步加强对外汉语词汇教学和新词教学的研究，调整报刊阅读课的教学大纲和教学内容，适时适量适度地增加新词数量，改善教材内容，以便更好地满足不同汉语水平留学生的学习需求。

　　新词语充分体现了时代脉搏的跳动，与当代社会文化背景息息相关，不仅是学生掌握现代汉语的一个重要组成部分，而且是学生了解中国国情和社会风貌的关键之一。所以，新词语就自然成为报刊阅读课词汇教学大纲选词的重点，也是报刊阅读课本身不同于其他课程的重要特点（刘谦功，1995）。但是，"我们不无遗憾地看到，当今的对外汉语教学，在讲授和学习汉语新词语方面基本上还是空白，不论是在教学大纲、教学计划、教科书编写，还是课堂教学和语言测试上都找不到应有的明确而定量的说明"（汤志祥，2002）。李璨（2007）通过对6种27册对外汉语综合课教材吸收新词语的状况研究发现，共收入新词语179个，仅占生词总数的0.789%。无论是从新词语在生词总量中的比例来看，还是在超纲词中

---

　　* 本文作者刘善涛，发表于《鲁东大学学报（哲学社会科学版）》2012年第1期，收录本书时略作修改。

所占的位置来看，新词语在对外汉语综合课教材中比例微小。

留学生汉语词汇量的积累是对外汉语教学的一个重要环节。新词语的教学和学习既能帮助学生扩大汉语词汇量、了解当代中国社会和提高语言交际能力，也能促使学生掌握一定的汉语语言知识、复习和巩固原有词的学习，推知和猜测生词的词义和用法，在对外汉语教学和学习中发挥着独特的重要作用。新闻报刊方面的课程，突出的特点是一个"新"字，而这个"新"主要是由新词语反映出来的（刘谦功，1995）。为了加深了解留学生词汇学习和新词学习的状况，我们于2010—2011学年上学期开学两月后，即2010年11月在鲁东大学国际交流学院进行了一次"关于留学生基本词汇学习和新词学习状况的问卷调查"。希望通过此次调查能对留学生的词汇学习和新词学习状况有所了解，为新词教学的必要性和迫切性提供一些实证性依据。

一　研究方法

（一）调查目的

作为对外汉语语言学习状况调查的一个组成部分，本文旨在回答以下问题：

（1）留学生在汉语学习和基本词汇学习中的整体状况如何？

（2）留学生对报刊阅读教材中的课文内容和新词的满意度如何？

（二）调查对象

本次调查所涉及的对象为鲁东大学国际交流学院常规本科班二年级（相当于中级汉语水平）和三四年级（相当于高级汉语水平）的留学生，在这个学期的学习中二年级的留学生每周都有4课时的报刊阅读课，三四年级的留学生在以前的学习中都有学习报刊阅读课的经历，所以调查对象对报刊阅读课的课文内容和收词情况等调查内容已经有所了解，这为我们的调查提供了良好的前提条件。同时，由于该学院的学生绝大多数是韩国留学生，为了排除因国别和母语差异而造成的分歧，我们将调查对象界定为具有韩国国籍，母语为韩国语的留学生。

（三）调查手段

本调查采取问卷调查和访谈调查相结合的方式。为了减轻学生的负担，也为了使此次调查更方便地开展下去，以便最大限度地获取有效样本数量，我们为调查问卷设计了 16 个单项选择题，见表 1，并为每个调查项目设置了 A、B、C、D 四个客观选项，要求被调查者根据项目要求选择出最佳答案，同时为了避免纯粹的选择所带来的缺陷和有效地发挥学生在调查中的主动性，我们对每个项目都设置了"其他"选项（E），被调查者可以根据自己的认知取向在此选项中进行简单的书写说明，具体选项见表 2。

表 1　　　　　　　　　　　调查中所涉及的问题

ID	项目	ID	项目
Q1	你学习汉语的主要目的是什么？	Q9	你学习报刊阅读谭的主要目的是什么？
Q2	在汉语学习中，你感到最难的部分是什么？	Q10	报刊阅读课中的课文内容和平时学习的课文有什么不一样？
Q3	在汉语学习中，你感到最重要的部分是什么？	Q11	在报刊阅读课中，你最想学习哪方面的内容？
Q4	在平时的学习中，你最想学习哪方面的词语？	Q12	除了上面的词语外，你还想学习哪方面的内容？
Q5	除了上面的词语外，你还想学习哪方面的词语？	Q13	在报刊阅读课中，你最不想学习哪方面的内容？
Q6	在词汇学习中，你感到最大的困难是什么？	Q14	报刊阅读谭的谭文内容还需要哪方面的调整？
Q7	在记忆生词的时候你最经常使用的方法是什么？	Q15	报刊阅读课中的词语还需要哪方面的调整？
Q8	你认为下面哪种方法对记忆生词最有帮助？	Q16	报刊阅读课对你学习汉语有帮助吗？

表 2　　　　　　　　　　　每个调查项目的具体选项

D	A	B	C	D	E
Q1	为了当汉语老师	为了了解中国	为了在中国生活和工作	为了以后的学习	
Q2	汉语的语音和语调	汉语的词汇	汉语的语法	汉语的语用	
Q3	汉语的语音和语调	汉语的词汇	汉语的语法	汉语的语用	
Q4	日常生活中的词语	经济贸易中的词语	文学作品中的词语	时事政治中的词语	

续表

D	A	B	C	D	E
Q5	日常生活中的词语	经济贸易中的词语	文学作品中的词语	时事政治中的词语	
Q6	生词词形太难，容易写错	生词的读音记不住	生词词义太复杂	生词太多，记忆很累	
Q7	将生词和以前学过的词联系起来记	将生词的读音、意义和用法联系起来记忆	将生词中汉字的意思和生词的意思联系起来记忆	将生词和母语词相对应，一个个记忆	
Q8	将生词和以前学过的词联系起来记	将生词的读音、意义和用法联系起来记忆	将生词中汉字的意思和生词的意思联系起来记忆	将生词和母语词相对应，一个个记忆	
Q9	为了当汉语老师	为了了解中国	为了在中国生活和工作	为了以后的学习	
Q10	一样，没有太大的差别	课文内容和词汇有点新	课文内容和词汇非常新	课文内容和词汇非常旧	
Q11	与日常生活有关的内容	与经济贸易有关的内容	与文学作品有关的内容	与时事政治有关的内容	
Q12	与日常生活有关的内容	与经济贸易有关的内容	与文学作品有关的内容	与时事政治有关的内容	
Q13	与日常生活有关的内容	与经济贸易有关的内容	与文学作品有关的内容	与时事政治有关的内容	
Q14	暂时不需要调整	要求最近5—6年的文章	要求最近3—4年的文章	要求最新的文章	
Q15	暂时不需要调整	多一些生词	多一些最新产生的新词	多一些网络词语	
Q16	完全没有帮助	没有帮助	有帮助，但是帮助不大	有很大帮助	

本次调查问卷于2010年11月在国际交流学院发放，共发放问卷55份，由于是在上课的时候以匿名回答的形式进行的，并且向学生说明了本次调查的真实目的，消除了学生的疑虑，得到了学生的积极配合，问卷回收55份，全部为有效问卷，问卷回收率和有效率均为100%。

在对问卷进行初步统计分析之后，我们又于2010年12月对部分学生进行了访谈。访谈的主要目的是检验本次调查的真实性，主要内容是要求留学生对自己在调查问卷上的回答做出解释和说明。

二　结果与分析

在回收的55份有效问卷中，中级班共48人，占调查总数的87.3%；

高级班共 7 人，占调查总数的 12.7%，由于此次调查涉及两个汉语水平等级的留学生，我们对其进行了分别处理，因为我们设想汉语水平等级的不同可能会影响到问卷中问题的选择。中级和高级汉语水平的留学生对不同项目的回答情况以及总体情况见表 3。

表 3　　　　　　　　　　调查对象对问卷内容的反馈情况

	A 中级	A 高级	B 中级	B 高级	C 中级	C 高级	D 中级	D 高级	E 其他 中级	E 其他 高级	总计 中级	总计 高级
Q1	5/9.1	1/1.8	3/5.5		29/52.7	5/9.1	11/20	1/1.8			48/87.3	7/12.7
	6/10.9		3/5.5		34/61.8		12/21.8					
Q2	7/12.7		8/14.5	1/1.8	15/27.3	3/5.5	18/32.7	3/5.5			48/87.3	7/12.7
	7/12.7		9/16.4		18/32.7		21/38.2					
Q3	6/10.9		15/27.2	2/3.6	5/9.1		22/40	5/9.1			48/87.3	7/12.7
	6/10.9		17/30.9		5/9.1		27/49.1					
Q4	18/32.7	3/5.5	12/21.8	2/3.6	11/20	1/1.8	7/12.7	1/1.8			48/87.3	7/12.7
	21/38.2		14/25.5		12/21.8		8/14.5					
Q5	14/25.5	2/3.6	19/34.5	3/5.5	6/10.9	1/1.8	9/16.4	1/1.8			48/87.3	7/12.7
	16/29.1		22/40		7/12.7		10/18.2					
Q6	3/5.5		3/5.5		20/36.4	4/7.2	17/30.9	3/5.5			48/87.3	7/12.7
	3/5.5		3/5.5		24/43.6		20/36.4		同义词 5 个			
Q7	6/10.9	1/1.8	12/21.8	3/5.5	5/9.1	2/3.6	25/45.4	1/1.8			48/87.3	7/12.7
	7/12.7		15/27.3		7/12.7		26/47.3					
Q8	10/18.2		19/34.5	3/5.5	13/23.6	4/7.2	6/10.9				48/87.3	7/12.7
	10/18.2		22/40		17/30.9		6/10.9					
Q9	2/3.6		15/27.3	4/7.2	25/45.5	3/5.5	6/10.9				48/87.3	7/12.7
	2/3.6		19/34.5		28/50.9		6/10.9					
Q10	17/30.9	2/3.6	23/41.8	5/9.1	2/3.6		6/10.9				48/87.3	7/12.7
	19/34.5		28/50.9		2/3.6		6/10.9					
Q11	28/50.9	2/3.6	10/18.2	4/7.3	3/5.5		7/12.7	1/1.8			48/87.3	7/12.7
	30/54.5		14/25.5		3/5.5		8/14.5					
Q12	18/32.7	3/5.5	12/21.8	2/3.6	7/12.7	1/1.8	11/20	1/1.8			48/87.3	7/12.7
	21/38.2		14/25.5		8/14.5		12/21.8					
Q13	3/5.5		9/16.4		25/45.5	6/10.9	11/20	1/1.8			48/87.3	7/12.7
	3/5.5		9/16.4		31/56.3		12/21.8					

续表

	A		B		C		D		E 其他		总计	
	中级	高级	中级	高级	中级	高级	中级	高级	中级	高级	中级	高级
Q14	4/7.2		2/3.6		9/16.4		33/60	7/12.7			48/87.3	7/12.7
	4/7.2		2/3.6		9/16.4		40/72.7					
Q15	5/9.1		9/16.4	1/1.8	24/43.6	4/7.2	10/18.2	2/3.6			48/87.3	7/12.7
	5/9.1		10/18.2		28/50.9		12/21.8					
Q16		1/1.8	11/20	2/3.6	28/50.9	4/7.2	9/16.4				48/87.3	7/12.7
	1/1.8		13/23.6		32/58.2		9/16.4					

对表 3 数据进行分析后，我们发现：

（1）留学生学习汉语的主要目的是为了在中国生活或工作，占调查总数的 61.8%，同时学习目的也存在着差异性和多样化，具有高级汉语水平的留学生的学习目的更为明确，主要是为了在中国生活或工作，占高级汉语水平人数的 71.4%，而具有中级汉语水平的留学生由于各方面的原因，所做出的选择比较多。

（2）在语音、词义、语法和语用 4 个部分中，每一部分对留学生，特别是中级阶段的留学生来说都是难点和重点，但在这 4 个部分中留学生一致认为最难掌握的学习环节是语用和语法，这两项内容占调查总数的 70.9%，而最重要的学习环节是语用和词义，占调查总数的 80%。可见，汉语作为一种孤立性语言，在留学生看来，汉语语法固然不容易掌握，但语言学习的主要目的是为了交际，语用和词义才是学生认为最重要的内容。

（3）在词汇学习中，留学生对不同领域的词汇都有着广泛的兴趣，特别是具有中级汉语水平的留学生，由于其学习目的多样，对不同词汇类型的渴求也呈现出多样化，但是从整体上看留学生最希望学习的是日常生活类和经济贸易类等和现实生活密切相关的词语，这两类占调查总数的 66.4%。在访谈中我们发现对那些以在中国生活或工作为主要目的的留学生来说，他们更希望学习这方面的词汇，对文学作品中过于书面化的词汇没有太大的兴趣。

（4）在生词的书写形式、读音形式、意义内容和生词数量 4 项内容中，留学生感到最大的困难主要来自词义内容方面，占调查总数的

43.6%；其次是生词数量，占调查总数的 36.4%；另外有 9.1% 的学生还特别指出同义词的掌握也是学习中的难点。在汉语词汇中，有约 20% 的词属于多义词，词的多义性也是留学生生词学习的重要障碍。访谈发现，有学生将词语的不同义项和词语的不同形式相等同，不能很好地区分词的多义现象，这也是选择词义内容和生词数量是学习难点的一个重要原因。所以从整体上看，留学生在词汇学习中最大的困难来自词义方面，词语的意义得不到确切的掌握，词语的用法也就无从谈起。

（5）生词词义难以掌握，部分原因在于学生记忆生词的方法不得当。在调查中，47.3% 的留学生用母语翻译法孤立地记忆单词，忽略了语言之间的差异，这在具有中级汉语水平的留学生中的表现更为突出，占调查总数的 45.4%。虽然也有部分留学生表示这种记忆生词的方法不是十分可取，并有 40% 的留学生主张将生词的读音、意义和用法联系起来记忆，有 30.9% 的留学生主张将生词中汉字的意思和生词的意思联系起来记忆，有 18.2% 的留学生主张将生词和以前学过的词联系起来记忆，但在访谈中我们发现，由于受以往学习中所养成的记忆习惯的影响，这些具有网络性、系统性的记忆方法在留学生记忆生词的时候都没有得到很好的采用，这其中也包括那些以为能将生词的读音、意义和用法联系起来记忆生词的高级班留学生。

（6）报刊阅读课作为一门及时反映中国社会变化和语言变化的课程，留学生的学习目的和一般的课程学习存在着一定的差异，与学习汉语的主要目的相比，留学生学习报刊阅读课主要是为了满足在中国生活或和工作的需求，占调查总数的 50.9%，比 Q1 高出 9.1%，进而是为了了解中国，占调查总数的 34.5%，比 Q1 高出 29.1%。调查还发现，Q1 是为了了解中国的过去和现在，而 Q9 则主要是为了了解中国当今社会的变化，时代性更强一些。

（7）在对报刊阅读课和平时课程学习中所接触到的课文内容和词语进行评价时，50.9% 的留学生认为报刊阅读课的课文内容和词语有点新，34.5% 的留学生认为两者之间没有太大的差别，甚至是一样的，两项总和占到调查人数的 85.4%。这反映出我们的报刊阅读教材在新颖度和时代性方面还有待改善，后文的调查也从另一个方面说明了这一问题。

（8）在报刊阅读课的学习中，留学生最想接触和学习的内容主要来自日常生活领域，其次是经济贸易领域，两项总和占到调查人数的

71.8%，而学生最不想学习的词汇是文学作品中的词汇，占调查人数的56.3%。与报刊阅读课的学习目的相对应，学生在报刊阅读课上所希望接触到了内容和平时的学习内容基本一致，但比较而言，学生在报刊阅读课的学习中更希望接触到日常生活领域和经济贸易领域的新鲜内容，增长了5.4%。

（9）在上述学习目的下，我们调查了留学生对报刊阅读课课文内容和选词的评价，发现92.7%的留学生都希望对课文内容进行调整，72.7%的留学生要求课文内容应该是最新的文章。在课文词汇方面，50.9%的留学生要求课文中的词语应该是最新产生的新词，还有21.8%的留学生要求增加一些网络词语。在访谈中我们还发现，虽然我们在调查中已经对生词、新词、网络词语进行了简易的界定，生词指学生词典（包括电子词典）中能够查到的词语，新词是最近产生，一般词典中查不到的词语，网络词语是在网络世界里经常使用（如网络聊天、网络日志等），而在现实生活中很少使用的词语，但是有些学生对生词和新词的认识还是不明确，所以我们可以笼统地说有约90.9%的留学生要求对课文词语进行调整，要求增加新词和网络词语。

（10）课程设置的目的是为了能够对学生的汉语学习有所帮助，从而能有效地提高学生的汉语水平，但是有25.5%的学生认为报刊阅读课的课程设置对留学生学习汉语没有帮助，甚至是毫无帮助；有58.2%的留学生承认有帮助，但是帮助不大；只有16.4%的留学生感觉有很大帮助，可见，我们的报刊阅读课并没有完全满足学生学习的需求，还需要进一步改进。

三　结语

本文以实证的方式探讨了具有中高级汉语水平韩国留学生的词汇学习和新词学习状况，通过对前文调查数据的分析，我们得出了以下认识：

（1）留学生学习汉语的目的虽然不同，但一致认为词语的用法和意义是学习的重点，汉语语法虽然是学习的难点，但其重要性不及词汇。同时，虽然词汇学习很重要，但是由于留学生记忆词汇的方法不得当，从而导致对词义的理解和掌握成为词汇学习中的最大困难。

（2）新词学习作为留学生了解当代中国和扩大词汇量的一种主要方

式受到了学生的普遍关注和重视，与平时的课程学习相比，留学生更希望在报刊阅读课上及时地接触到中国社会生活和语言生活的最新变化，但我们在教学大纲的制定和教材的编写方面并没有较好地满足留学生的这一需求。

（3）汉语水平的高低会影响到留学生的词汇学习和新词学习的整体状况，具有高级汉语水平的留学生的词汇学习状况会稍好一些，逐渐摆脱了依靠母语翻译法记忆汉语词汇的缺陷，但由于受到以往学习习惯的影响，在词汇记忆和使用中仍存在着一定的不足；具有高级汉语水平的留学生的汉语学习目的较为明确，在词汇和新词学习中对社会生活类词语和经济贸易类词语的需求更强一些，但当前的教学现状仍不能满足他们这方面的需求。

基于前文的认识，我们认为有必要进一步加强对外汉语词汇教学的研究，给词汇教学应有的地位，按照汉语的规律实施教学，既让学生在单个的词语学习中全面地掌握词语的书写形式、读音、词义和用法等信息，也让学生熟悉词语的构词分析和词语之间的网络联系，增强学习的层级性和系统性，提高认知新词和猜测词义的能力。同时，现实的教学活动，特别是报刊阅读课的教学大纲和教学内容也要不断做出调整，与时俱进，不断创新，适时适量适度地增加新词数量，改善教材内容，以便更好地满足不同汉语水平留学生的学习需求。

同时，由于各方面的限制，本调查所涉及的调查对象仅限于韩国留学生，调查规模，特别是具有高级汉语水平的留学生的数量有限，本文的研究还存在着一定的缺陷，有待进一步加深。

参考文献

李璨：《对外汉语综合课教学吸收新词语状况研究》，硕士学位论文，暨南大学，2007 年。

刘谦功：《报刊阅读课程词汇大纲的制定》，《中高级对外汉语教学等级大纲（词汇·语法）》，北京大学出版社 1995 年版。

汤志祥：《汉语新词语和对外汉语教学》，《语言教学与研究》2002 年第 2 期。

中级汉语水平韩国留学生词义
猜测的实证研究*

提　要：留学生汉语词义的理解是一个相当复杂的过程，本文以词的语义结构为切入点，从既无成分义也无语境义（无信息）、只有成分义（单信息）、既有成分义也有语境义（双信息）三个方面对比分析了具有中级汉语水平的韩国留学生对新词和基本词的词义理解的数值变化情况。本文认为，留学生对原有词和新词的理解存在着一定的相似性，汉语词义理解的最终结果是词的成分义、结构义和语境义三者的函数。

一　研究背景

汉语词义的理解一直是语言学、心理学和对外汉语教学等诸领域关注的重要议题，学者们依据各种理论进行了各种相关的实证研究，既有"自下而上"的字义、语素义猜测词义的实证研究（郭胜春，2004；王骏，2005；王娟等，2010；张江丽，2010），也有"自上而下"的语境义猜测词义的实证研究（刘颂浩，2001；朱湘燕，2007），还有从其他角度获知词义的实证研究（周小兵等，1999；董燕萍，2001；张世涛等，2004；江新，2006；张金桥等，2009；郭睿，2010）。这些研究都从某方面检验了研究者的实验设想，验证了研究者的实验目的，补充和修正了前人的研究结论，但是上述实验的被试词语大多集中于基本词的词义，实验设计也较为单一。近年来，随着对新词语研究的日益重视，对外汉语教学界对新词的研究也有所关注，但是这些成果多集中于对教学大纲的修订和教材的编写等方面，对新词词义理解的实证研究尚不多见。

＊ 本文作者刘善涛，发表于《南开语言学刊》2013 年第 1 期，收录本书时略作修改。

词的意义是其组成成分义、结构义和语境义三者的函数（张志毅、张庆云，2005），本文以词的语义结构为研究的切入点，从既无成分义也无语境义（无信息）、只有成分义（单信息）、既有成分义也有语境义（双信息）三个方面分析语素义、语境义和词的语义结构在留学生汉语词义理解中的数值反映，探讨具有中级汉语水平的韩国留学生对汉语新词和基本词的词义理解状况，并在此基础上得出几点粗浅的结论，希望对对外汉语词汇教学有所帮助。

二 实验研究

（一）实验设计

本实验采用2（词汇类型）×8（语义结构类型）×3（提示信息）被试内实验设计。自变量为词汇类型（新词、原有词）、语义结构类型(A+B＝A＝B、A+B＝A、A+B＝B、A+B＝C、A+B＝A+B、A+B＝A+B+D、A+B＝A+D、A+B＝D+B)、提示信息（无信息提示、单信息提示和双信息提示）。因变量为三种信息提示状态下，留学生对新词和原有词的八种构词类型中词义猜测的成绩。

（二）选词原则与被试词语

在实验之前，我们以《新华新词语词典》为主要语料来源建立了一个中小型的《对外汉语新词教学信息库》（简称《信息库》，刘善涛等，2011），并在一系列思想和原则的指导下对其收录的1835条词目进行了12个方面的属性标注，这为我们选择新词提供了适量的封闭域。同时，根据对教材中生词的考察和学生的反映情况，我们按照《汉语国际教育用音节汉字词汇等级划分》（简称《等级划分》，下同。国家汉办，2010）中"汉字等级表"中的"普及化等级汉字"和"中级汉字"选取《信息库》中同时使用这两级汉字所构成的双音节词，然后通过专家干预的方式，以词的八种语义结构类型为标准，对从《信息库》中抽取的双音节词以及《等级划分》中的"中级词汇"和"高级词汇"进行适度筛选，作为本实验的备用词语。

在实验中，我们为每种语义构词类型选取了30个被试词，共480个，抽样 48 个（见表 1），抽样数量和留学生每篇课文中的生词数量大致相等，符合留学生的接受情况。

表 1　　　　本实验涉及的语义构词类型、词汇类型和所选词语

序号	语义结构类型	被试新词	被试原有词
1	A+B＝A＝B	层级、绩效、亮丽	服从、答复、停留
2	A+B＝A	解读、亮化、皮草	动静、口头、响亮
3	A+B＝B	打压、老记、企划	出卖、报废、凑巧
4	A+B＝C	板块、充电、下海	动手、弟子、蓝图
5	A+B＝A+B	公关、备考、危房	预约、常识、持久
6	A+B＝A+B+D	帮困、情变、新低	送行、笔试、重大
7	A+B＝A+D	变脸、电眼、换血	动身、往常、讲座
8	A+B＝D+B	洗钱、死机、天价	操心、顾问、留恋

（三）试题设计

本次测试的试题形式为单项选择题，每个被试词语设置四个选项，选项内容为被试词语的正确释义和三个干扰项，要求被试对象从中选择正确的释义选项。同时，干扰项要与被试词的语素义或语境有着一定的联系，发挥出干扰项的实际功能。试题中的语言在不影响表达连贯性和释义准确性的前提下，尽量使用简单词汇和句型，要求被试对象能完全理解被试项目所表达的意思。根据提示信息的不同，我们设置了三套试题，分三个步骤进行实验，每步实验相隔四周，并且每步试题中被试词语的顺序已被随机打乱，以排除时间过短和测试内容过于重复而影响实验的信度。下面我们以新词"解读"和原有词"停留"为例介绍一下被试词语在三种不同提示信息下的处理情况。

无信息	解读　　　　　　是否学过?　　是　□　　　否　□
语素义	解：动词，明白，如"理解、了解、误解" 读：动词，看书时念出声来，如"读书、朗读、读音"
语境	只有经历了人生的酸甜苦辣才能解读出生活的意义。
选项	A：把内容多读几遍，从而更好地理解 B：一边读书，一边了解和理解书里的内容 C：解决读书中遇到的问题 D：分析，理解；体会

无信息	停留　　　　是否学过？　　是 □　　否 □
语素义	停：动词，停止；动作、行为不再继续 留：动词，停住；不离开，如"逗留"
语境	绿灯亮的时候，车辆不要在马路中间停留。
选项	A：在某个地方留学以后就生活和居住下来，不再回国 B：停下一件事情去做另一件事情 C：暂时停下来，不继续前进 D：停止自己的工作留给别人做

（四） 被试对象

为了排除国别因素和母语因素对本实验的影响，此次实验选取了在中国大学二年级学习汉语的 18 名母语为韩国语的韩国籍留学生为被试对象，他们学习汉语的时间为 2 年左右，已经具有了中级汉语水平。

本实验采用随堂测试的方式完成，实验时间控制在 40 分钟。同时，在实验之前，我们与被试对象进行了沟通，对实验目的和实验要求进行了详细说明，以消除学生的疑虑，保证实验的顺利完成。

三　实验数据分析一

（一） 新词和原有词词义猜测的总体成绩分析

实验完成后，我们对三种实验条件下各语义类型词语的回答情况进行统计，选择正确计 1 分，选择错误或未作选择计 0 分，表 2 记录了各类型新词和原有词的正确词次和正确比率。

表 2　　　　　　　　　本实验中各类条件下词语理解的成绩①　　　　　（单位:%）

ID	结构类型	新词				原有词				
		无信息	单信息	双信息	数值 1	无信息	单信息	双信息	数值 2	数值 3
1	A+B＝A＝B	22/40.7	33/61.1	35/64.8	90/55.6	22/40.7	34/63	34/63	90/55.6	180/55.6

---

① "/"之前的数据为正确词次，即被试词语在相应类型、相应阶段测试时正确项目的累计数；之后的数据为正确比率，即该类型的正确词次与该类型词语在相应阶段测试时出现的总词次之比。如在"无信息"测试阶段，A+B＝A＝B 类新词出现的总词次为 3×18＝54 次，累计正确词次为 22 次，得出总的正确比率为（22/54）×100%＝40.7。

续表

ID	结构类型	新词				原有词				
		无信息	单信息	双信息	数值1	无信息	单信息	双信息	数值2	数值3
2	A+B=A	13/24.1	15/27.8	30/55.6	58/35.8	21/38.9	23/42.6	33/61.1	77/47.5	135/41.7
3	A+B=B	14/25.9	21/38.9	31/57.4	66/40.7	12/22.2	20/37	29/53.7	61/37.7	127/39.2
4	A+B=C	18/33.3	15/27.8	34/63	67/41.4	26/48.1	22/40.7	35/64.8	83/51.2	150/46.3
5	A+B=A+B	27/50	34/63	35/64.8	96/59.3	28/51.9	38/70.4	36/66.7	102/63	198/61.1
6	A+B=A+B+D	30/55.6	38/70.4	37/68.5	105/64.9	34/63	39/72.2	37/70.4	111/68.5	216/66.7
7	A+B=A+D	16/29.6	20/37	34/63	70/43.2	19/35.2	18/33.3	34/63	71/43.8	141/43.5
8	A+B=D+B	20/37	25/46.3	32/59.3	77/47.5	27/50	25/46.3	33/61.1	85/52.5	157/48.4
	数值4	160/37	201/46.5	268/62	629/48.5	189/43.8	219/50.7	272/63	680/52.1	1309/50.5

由表 2 可以看出，在三种信息状态下留学生对各语义类型新词和原有词的猜测成绩存在着一定的变化和差异，但从新词词义猜测的总体正确比率（数值 1）和原有词以及所有词语的总体正确比率（数值 2、数值 3）相比呈现出一定的相似性，见图 1。

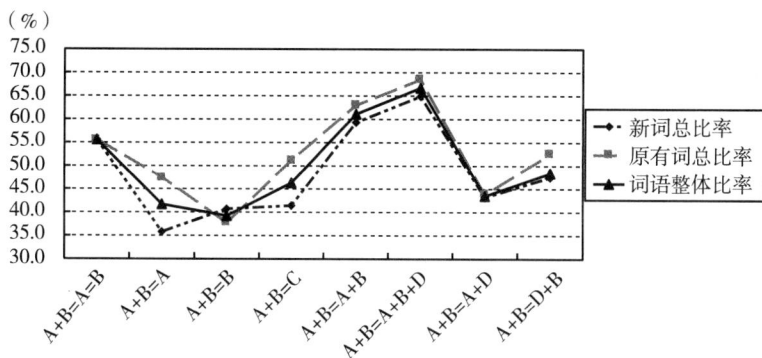

图 1　新词、原有词和词语总比率折线图

从图 1 可知，留学生对原有词词义猜测的整体情况优于新词，但具体到各语义类型的新词和原有词之间，留学生的词义猜测状况又会体现出一定的差异。就各类型新词和原有词词义猜测正确比率的对比情况可知，A+B=A+B+D、A+B=A+B 和 A+B=A=B 三种类型的词语词义猜测状况都是最好的，正确比率都在 55% 以上，A+B=B 和 A+B=A+D 两类型词语的猜测成绩都不甚理想，正确比率在 40% 左右。可见，留学生的词义猜测能力虽然在新词和原有词两种词汇类型之间呈现出一定的差异，但也存在着一定的相似性，对语义表面化倾向较强，语义透明度较高的构词类型词义猜测状况比较理想，而对语义透明度较低的构词类型词义猜测状况则不甚理想。

从图中三条折线的直观反映可知，新词总比率折线和原有词总比率折线的整体走势是一致的，都围绕词语整体比率折线上下波动，甚至某语义类型之间呈现出大致重合的状态。这说明虽然不同语义结构类型的词语之间在留学生词义猜测方面会体现出一定的差异，但同一语义类型的新词和原有词在词义猜测方面存在着一定的共性，留学生对新词和原有词词义猜测整体情况是基本一致的，各语义类型词语的认知不以词汇类型的新、旧而改变。

(二) 新词词义猜测成绩分析

根据表 2 对三种信息状态下各语义结构类型的新词词义猜测成绩的数值反映，我们将被试新词的正确比率用折线图的方式较为直观地呈现出来，见图 2。

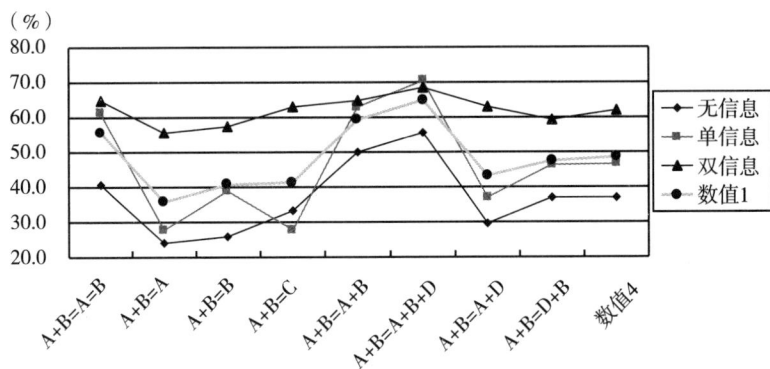

图 2 被试新词正确比率折线图

从三种信息状态下各语义结构类型新词词义猜测的整体正确比率来看（数值 4），信息越丰富，测试结果越理想。就各语义结构类型的新词总正确比率（数值 1）来看，A+B＝A+B+D、A+B＝A+B 和 A+B＝A＝B 三种类型新词的测试成绩最为理想，总正确比率都在 55% 以上，正确词次也都超过了 90。而对于其他五种类型新词的猜测成绩则不甚理想，总正确比率大都在40%左右。各类型新词词义猜测状况从高到低的排列顺序为：A+B＝A+B+D＞A+B＝A+B＞A+B＝A＝B＞A+B＝D+B＞A+B＝A+D＞A+B＝C＞A+B＝B＞A+B＝A。

从实验步骤1的测试数据和图表的直观展示中我们可以发现，在没有任何信息提示下留学生新词词义猜测整体正确比率在40%以下。其中A+B＝A+B+D和A+B＝A+B两种语义表面化倾向较强，语义透明度较高的新词正确比率在50%以上，正确词次在25以上。而对于A+B＝A+D、A+B＝B、A+B＝A等语义表面化倾向较弱，语义透明度较低的构词类型词义猜测成绩较差，正确比率均在30%以下，正确词次在20，甚至15以下。

从实验步骤2的猜测结果可知，在有构词语素义信息的提示之下，留学生新词词义猜测整体正确比率接近50%。各语义结构类型中正确比率在50%以上的是A+B＝A+B+D、A+B＝A+B和A+B＝A＝B，与步骤1相似，但比步骤1有所改善。A+B＝B和A+B＝A两类型新词的正确比率低于30%，是各类型中最低的两类。

从实验步骤3的测试结果可以看出，在既有构词语素义信息又有语境信息提示之下的新词词义猜测成绩较为理想，整体正确比率超过了60%，正确词次也都在30以上。对于构词类型为A+B＝A+B+D、A+B＝A+B、A+B＝A＝B的新词正确比率已接近70%，正确词次也超过35。

（三）原有词词义猜测成绩分析

为了方便词汇类型之间的对比，我们也对相同条件、相同类型、相同数量的原有词也进行了实验研究，图3为实验中三种信息条件下各类型原有词词义理解的正确比率折线图。

从三种信息状态下的总正确比率（数值4）分析可知，原有词词义猜测成绩随信息丰度的增加呈现出递增趋势。各语义类型的原有词总正确比率（数值2）在60%以上，正确词次超过100的结构类型为A+B＝A+B+D和A+B＝A+B，而A+B＝A、A+B＝A+D和A+B＝B式词语的总正确比率则在50%以下，其中A+B＝B式词语的总正确比率最低，为37.7%。从整体上看，各类型原有词词义猜测状况从高到低的排列顺序为：A+B＝A+B+D＞A+B＝A+B＞A+B＝A＝B＞A+B＝D+B＞A+B＝C＞A+B＝A＞A+B＝A+D＞A+B＝B。

在无信息状态下，原有词词义猜测成绩的总正确比率在40%以上，

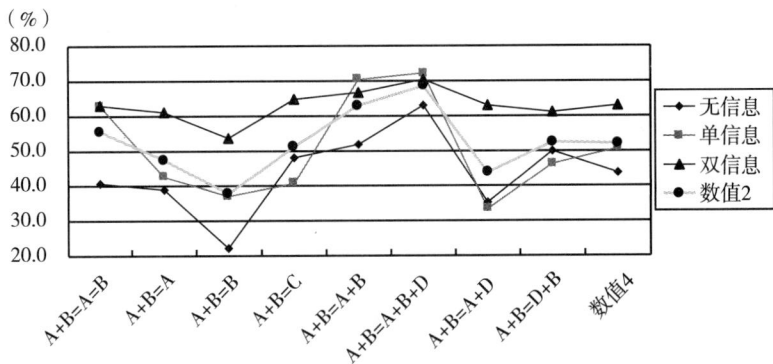

图3　被试原有词正确比率折线图

其中 A+B=A+B+D、A+B=A+B、A+B=C 式原有词的正确比率相对较高，在 48% 以上。而 A+B=A+D、A+B=B 式原有词的正确比率相对较低，其中 A+B=B 式最低，为 22.2%。

在单信息状态下，原有词词义理解的总体正确比率在 50% 以上，各类型词语的正确比率也都超过了 30%。其中正确比率在 60%，正确词次在 30 以上的构词类型为 A+B=A+B+D、A+B=A+B、A+B=A=B，而 A+B=A+B+D 式最高，正确比率和正确词次分别达到了 72.2% 和 39。A+B=B 和 A+B=A+D 式词语的正确比率相对较低，其中 A+B=A+D 式最低，为 33.3%。

在双信息状态下，原有词词义猜测成绩比较平稳，总正确比率在 60% 以上，各类型词语的正确比率都在 50% 以上，比前一阶段有了一定改善。大部分类型的原有词正确比率都超过了 60%，其中 A+B=A+B+D 式的正确比率已超过了 70%。但是 A+B=B 式词语的猜测成绩最低，正确比率和正确词次分别为 53.7% 和 29。

（四）新词和原有词词义猜测成绩的综合对比分析

在前文分析的基础上，我们将各信息状态下，各语义构词类型的新词和原有词以及所有词语词义猜测情况进行综合对比，将各种情况下所得的正确比率用折线图的方式进行了直观展示，见图4。

从图4中各种折线的走势情况，我们进一步加深了对本文 3.1 部分的认识，各种语义类型的新词和原有词在三种信息条件下的正确比率与各自

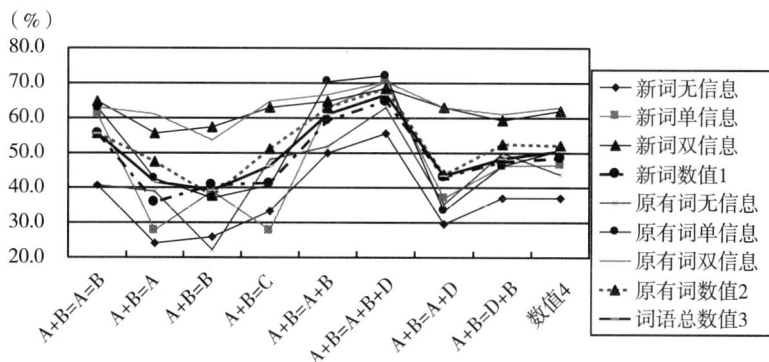

图4　原有词和新词正确比率对比折线图

的正确比率（新词数值1、新词数值2）以及所有词语的整体正确比率（词语总数值3）在图4中的横向起伏状态是大致相似的，折线的波动不以词汇类型为主要依据，这进一步说明词的新旧不是影响词义理解的主要因素。图4的差异主要体现在各语义结构类型纵向正确比率的高低方面，也即各种信息提示对各语义结构类型词语的影响，这也说明了信息丰度的差异对不同语义类型词语的词义猜测是有区别的，词义理解中起关键作用的因素为词的语义类型和信息的丰度。从图4可以看出，留学生对新词和原有词词义的猜测成绩在无信息、单信息和双信息之间呈递增趋势，在三个阶段中原有词词义猜测状况要稍好于新词词义猜测状况，但这种差距随着信息量的逐渐增多而愈加缩小。折线波动的中心是所有词语的整体正确比率线（数值3），次中心是新词和原有词各自的正确比率线（数值1、数值2），边缘折线则是新词和原有词在无信息和双信息下所得的正确比率线。

四　实验数据分析二

（一）新词和原有词词义猜测的总体成绩差异分析

前文的分析主要集中于三种信息状态下，新词和原有词中不同语义结构类型词语成绩的静态对比，通过对比认识到各因素制约下留学生词义猜测的具体变动和整体面貌。本节主要就各语义结构类型新词和原有词之间及其内部的成绩差异和造成差异的原因进行分析。

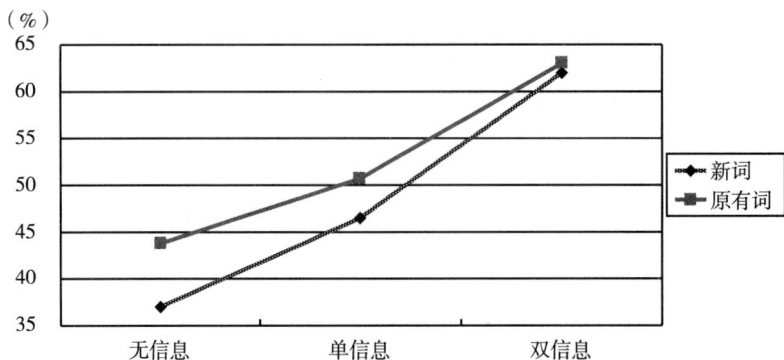

（%）

图5　新词和原有词整体成绩差异对比图

图 5 所呈现的是三种信息状态下各语义结构类型的新词和原有词总体正确比率的差异对比状况。从图中可以直观地发现，在三种信息状态下，原有词的词义猜测成绩都好于新词，并且随着信息量的增加原有词和新词词义猜测的正确比率也都在逐步上升。但二者并非平行攀升，新词词义猜测正确比率的增长幅度整体上高于原有词，在无信息阶段原有词词义猜测的正确比率高出新词 6.8%，约 30 词次；单信息阶段高出新词 4.2%，约 20 词次；双信息阶段只高出 1%，4 词次。可见，信息越丰富，二者之间的差距也就越小。造成这种现象的原因可能与原有词的高频性、常见性以及留学生在生活中对原有词的伴随性接触有关①，但这也从另一个侧面证明了留学生在新词和原有词词义认知方面不存在本质的差异，两种词汇类型的词义认知状况是相同的。

（二）　新词词义猜测成绩差异的对比分析

为了更为准确地了解三种测试状态下，各语义结构类型新词词义猜测的变化情况，我们将三种信息条件下各类型新词的正确比率示图如下（图 6）。同时，为了深入考查信息丰度的差异对各语义结构类型新词词义猜测的影响，我们将单信息与无信息、双信息与单信息、双信息与无信息

---

① 留学生在测试过程中对原有词标注"已学过"的数量要比新词多。

之间词义猜测的正确比率进行对比，对比方法为信息丰度强的正确比率与信息丰度弱的正确比率之差（图 7）。

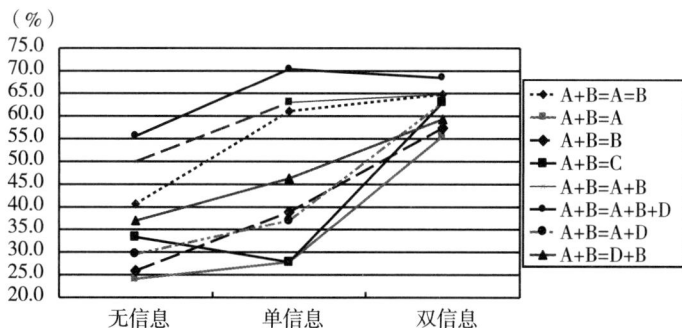

图 6　三种信息条件下各类型新词的正确比率图

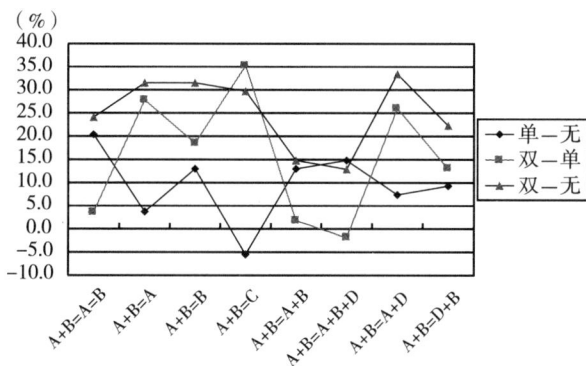

图 7　各类型新词正确比率对比折线图

　　从图 6 可知，三种信息条件对各类型新词词义猜测的影响是不同的，图 7 中的 0 刻度横轴线为信息丰度差异对各语义类型新词词义猜测产生积极或消极影响的分界线，0 以上的正刻度数据点表明对比中的前一信息状态比后一信息状态积极有效，即信息丰度的增加能对留学生新词词义猜测能力的提高起到积极作用，反之则表明信息丰度的增加对词义猜测产生了负作用。图中数据点距离 0 轴线的远近则表明对比中的前一信息状态与后一信息状态相比对词义猜测产生作用的大小，距离 0 轴线越远说明前一信息状态对词义猜测的影响越大。

　　图 6 说明，各类型新词在无信息和单信息状态下的词义猜测成绩比较分散，在 20%—75% 之间波动，成绩差异较为显著，在双信息状态下则相

对集中在 55%—70% 之间，成绩差异不甚显著。整体上看，各类型新词的词义猜测成绩随着信息丰度的增加而逐步提高，类型之间的成绩差异也逐渐缩小，在双信息条件下达到了成绩相对较高且差异相对较小的状态。从图 7 可知，双信息与无信息相减后的数据点都处在正刻度区间，且相对集中在 20%—35% 之间，这说明与无信息相比，双信息对各类型新词词义猜测的推动作用较为显著，提高幅度也相对均衡。双信息与单信息、单信息与无信息相减后的数据点则分布于正负刻度之间，上下波动比较大，并且波动曲线之间时有交叉，这说明各信息条件对各类型新词词义猜测的提高幅度是不一样的，存在着积极与消极并存的现象。

从图 6 可知，A+B = A+B+D 式新词的词义猜测成绩是各类型中最好的，正确比率在三种信息条件下都处于比较高的位置。结合图 7 可知，单信息（语素义信息）对其词义猜测的帮助最大，与单信息相比，双信息则有着一定的负作用。A+B = A+B 和 A+B = A = B 式在三种信息条件下的正确比率也仅次于 A+B = A+B+D 式，相比之下，单信息对二者词义猜测成绩的提高帮助最大，尤其是 A+B = A+B 式新词，提高了 20.4%，双信息对二者的帮助较小，低于 4%。这说明对于语义透明度较高的构词类型，在无信息状态下留学生可以通过一定的语素义知识推知词义，在有明确的语素义信息（单信息）提示之下，词义猜测水平有了明显提高，与单信息相比，双信息对此类新词词义猜测的帮助不大。

A+B = D+B 和 A+B = B 式新词在三种信息条件下的词义猜测成绩呈现出直线上升趋势，尤其是 A+B = B 式上升幅度最大，在无信息阶段与 A+B = D+B 的正确比率相差 11.1%，在双信息阶段相差仅 1.9%。这说明单信息和双信息对这两类新词的词义猜测都有着很大的帮助，语素义和语境的作用不可偏废。

相比之下，A+B = A+D 和 A+B = A 式新词在三种信息提示下的正确比率则呈曲线上升趋势，从无信息到单信息的上升幅度不及单信息到双信息的上升幅度。与无信息相比，在单信息条件下所提高的正确比率为 5% 左右，而在双信息条件下则提高了 30% 以上。由此可知，语素义对提高二者的猜测成绩虽有着一定的帮助，但语境信息对其提高作用最为显著。

A+B = C 式新词的猜测状况则呈现出先降后升的趋势，单信息对词义猜测产生了一定的负作用，与无信息相比正确比率降低了 5.5%，但在双信息的提示之下，猜测成绩有了明显提高，与单信息相比提高了 35.2%，与无信息相比提高了 29.7%。可见，对于语义表面化程度较弱的构词类型在词义猜测时要提供足量的语境信息，重视"自上而下"的词义猜测方式，尽量避免直接从语素义推知词义所造成的负影响。

（三）原有词词义猜测成绩差异的对比分析

与被试新词的数据分析相似，我们也对三种信息条件下各类型原有词的正确比率（见图 8）以及不同信息之间的差异对各语义结构类型的影响（见图 9）进行分析。

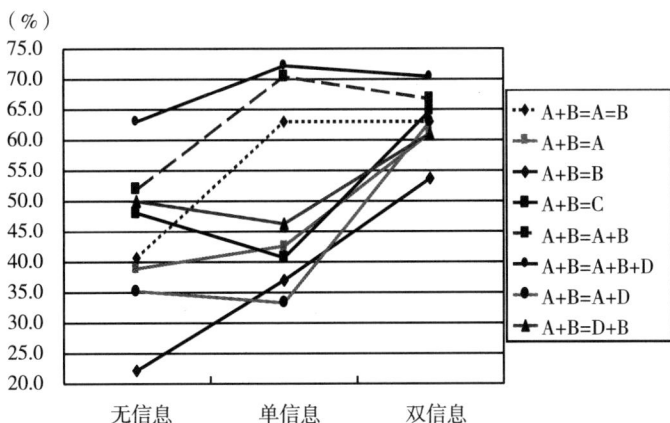

图 8　三种信息条件下各类型原有词的正确比率图

图 8 和图 9 的折线波动情况和图 6、图 7 大致相似，原有词和新词之间在整体上呈现出一定的相似性，原有词各类型在无信息和单信息阶段的猜测成绩主要分布在 30%—75% 之间，在双信息状态下则主要集中在 60%—75% 之间，随着信息丰度的增加猜测成绩逐步提高，各类型之间的成绩差异也逐渐缩小。但从图 9 可知，双信息与无信息相比，虽对各类型词语都能起到积极作用，二者相减后的数据点都分散在 5%—35% 之间，在各类型之间表现出显著的差异。双信息与单信息、单信息与无信息相减后分布在负刻度的数据点比较多，也即对比中前一信息对后一信息产生了负作用的类型有所增加。

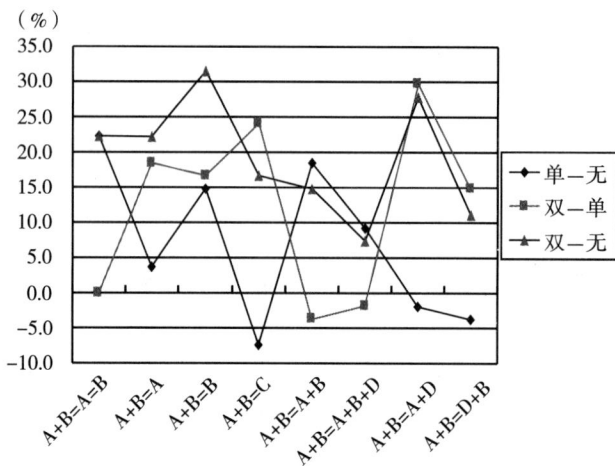

图9　各类型原有词正确比率对比折线图

从图 8 可知，A+B＝A+B+D 和 A+B＝A+B 式原有词的正确比率在三种信息条件下都处于比较高的位置，词义猜测成绩最为理想。但从图 7 单信息和无信息以及双信息和单信息的对比中可知，单信息对其词义猜测的帮助最大，与无信息相比分别提升了 9.2% 和 18.5%，双信息则产生了一定的负作用，与单信息相比分别降低了 1.8% 和 3.7%。A+B＝A＝B 式原有词在语素义信息提示下的正确比率比无信息阶段提高了 22.3%，但双信息与单信息相减后的比率为零，双信息没有起到促进词义理解的作用。可见，对于语义表面化倾向较强的语义构词类型，留学生可以借助已有的知识在无信息状态下较好地猜测词义，明确的语素义信息可以帮助提升词义猜测的正确比率，但相比之下，语境信息对其帮助作用不甚明显。

A+B＝A 和 A+B＝B 式原有词在三种信息条件下的正确比率呈现出上升趋势，其中 A+B＝B 式上升幅度最大，其在单信息阶段的正确比率比无信息提升了 14.8%，在双信息阶段的正确比率又比单信息提升了 16.7%，整体提升了 31.5%。A+B＝A 式原有词在双信息阶段虽比无信息阶段的正确比率提升了 22.2%，但主要是语境信息的帮助，在从单信息到双信息的过程中提升了 18.5%。可见，对这两类原有词，在重视语素义和语境义信息的同时，还应有所区分，注重词汇类型之间的差异性。

A+B＝D+B、A+B＝C 和 A+B＝A+D 式原有词的猜测状况则呈现出先降后升的趋势，与无信息相比，在单信息提示下的正确比率分别降低了

3.7%、7.4%和1.9%，语素义信息对词义猜测产生了一定的负作用。三种类型的正确比率在双信息的提示之下有了明显提高，与单信息相比分别提高了 14.8%、24.1% 和 29.7%，与无信息相比分别提高了 11.1%、16.7%和 27.8%。可见，语素义信息对此类语义表面化程度较弱的构词类型在词义猜测时会产生一定的负作用，语境信息对其词义猜测能力的提高有显著的促进作用。

（四） 原有词和新词词义猜测成绩差异的对比分析

原有词和新词是本实验中的两种词汇类型，为了准确了解在不同条件下，留学生对两种类型的词语猜测之间的差异，我们将二者进行对比，对比方法为同等信息条件、同等语义类型的原有词与新词正确比率之差（见图 10）。

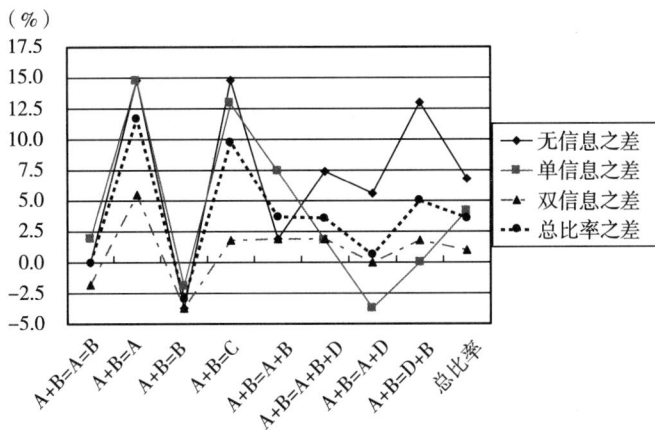

图 10   原有词与新词正确比率差异对比折线图

通过对比可以发现，在无信息状态下，原有词的总比率整体上高出新词 6.8%。特别对于 A+B=A、A+B=C 和 A+B=D+B 三种类型原有词的正确比率高出新词 13%。但对于 A+B=A=B 式词语，原有词和新词在无信息状态下的猜测成绩不存在差异，对 A+B=B 式词语，新词的正确比率比原有词高出 3.7%。

在单信息状态下，原有词词义猜测的总比率整体上比新词高出 4.2%，但与无信息状态下的总比率差异相比，降低了 2.6%。A+B=A 和 A+B=C 式原有词的成绩明显高于新词，A+B=D+B 式原有词和新词之间不存在差异，而 A+B＝A+D 和 A+B＝B 式原有词的成绩则低于新词成绩，原有词的优势地位有所下降。

在双信息状态下，原有词词义猜测的总比率虽仍高于新词，但其间的差异不大，整体上只高出 1%，与单信息相比降低了 3.2%，与无信息相比降低了 5.8%。在这类条件下，原有词词义猜测状况和新词相差无几，在成绩数据上表现为 0 词次上下稍微波动。

从总比率之差可知，原有词词义猜测的总正确比率高出新词 3.6%，原有词的优势主要体现在 A+B＝A 和 A+B＝C 两种类型的词语上，它们的正确比率高出新词 9.8%以上。而对于 A+B＝A+D 和 A+B＝A＝B 两类词语而言，原有词和新词之间几乎不存在差异，对 A+B＝B 式新词的正确比率高出原有词 3%。但就各类型之间的比率差异而言，三种信息提示下的差异呈现出一定的相似性，对词义透明度较高的类型差异都比较小，对词义透明度较低的类型差异都比较大。可见，由于各方面的原因，原有词词义猜测的整体成绩优于新词，并且某些类型之间还存在一定的差异，但各类型原有词和新词的差异在三种信息提示下呈现出一定的相似性，原有词和新词在词义理解和认知方面是存有共性的。

五 结论

通过上文对三种信息提示之下，各语义类型新词和原有词词义猜测成绩的多角度对比分析，我们可以得出以下结论：

（1）中级汉语水平的韩国留学生已具备通过构词语素义猜测生词词义的能力，对于词义表面化倾向较强，语义透明度较高的词语的词义猜测能力稍好一些，但是这种能力还有待提高，构词语素的多义性和生词语义结构的复杂性会影响留学生对生词词义的理解。

（2）构词语素义信息能对生词，特别是 A+B＝A+B+D、A+B＝A+B、A+B＝A＝B 类型的生词的理解产生较好的促进作用，但对语素义部分体现词义的 A+B＝A+D、A+B＝D+B 类型词语或语素义不能体现词义的 A+B＝C 类型词语的促进效果不显著，甚至在某些情况下会产生负作用。

（3）句子语境也会对词义理解产生影响，与无语境信息相比，有语境的词义猜测更为理想，但又不可一概而论，留学生对词义表面化倾向较弱，语义透明度较低的 A+B＝C、A+B＝A、A+B＝B、A+B＝D+B、A+B＝

A+D 类型的词语能够借助丰富的语境信息较好地理解词义，而对本已能够借助语素义较好地猜测出词义的词语而言，语境信息的作用效果不十分明显。

（4）原有词因其高频性和常见性，留学生在社会生活和语言生活中较易接触，因而词义理解和猜测成绩在一定程度和范围内高于新词，但留学生对原有词和新词词义的猜测和理解效果不存在本质的差异，新词和原有词词义猜测整体情况呈现出一定的相似性，各语义类型词语的认知不以新词和原有词（即词汇类型的新、旧）而改变，词义理解中起关键作用的因素为词的语义类型和信息度的差异。

总之，留学生汉语词汇的理解与其构词语素、语义结构和语境信息密切相关，词义理解的最终结果是其成分义、结构义和语境义之间的函数，留学生对新词和原有词的理解具有相似性和相通性。留学生汉语词义的理解是一个相当复杂的过程，本研究由于受到各方面的限制，问卷所涉及的词语数量和被试人员数量有限，其中难免会存在一些不足。如有机会，可增加问卷调查项目的数量，进行更大规模样本的调查，以便得到更为精确的实验数据，更有效地指导对外汉语词汇教学。

参考文献

董燕萍：《交际法教学中词汇的直接学习与间接学习》，《外语教学与研究》2001 年第 3 期。

郭睿：《论中级汉语词汇教学的"概念地图"策略》，《语言教学与研究》2010 年第 3 期。

郭胜春：《汉语语素义在留学生词义获得中的作用》，《语言教学与研究》2004 年第 6 期。

国家汉办：《汉语国际教育用音节汉字词汇等级划分》，北京语言大学出版社 2010 年版。

江新：《汉字频率和构词数对非汉字圈学生汉字学习的影响》，《心理学报》2006 年第 4 期。

刘善涛、李敏、亢世勇：《对外汉语新词教学信息库的研究与实现》，《语言文字应用》2011 年第 1 期。

刘颂浩：《关于在语境中猜测词义的调查》，《汉语学习》2001 年第

1 期。

　　王娟、邢红兵：《留学生单音节多义语素构词习得过程的实验研究》，《语言教学与研究》2010 年第 2 期。

　　王骏：《在对外汉语词汇教学中实施"字本位"方法的实验报告》，《暨南大学华文学院学报》2005 年第 3 期。

　　张江丽：《词义与语素义之间的关系对词义猜测的影响》，《语言教学与研究》2010 年第 3 期。

　　张金桥、吴晓明：《不同年级留学生汉语词义习得特点的实验研究》，《汉语学习》2009 年第 4 期。

　　张世涛、吴门吉：《阶梯汉语·中级阅读》，北京大学出版社 2004 年版。

　　张志毅、张庆云：《词汇语义学》，商务印书馆 2005 年版。

　　周小兵、张世涛：《中级汉语阅读教程》，北京大学出版社 1999 年版。

　　朱湘燕、周健：《留学生阅读中复合词词义猜测研究》，《语言文字应用》2007 年第 4 期。

三　内向型汉语词典研究

汉外语文辞书编纂四百年(1575—1950) [*]

提　要：在我国语文辞书编纂史上，首先实现从古代字书向现代辞书转型的是汉外语文辞书。在从明朝中晚期到新中国成立近四百年的历史长河中，伴随着西方文化的传入和国人新学意识的增强，汉外语文辞书的编纂先后经历了天主教士入华前的手稿汉外辞书编写阶段，天主教士入华后的手稿汉外辞书阶段，以新教传教士为主、中国人为辅的汉外辞书阶段，以东归国人为主体的汉外辞书阶段，以本土学者为主、外籍学者为辅的汉外辞书阶段等具有时代特色的五个历史时期，编纂队伍也逐渐实现了由传教士到国人的转变，对我国现代辞书编纂和辞书现代化产生了积极的引导示范作用。

我国汉外辞书的编纂最早源于佛教的传入和兴起，编纂宗旨和编纂体例也都囿于传统字书的框架之内。现代性汉外辞书始于传教士的编纂活动，发展历程跌宕起伏，不同时期的阶段特征较为显著。在传教士入华之前，欧洲国家已通过各种途径编写了有关中国文化和语言的著作，但是现代汉语辞书与外语辞书的第一次真正联姻始于欧洲传教士的汉外辞书编纂，尤其是入华后的辞书编纂活动。在从明朝中晚期到新中国成立近四百年的历史长河中，汉外辞书的编纂先后经历了五个阶段：（1）天主教士入华前的手稿汉外辞书编写阶段；（2）天主教士入华后的手稿汉外辞书阶段；（3）以新教传教士为主、中国人为辅的汉外辞书阶段；（4）以东归国人为主体的汉外辞书阶段；（5）以本土学者为主、外籍学者为辅共同编纂汉外辞书阶段，最终实现了辞书编纂主体由西方势力到我国学者的转变，现代性汉外语文辞书编纂体例的定型，对我国现代辞书编纂和辞书现代化产生了积极的引导示范作用。

＊　本文作者刘善涛、王晓，发表于《国际汉学》2018 年第 1 期，收录本书时略作修改。

一 天主教士入华前的手稿汉外辞书编写阶段（1584年之前）

天主传教士首先通过对华人聚居的菲律宾、印尼、马来西亚等东南亚国家和汉字文化圈中的日本等国家的了解逐渐认识到中国的语言和入华传教的重要性。奥古斯汀会传教士马丁·德·拉达（Martinus de Rada，1533—1578）是第一批抵达菲律宾的西班牙传教士，他根据当地华侨的闽南话用西班牙文编写了第一部中外合璧的字典—《华语韵编》（Art y Vocabulario de la lengua China，1575）。继奥古斯汀会之后，西班牙多明我会从1578到1626年间在菲律宾从事传教活动，此期间传教士们编写了"至少16本有关汉语词汇的著作"（马西尼，2004），可惜如今只能看到书名，无法了解书籍的真实情况。迪亚兹（Pader Francisco Diaz，1606—1646）的《漳州官话词典》《卡斯蒂利亚语释义的官话词表》便是此时的代表作。耶稣会神父彼得·齐瑞诺（Petrus Chirino，1557—1635）编纂了一本《汉语西班牙语词典》（Dictionariun Sino-Hispanicum，1595—1599）是现存最早的在菲传教士学习汉语的手稿辞典（高田时雄，2013）。赫尔尼俄斯（Justus Heurnius，1587—1651/2）是荷兰首位汉学研究者，也是第一位到达巴达维亚（今印尼首都雅加达）的荷兰新教传教士，1628年在一名懂拉丁文的中国人的帮助下编纂了《荷拉汉词典》（Dictionarium Chinense），成为"荷兰汉学研究的首座丰碑"（高柏，2012）。由于这一时期传教士未能进入中国，而生活在东南亚地区的华侨也多是从我国东南沿海地区流离于此的下层人士，所以这些辞典主要是记录了闽方言发音和词汇的汉外方言辞典，使用对象和影响范围都有较大的局限。

1547年有"东方传教先驱者"之称的天主教传教士沙勿略（San Francisco Javier，1506—1552）成为第一批进入日本的欧洲知识分子。他们在研习日本语言文化的同时，"辄惊日本人对其比邻大国之文学哲理深致敬佩，盖此为日本全部文化之本也"（费赖之，1875），进而认识到汉语和汉文化的重要性，以及到中国传教的必要性，由此成为汉语与欧洲语言接触的发轫（陈辉，2007）。虽然沙勿略最终并未进入中国，但其在日本的传教实践、对中国文化的切实感受以及至死不渝的入华传教精神对此后的传教士产生了深远影响，"不仅成为早期耶稣会士的关于中国的知识的重要来源，而且直接导致了罗明坚（Michele Ruggieri，1543—1607）、利玛窦（Matteo Ricci，1552—1610）等人的入华传教，并对其传教策略的采用起了重要的影响"（戚印平，2001）。

二　天主教士入华后的手稿汉外辞书阶段（1584—1757）

伴随着资本主义的发展、新航道的开辟和宗教复兴运动的进行，大量的天主教传教士从海路经东南亚和日本等国家来到中国。意大利人罗明坚是第一位入华传教人员，其同乡利玛窦则是第一位成功入京觐见皇帝的传教士，被尊称为"泰西儒士"。他们主动学习中国文化，用汉语传教的传教理念和成功做法为之后的传教士提供了参考和借鉴的榜样，形成了明末清初西学东渐的第一次高潮。罗明坚和利玛窦合编了第一部汉外官话辞典《葡汉辞典》（Dizionario portoghese-cinese，1584—1588），对后世辞书编纂和汉语言的发展有着重要意义。1598 年利玛窦和郭居静（Lazzaro Cattaneo，1560-1640）等传教士还起草编写了一部汉外辞典，并制定了一套中文发音表，对汉字声调做了统一的规定，为汉字注音的统一和辞书编纂的规范起到了开创之功。金尼阁（Nicolas Trigault，1577—1629）是第一位来华的法国传教士，1625 年编写了《西儒耳目资》，不仅用西方拼音文字对汉语的标音系统进行了革新和规范，具有与"守温的三十六字母、李光地的《音韵阐微》同等重要的地位"（罗常培，1930），为汉语语文辞书注音的现代化转型提供了借鉴。

在此之后，传教士们汉语辞书的编纂逐渐兴盛和多样，西班牙传教士万济国（Francisco Varo，1627—1687）参考《葡汉辞典》编写了《华语官话词典》（1670）。1687 年法国传教士白晋（Joachim Bouvet，1656—1730）编写《汉法字典》。1728 年马若瑟（Joseph de Prémare，1666—1736）在此基础上编写了《中文概说》（Notitia Lingae Smicae，又叫《汉语札记》），全书列举中文例词 13000 多条，分析汉字结构与性质，被誉为西方研究外国文字学的"鼻祖"书。

意大利人叶尊孝（Basilio Brollo，1648—1704）的《汉拉词典》（又称《汉字西译》，1692—1699）"将此前'口语典'时代的汉欧双语词典的释义和译义水平提高到了一个新的阶段"（杨慧玲，2012），成为 18 世纪使用最广、传抄最多的一部手稿汉外词典，被称为"天主教传教士在此领域内最杰出的贡献"（马西尼，2003）。此外，法国传教士赫苍壁（Julien Placide Hervieu，1671—1745）将达内特（Danet）的拉丁字典翻译成《拉丁文汉文对照字典》；意大利传教士卡斯特拉纳编写了《拉意中字典》（1732），格拉蒙纳编写了《中拉字典》（1733）；德国传教士魏继晋（Florian Bahr，1706—1771）编写了《汉德字典》（1745）、《六种语言大字典》（《汉、拉、法、意、葡、德六语对照字典》）；法国传教士汤执中（Pierre D´Incarville，1706—1757）编写了《法汉字典》（1752）等，为传教士的汉语学习和汉外辞书的编纂也做出了一定贡献。

本阶段也可称作是第一次西学东渐时期的汉外辞书编纂成果，姚小平（2007）曾对梵蒂冈馆藏17—18世纪的14种汉外字典手稿逐一进行考证，但大多都无法确知具体编纂年代或作者。王力达（1963）指出"在1575至1800年间，传教士曾编过60多种汉语或汉外对照类辞书，大部分为抄本，约有50多种保留至今"，上文所述只是就目前可考者进行简要介绍。同时，这一时期的汉外交流是缓慢的、短暂的，主要限于上层社会，影响范围有限。"礼仪之争"以后，清廷的禁教政策愈加严厉，天主教在中国的发展日趋式微，到1757年清廷正式实行闭关的政策，"西学已被整个社会（包括帝王在内）遗忘得一干二净"（陈卫平，1992）。但是西方资本主义的发展并不会因为清廷的闭关锁国而停止扩张的步伐，伴随着资本主义国家的相互竞争、两次工业革命的胜利和基督新教在世界的传播，英国也加入到全球掠夺的队伍中来。当英国的大炮轰塌虎门炮台的时候，高傲的大清帝国逐渐认识到自身的落后，"师夷长技"的思想慢慢盛行，汉外辞书编纂也呈现出新的时代特点。

三　以新教传教士为主、中国人为辅的汉外辞书阶段（1807—1898）

1807年前后，新教开始传入中国，来自英国、美国、德国的各种教会纷至沓来，前有天主教传教士成功的传教经验和汉语研究成果，再加之新教徒们灵活的传教方式和创新精神，以及英美国家工业的发展、印刷工具的改进和国内新型辞书的编纂，这一时期传教士汉外辞书的编纂数量和水平都有了很大提高。同时由于中国国门的被迫开放，洋务运动的兴起，国人对西学的逐步重视，以及一些官办和民办出版机构的创立等因素，此时虽只是国人自编汉外辞书的起步阶段，但在借鉴参考传教士辞书和英美优秀辞书的基础上也取得了一定的成绩。

英国人马礼逊（Robert Morrison，1782—1834）是第一位来我国的基督教新教传教士，其所编纂的《华英字典》（1815—1823）是中国历史上出版的第一部汉英字典，《广东土话字汇》（1828）则开汉英方言辞典之先河，两本辞书也为后世的辞书编撰提供了典型的参考蓝本。英国伦敦会传教士麦都思（Walter Henry Medhurst，1796—1857）在马礼逊字典的基础上出版了《英汉字典》（1847—1848），成为19世纪前半叶收词最多、规模最大的一部辞典。1879年邝其照将其重订改印后出版，1881年日本人永峰秀树在邝氏的基础上添加日语训注，题为《华英字典》在东京竹云书屋发行出版。美国传教士兼外交官卫三畏（Samuel Well Williams，1812—1884）编有《英华韵府历阶》（1844，澳门）、《英华分韵撮要》（1856，广州）、《汉英韵府》（1874，上海）。后者是一部综合性汉英辞典，收字12527个，包括10940个词条，53000条例句和习惯用语，代表了卫氏辞书编纂的最高成就，一度是美国来华外交界人士必备的工具书。德国传教士罗存德（Wilhelm Lobscheid，1822—1893）在香港出版了四卷本的《英华字典》（1866—1869），2000余页，收词53000千条，添加了各个学科分支的专门术语，受到了日中学者的普遍重视。来华英语教师司登德（George Carter Stent，1833—1884）编有《汉英合璧相连字典》（1871，上海）、《汉英袖珍词典》（1874）等，前者是一部北京方言汉英词典，成为世俗西方人士汉英双语词典编纂之始（元青，2013）。英国外交官翟理斯（Herbert Allen Giles，1845—1935）编写的《华英字典》（1892）被认为是其"一生的最大成就"。该词典在编排上按照改进后的威妥玛—翟理斯注音系统给汉字注音和排序，单音字下设多字条目，广泛收录各类词语和小句，释义准确恰当，并设有多种附录，增强了词典的实用性，但其美中不足之处在于部分词目的排列以核心字为中心，没有彻底遵守音序原则，致使词目检索多有不便。

此外，美国传教士卢公明（Rev. Justus Doolittle，1824—1880）编有《英华萃林韵府》（1872，福州）。英国伦敦会传教士湛约翰（John Chalmers，1825—1899）从《康熙字典》中选取部分条目编纂了一部中型的普通汉英字典《康熙字典撮要》（1878，广州）。英国传教士鲍康宁（Frederick William Baller，1852—1922）从《三字经》《圣经》等书籍中选取词目编写了《汉英分解词典》（1900，上海）。美国公理会教士富善（Chauncey Goodrich，1836—1925）编有《汉英袖珍字典》（1891，上海）等。

我国清末外交官、学者邝其照（1843—?）开国人自编辞书和教材之先河，为国人的英语学习做出了突出贡献。1881年，他的《英语短语词典》在纽约出版，是英语辞书编纂史上最早出现的习语词典之一，为中日学者的辞书编纂提供了可资借鉴的蓝本。1899年日本英学新志社以此为基础，由增田藤之助校订编纂附译了《英和双解熟语大辞汇》；1917年商务印书馆伍光建以此编译了《英汉双解英文成语辞典》。1868年，邝其照在参考传教士辞书的基础上编写了《字典集成》（English and Chinese Lexicon），1875年修订后由香港的中华印务总局再版，1887年第三版时更名为《华英字典集成》，收词扩至两万余条。辞典一再重印，影响了晚清不少知识分子对外语新词与西方知识的认识。1895年黄少琼编写的《字典汇选集成》，1899年颜惠庆等人编写的《商务书馆华英字典》都是以此为蓝本而成的。后者遂成为商务印书馆出版的第一部汉英辞典，由颜惠庆和黄佐临等人在邝氏《华英字典集成》的基础上"增益二万余字"扩充而成，开商务馆辞书编纂之先河。

四　以东归国人为主体的汉外辞书阶段（1898—1912）

甲午战败不仅从政治、军事上标志着清廷的彻底失败，也从思想、文化上彻底击碎了清廷"天朝上国"的美梦。随后，资产阶级掀起的维新变法运动和民主革命运动不仅是中国近代史上一次重要的政治改革，也是一次思想启蒙运动，促进了思想解放，对社会进步和思想文化的发展发挥了重要的推动作用。自此以后，以日为师、求学日本的思想逐渐兴起，据统计，这期间中国人翻译的日本著作约有千种左右（谭汝谦，1980；付立波，2006）。辞书作为汇编各种新学知识的载体得到国人的普遍重视，日本近代辞书的新式编纂理念以及辞书中所收录的新词新语被大量输入到中国，对我国现代汉语的形成和语文辞书的现代化产生了重要影响。

在百科辞典编纂方面的主要成果有：1903年汪荣宝、叶澜合编的

《新尔雅》（日本东京并木活版所印刷，上海明权社出版）是近代中国最早的一部新词语辞典，为人们提供了当时较为全面的新学知识。1907年曾朴、徐念慈将"植物学、动物学、矿物学、生理学多用之名词学语一一加以注释"，汇编而成《博物大辞典》，共计20余万字，由上海宏文馆出版发行。1911年上海国学扶轮社印刷出版了东吴大学教授黄摩西（精通日语和英语）主编的《普通百科新大辞典》，所收词语分为政治、教育、格致、实业四大类66门，共15册，63门学科，11865条，约60万字，按中文笔画顺序排列，被称作是"晚清百科全书中编写得最成功的一部"（米列娜，2007）。

在日本新学、新型辞书的译介过程中，中国留日学生也编译了一些兼具教学和查检功能的语文性工具书，如1902年出版的《东文动词汇》，既可看作是清人日语动词学习的教材，同时该书对日语动词注音释义，标明词性，"为习东文者便于检考而辑"（凡例），因此也可称作是一部专门辞书。1906年上海作新社编纂印刷，在中国和日本两地发行的《东文动词字汇》，注明其动词的语法功能，读音和简单释义。《东语异同辨》（张毓灵，东京门部书店1906）是国人较早编著的日语同音词辞典。《和文奇字解》（陶珉，译书汇编社1902）则是较早的一本日汉同形词辞典。《标品字典》（黄广，东京清国留学生会馆1906）是国人编纂的第一部词性标注的辞书，作者指出"日本字典坊间所鬻汗牛充栋，然于性质变化，未尝有分别者，此编之作，尚是嚆矢"（例言）。

1908年作新社编译出版的《东中大辞典》代表了本时期日汉辞书编纂的最高成就，全书分绪言、文法大纲、凡例、索引指南及索引和辞典正文五部分，正文共计1479页，"排列之法，悉依康熙字典之次序"（绪言）。全书收词广博，编排合理，每一条目之下依次列出其日文对应词、词性和释义，并对术语标明学科范畴，成为"字书之体向辞书之体转变的典型代表"（章小丽，2007）。

除了上述辞典以外，还有《汉释日本辞典》（商务印书馆1906年版）、《汉译日语大辞典》（新智社，上海新智社东京分局1907）、《和汉熟语字典》（陈言编，上海群益书社1907）、《新辑中东字典》（东文学社编印，1907）等。

日本人最初是通过在中国的传教士编纂的各种英华字典，甚至中国学者编纂的辞书来学习英语的，如前述马礼逊、卫三畏、邝其照等人的辞书，明治维新之后又将这些英华字典逐渐翻译为英和辞典，并由此探索出日本近代辞书的编纂道路（陈力卫，1994）。戊戌变法以后，在以日为师的时代背景下，"日本的英和辞书的存在为加速从英华辞典向英汉辞典的转换、对汉字新词的创制、容受和共享作出了贡献"（沈国威，1994）。因此，中国学者在清末民初时期的辞书编纂呈现出日本辞书、欧美辞书和传教士辞书等多蓝本参照的阶段特征，同时也由于汉日两种文字上的相似性，中国的辞书编纂理论和实践在参照日本辞书的基础上逐渐趋于完善，"辞典"的概念在《英华大辞典》（1908）中被正式使用，并由此推广到东归国人的语文辞书编纂活动中，最终实现了语文辞书在20世纪初的现代转型。

　　辞书的出版一直是商务印书馆的一项重要内容，在《商务印书馆华英字典》取得成功之后，该馆又聘请谢洪赉（1873—1916）领导的企英译书馆将罗存德《英华字典》的日译本《订增英华字典》编译成《华英音韵字典集成》（1902，上海），收词增至10万，一举成功，成为"国人编纂的第一部大型英汉双解词典"（汪家熔，2010），得到了严复、辜鸿铭等学者的赞赏，并成为光绪皇帝英语学习的参考书。1905年，商务印书馆又特聘颜惠庆（1877—1950）及部分专家，在《韦氏国际大辞典》（Webster's International Dictionary）、《纳托尔标准词典》（Nuttall's Standard Dictionary）和英和辞书的基础上，耗时三年共同编纂了《英华大辞典》（1908，上海），"标志着中国人开始自主编纂汉外辞典并取得了成功"（沈国威，2011），对后世汉英辞书的编纂起到了典型的示范作用。

　　不仅是中国人编纂的汉英辞典参考日本辞书，在中国的外国人所编纂的汉英辞典也在一定程度上参考了日本的英和辞典，上文所述德国人赫美玲还编有《南京官话》（1903，上海）和《官话字典及翻译手册》（1916，上海）等辞书，其中《官话字典》是一本集日常会话用语和专业名词术语兼备的大型字典，收词约三万条，涉及逻辑学、心理学、经济学、物理学等51个学科，门类齐全，规模庞大，体例先进，但编者在序言中指出"现代术语大多参考日语新译名"，在辞典中用"新"加以标注，该辞典的这种做法也预示着"西人汉外辞典编纂一个世纪努力的尾声"（沈国威，2010）。

五　以本土学者为主、外籍学者为辅编纂汉外辞书阶段（1912—1949）

中华民国的成立使国人的国家意识和独立思想有所增强，留学人员陆续归国服务于国家建设，加之民国成立不久即爆发了第一次世界大战，欧美各国无暇东顾为我国民族经济的发展赢得了短暂的黄金时期，民营出版机构得到迅速发展。再者，前一阶段辞书成果的积累和英美日新型辞书的引入，中国留学人员、辞书编纂队伍和出版机构的壮大，南京政府对国民教育、平民教育的重视，以及民国时期切音字运动、国语运动、白话文运动和新文化运动的推动等，在各种历史因素的促使下，这一阶段的辞书编纂呈现出以国人自编为主，传教士和外籍学者共同参与的阶段性特点。汉外辞书的编纂队伍逐渐结束了完全依靠外界力量（传教士、外籍人士和日本辞书）的被动局面，国人在汉外辞书的编纂上也从单纯的译介发展到多蓝本参考编写并最终实现国人自编辞书的阶段。编纂机构更加专业化，大型的出版社都设有专门的辞书编纂部门，商务印书馆编译所1921年成立了英汉实用字典委员会和英汉字典委员会，使双语辞书的编纂得到了充分的组织保证。这一阶段辞书编纂中最值得称道的是辞书品类成熟化，近代新型辞书类型渐趋定型，对汉语语文辞书的近代转型产生一定的示范作用。

经北京图书馆编的《民国时期总书目（1911—1949）语言文字分册》查阅，本时期的汉外辞书出版仍以英语类辞书为主，总计69部，日语类11部，德语类8部，俄语和法语类各占4部，阿拉伯语类2部，马来语、西班牙语和拉丁语类各占1部，此外在世界语潮流的推动下还编纂了10部汉语世界语对照辞书。就出版地而言，上海是双语辞书编纂出版的中心，据不完全统计，近90%的双语辞书都是在上海出版的。出版机构虽仍表现为多元化的状态，但中国的民营出版社的辞书出版占较大比重，商务印书馆及其分支机构出版的双语辞书种数最多，占全国总数的约50%，影响也最大，中华书局和世界书局出版的双语辞书种数分列第二、第三位（胡开宝，2005），位于上海的新中国印书馆和群益书社等也出版了一些双语辞书。

商务印书馆在1905年本打算翻译《韦氏大学词典》，但迫于各方面的限制只好改变了原有方案，编译出《英华大辞典》。1917 年商务印书馆抓住机遇，聘请郭秉文、张世鎏率领 37 位专家，采用按个人专长分工编写，主编统筹的方式，在《韦氏大学词典》（第二版）的基础上编译出《英汉双解韦氏大学字典》（1923）。1928 年在黄士复、江铁的主持下，王云五、高梦旦等 40 人的参与下，在对比参照美国的韦氏词典、英国的牛津词典和日本的英日词典的基础上，博采众长，自订体例，编纂出《综合英汉大辞典》（1928 年分两卷出版，1937 年出版合订本，1948 年出版增订本），开启了我国学者自编汉外辞书之路，代表了当时大型汉英辞书编纂的最高水平，标志着"中国向日本借词的终了"（潘钧，2008）。

除商务印书馆外，1918 年中华书局的张谔、沈彬以《韦伯斯特英文小词典》为蓝本主编出版了《新式英华词典》和《新式英华双解词典》。1926 年陆费执以桑代克（Thorndike，1874—1949）常用万字表为底本编纂出版了《英华万字字典》。1930 年陆费执、严独鹤主编的《中华汉英大辞典》出版，全书根据《康熙字典》按部首笔画多少排列，给词头标注词性，并收录大量的专科词语。

1931 年世界书局出版盛毂人、林汉达编纂的《世界汉英辞典》，以收录较多的新词、时事政治用语和中国古代名句格言为特点。1933 年出版严恩椿、沈宇主编的《世界英汉汉英两用辞典》，分为英汉和汉英两部分，各收两万左右的词条。1936 年世界书局聘请詹文浒为主编，以 1924 年出版的《袖珍牛津英语词典》为参照，对比借鉴《韦氏词典》和《钱伯斯新世纪词典》中的百科条目，编成《英汉求解、作文、文法、成语四用辞典》（1936），成为三四十年代中小型汉英辞书的佼佼者。

这一时期较为著名的汉英辞典还有《汉英辞典》（张在新、倪省源，商务印书馆 1912）、《汉英新辞典》（李玉汶，商务印书馆 1918）、《（新式）英文学生百科全书》（沈彬，中华书局 1919）、《（求解作文两用）英汉模范字典》（张世鎏，上海商务印书馆 1929）、《汉英大辞典》（张云鹏，1920，上海岭南中学，1924 年出版增订本）等。

这一时期汉外辞书编纂的主体虽以国人为主，但传教士的辞书编纂活动仍在继续，如美国传教士芳泰瑞（Courtenay Hughes Fenn，1866—1927）1926 年基于其负责编写的教材编纂而成袖珍版《5000 字典》，特别适合初学中文者，问世后受到欢迎，并由众多学者多次修订重版（董方峰，2012）。澳大利亚传教士马修斯（又名马守真，Robert Henry

Mathews，1877—1970）在对比借鉴西方人编写的汉英辞书和商务印书馆出版的《辞源》等汉语辞书的基础上编纂《为中国内地传教会编纂的汉英词典》，1931 年在上海出版，与之前出版的翟理斯《华英词典》并称为20 世纪上半叶最流行的、最通用的汉英辞书。第二次世界大战期间，赵元任在哈佛大学举办汉语培训班时，曾一边将马修斯辞典作为教学辅助材料，一边对辞典中的错讹和不足进行修订和增补。除增收 1300 多个汉语单字和 1.5 万个多字词目外，还在注音和释义两方面做了订正，1943 年由哈佛大学出版社出版。

抗战期间，商务印书馆屡遭日军轰炸，上海也被日本占领，中国近代文化事业遭到严重摧残，辞书出版也陷入困境，而抗战胜利后的连年内战也使得近代出版事业无法复苏。《现代汉英辞典》（王学哲编，王云五校订，商务印书馆 1946 年在重庆和上海出版）成为此时汉英辞书的代表，该书共收单字条目 6000 多条，多字条目约 3 万条，主要收录常用字词，按四角号码检字法排序，用威妥玛式拼音法注音，给汉字的英译注明词性。此外，1947 年竞文书局出版了葛传椝主编的《英文新字辞典》，1948 年商务印书馆出版了《综合英汉大辞典新字补编》，1950 年三联书店出版了新中国第一部英汉辞典《英华大词典》（郑易里、曹成修主编）。

纵观近四百年来我国辞书的编纂进程，在中国传统辞书体系中，被传统文人所忽视的汉外辞书凭借着传教士的力量首先发展起来，在选词立目、注音释义等方面体现出一定的现代性，但限于明末清初统治者们优越的文化心理等因素，这些多以手稿形式编纂的辞书对中国语文辞书的编纂影响不大。耶稣新教的传入、印刷技术的改进和中国政治军事的衰退等因素，传教士汉英辞书的编纂一时呈现出繁荣局面，对中国文人，尤其是具有西学背景，率先开眼看世界的中国学者也开始慢慢探求适合国人的汉英辞书。但是由于中国几千年的思想文化保守政策，清末统治者未能像，也不愿像日本明治政府那样以一种积极开放的姿态去主动改变自身的落后面貌，所以自明末以来两次西学东渐的进程都是缓慢的，被动的。在辞书编纂方面，中国学者的主动借鉴和创新不多，辞书对中国文化的推动效果不甚显著。在甲午战争以后，清末统治者的强国梦被彻底击碎，凭着中日间的文化和地缘优势，中国官员、学者和留学生大量涌入日本，这样日本学者所编译的汉英辞书又被传入中国，日本的汉语类辞书和国语辞书更是被中国人积极吸收和借鉴，有效地推动了中国近代辞书和近代语言的发展。

中华民国的成立，国人国家意识和独立思想的增强，汉外辞书的编纂走出了一条国人自编自创的道路，促进了现代汉外语文辞书编纂体例的定型，也为其他类型现代辞书编纂的发展提供了借鉴，"中文近代辞书就是在这历史的必然中应运而成长的"（钟少华，2017）。可见，近四百年的汉外辞书编纂进程和中外政治军事的交锋，以及国人追求文明进步的历史密切地联系在一起，反映出辞书在中国近代文化建设中的重要作用，这也是本文梳理这段辞书编纂史的另一意义。

参考文献

北京图书馆编：《民国时期总书目（1911—1949）语言文字分册》，书目文献出版社 1986 年版。

陈辉：《论早期东亚与欧洲的语言接触》，中国社会科学出版社 2007 年版。

陈力卫：《早期的英华字典与日本的洋学》，陈少峰编：《原学》，中国广播电视出版社 1994 年版。

陈卫平：《第一页与胚胎》，上海人民出版社 1992 年版。

董方峰：《近现代西方汉英词典编纂》，中国社会科学报，2012 - 4 - 11.

费赖之（Louis Pfister）：《在华耶稣会士列传及书目》，冯承钧译，1875；中华出局 1995 年版。

高柏（Koos Kuiper）：《荷兰汉学研究的首座丰碑》，杨慧玲译，《国际汉学》2012 年第 1 期。

高田时雄：《SANGLEY 语研究的一种资料——彼得·齐瑞诺的〈汉西辞典〉》，张西平、杨慧玲编：《近代西方语文研究论集》，商务印书馆 2013 年版。

胡开宝：《论英汉词典历史文本对汉语现代化进程的影响》，《外语与外语教学》2005 年第 2 期。

罗常培：《耶稣会士在音韵学上的贡献》，《国立中央研究院历史语言研究所集刊》1930 年第 1 期。

马西尼（Federico Masini）：《罗马所藏 1602 年手稿本闽南话西班牙语词典——中国与西方早期语言接触一例》，游汝杰、邹嘉彦编：《语言接触论集》，上海教育出版社 2004 年版。

　　马西尼（Federico Masini）：《十七、十八世纪西方传教士编撰的汉语字典》，卓新平编：《相遇与对话：明末清初中西文化交流国际学术研讨会文集》，宗教文化出版社 2003 年版。

　　米列娜（Milena Dolezelova）：《一部近代中国的百科全书：未完成的中西文化之桥》，《北京大学学报（哲学社会科学版）》2007 年第 2 期。

　　潘钧：《日本辞书研究》，上海人民出版社 2008 年版。

　　戚印平：《沙勿略与耶稣会在华传教史》，《世界宗教研究》2001 年第 1 期。

　　沈国威：《近代日中语汇交流史——新汉语的生成与受容》，东京笠间书院，1994 年。

　　沈国威：《近代中日词汇交流》，中华书局 2010 年版。

　　沈国威：《理念与实践：近代汉外辞典的诞生》，《学术月刊》2011 年第 4 期。

　　谭汝谦：《中国译日本书综合目录》，香港中文大学出版社 1980 年版。

　　付立波：《近代日文书籍的引进及其影响》，《晋图学刊》2006 年第 3 期。

　　汪家熔：《〈商务书馆华英音韵字典集成〉——国人编纂的第一部大型英汉双解词典》，《出版科学》2010 年第 4 期。

　　王力达：《汉语研究小史》，商务印书馆 1963 年版。

　　杨慧玲：《19 世纪汉英词典传统：马礼逊、卫三畏、翟理斯汉英词典的谱系研究》，商务印书馆 2012 年版。

　　姚小平：《早期的汉外字典——梵蒂冈馆藏西士语文手稿十四种略述》，《当代语言学》2007 年第 2 期。

　　元青：《晚清汉英、英汉双语词典编纂出版的兴起与发展》，《近代史研究》2013 年第 1 期。

　　章小丽：《日本辞书对清末中国的影响》，硕士学位论文，浙江大学，2007 年。

　　钟少华：《中国近代辞书指要》，商务印书馆 2017 年版。

20 世纪前半叶汉语语文辞书编纂概况[*]

提　要： 在我国传统字书向现代语文辞书转型的过程中，20 世纪前半叶的辞书理论探讨和编纂实践发挥着重要的桥梁作用。因特殊历史因素的制约，这一时期的辞书编纂在经历了五四前的萌芽和五四后的初步发展后，因日本侵华战争的全面爆发和内战的发生进入停滞状态。本文对处于辞书现代化转型时期的汉语语文辞书的编纂背景、代表成果和时代特点进行简要梳理，希望对汉语语文辞书史的研究有所补益。

在当前的辞书学研究中，学者们对清前传统语文辞书和中华人民共和国成立后现代辞书的研究较为充分，相比之下，对于 20 世纪前半叶新旧辞书转型时期的晚清民国辞书理论和编纂研究较为薄弱，而这一时期正是我国现代语文辞书的萌芽期和发端期，亟须引起学界的重视。在社会文化、教育教学等时代因素，以及古今中外语文辞书编纂背景的驱动下，我国传统字书在晚清时期已经不合时宜，新型辞书编纂势在必行，汉语语文辞书的现代化由此发端，语文辞书的编纂类型和数量也逐渐丰富，在 20 世纪二三十年代形成了良好的发展势头。但是由于日本侵华战争的全面爆发，政局的动荡，最终使刚破土的现代辞书萌芽受到破坏，辞书编纂基本上处于停滞不前的状态。

一　近代新型汉语语文辞书的萌芽时期（1898—1919）

汉语单语辞书中首先发生近代化转型的是专科辞书和百科辞书的编

---

　　[*] 本文作者刘善涛、王晓，发表于《中国出版史研究》2017 年第 3 期，收录本书时略作修改。

纂，在晚清新学背景下，这类辞书最容易按照专科和百科分类集中介绍新学知识，受到政府和社会的重视。早在洋务运动时期，清政府就命人制定了各种专科词表，为辞书的编纂提供了选词来源。甲午战争和维新变法以后，近代新学知识和先进的辞书编纂理念经日本传入到中国，法律学、物理学、教育学等各类学科的先进成果不断涌现，各类专科辞书和百科辞书的编纂活动也日趋繁荣，对中国近代社会发展和语言变化产生了重要影响。20 世纪之初，一批留学日本、兼通西学的进步人士率先编纂了几部集中介绍新学知识的百科辞典，如 1903 年汪荣宝、叶澜合编的《新尔雅》是近代中国最早的一部新词语辞书，1914 年修订为《新辞典》继续发行；1907 年曾朴、徐念慈编纂了《博物大辞典》；1911 年上海国学扶轮社印刷出版了东吴大学教授黄摩西主编的《普通百科新大辞典》，被曹先擢（1986）认为是"现代辞书萌芽的代表作"。这三部辞典都以收录新词新语为编纂宗旨，并对所收词目标记学科来源，辞书体例虽都按照《尔雅》式的义类划分方式进行编排，但也不断改善，《新尔雅》中不设词条，采用记述的方式直接在主题下对新概念进行描述，新词语加点表示；而在《普通百科新大辞典》中则在主题词下设立了专门的词条，以字率词，按序排列，检索更加便捷。上述辞书的编纂可以视为汉语语文辞书现代转型的前奏，但要真正完成辞书编纂的现代化还需要一段艰辛的历程。

在近代语文辞书的编纂进程中，最先敢于挑战《康熙字典》的权威地位，勇于突破传统辞书编纂桎梏的人是"中国近代第一位辞书编纂家"（舒池，1991）陆尔奎（1862—1935）。这位在传统小学环境下成长起来的清末举人，思想进步，热衷新学，曾两度被清廷派往日本考察教育，对辞书在国民教育中的作用有着深刻认识。他（1915）旗帜鲜明地指出"一国之文化常与其辞书相比例……国无辞书，无文化之可言也"。而这又与时任商务印书馆编译所所长的高梦旦不谋而合，1908 年，商务印书馆创设辞典部，高梦旦聘请陆尔奎任部长，主持编纂符合时代需求的新式汉语辞书，开启了汉语语文辞书的现代化之路。

在继承中国古代辞书编纂传统和借鉴欧美日新型辞书编纂经验的基础上，我国近代语文辞书在一开始就明确区分出了字典和词典两种辞书类型，从理论和实践两方面为新型辞书的编纂提供了借鉴，陆氏主编，商务印书馆出版的《新字典》和《辞源》为后世辞书编纂树立了榜样。

　　商务印书馆辞典部创立之初，陆氏便召集蔡文森、方毅、傅运森、沈秉钧等学人，正式编纂《新字典》和《辞源》。中国字书编纂历史较长，经验丰富，因此《新字典》的编纂也有例可循，于 1912 年编纂完成。但该书并非是对原有字书的删减节录，而是在继承和借鉴基础上的创新之作，被称作"我国第一部收有现代科学新字的字典"（曹先擢、陈秉才，1992：114），"《康熙字典》问世 250 年后最早的、第一本革命性字典"（汪家熔，2001），"中国现代辞书史上的第一部汉语语文辞书"（金欣欣，2007），《新字典》收字一万余，除收录《康熙字典》中的普通常用字外，还注重收录近代科技新字和一些常用俗字；释义基本按照词义发展的历史顺序排列义项，不同义项用序号标出，注重新义和俗义的收录，如"亚"字义项❸"洲名，亚细亚（Asian）之简称"，"乖"字义项❷"有机变之意，如言乖巧、乖觉"等；举例既有词例，还有句例，有些句例还说明出处，以便检阅核对。同时，在正文前配有序言、编纂缘起、体例说明等文字，对字典的编纂目的和体例编排进行说明，然后是按照部首和笔画分集编排的字典检字表，以便读者查阅，正文中部分字条下附有插图，以便直观地理解字义，正文后汇编了"中外度量衡币表""中国历代纪元表"等各种附录，以增强字典的实用性。总之，《新字典》在编纂理念和编纂体例方面都赋予了新的特色，"于民国成立之始，得此适用之《新字典》，其于国民之语言及思想，不无革新之影响"（蔡元培序），对后世新型字典的编写提供了重要的参考蓝本。

　　《辞源》是我国第一部兼收语文、百科的综合性新型大辞典（陈炳迢，1985；李开，1990），开山之功自是筚路蓝缕。《辞源》的编纂在当时尚属首创，编纂之初编者们还没有认识到工作的艰巨性，认为两年就可完成，待工作一段时间后方才感到"困难渐见，始知欲速不达"，编辑人员由原来"五六人增至数十人"（陆尔奎，1915），主编陆氏也因积劳成疾，双目几近失明。

　　《辞源》最终于 1915 年由商务印书馆出版发行，收录单字一万一千余条，复词八万七千余条，不仅收录了古今常用的语文性词语，还收录了一些人名、地名、术语等百科词语，全书以十二地支集和 214 部首为次序排列，同部首的字按笔画数编排。该书除拥有《新字典》的一些特色外，最大的成绩在于确立了"以字率词"的辞书编纂体例，将"词"的概念正式引入辞书编纂之中。陆氏指出"吾国所固有者为单字，在新学固然无关，于旧学亦不完备，应于单字以下，以两字以至数字，凡成为正当通用之名词者，均一律采集成帙"（陆尔奎，1915）。具体说，全书以单字为字头，单字下反切注音并依次排列义项和举例，之后按照音节数依次排列以该字开头的词语，同音节数的词按笔画数排列，如汉字"主"下列有 11 个义项，后列"主一、主权、主观、主人公、主文谲谏"等 48 个词条。词条下皆有释义，多义词分义项表示。这种辞书编排方式从整体上改变了传统《尔雅》类辞书的义类编排和作文辞藻类辞书的韵目编排方式，使词目编排科学有序，词条检索便捷有效，也使辞书从经学的附庸向语文性、工具性的独立地位迈出了现代化的步伐。

　　《新字典》和《辞源》的编纂出版恰逢时代所需，同时也引领时代学术浪潮。1912 年 1 月 1 日原商务印书馆出版部主任陆费逵与戴克敦、陈寅等人在上海成立了中华书局，1915 年出版了大型工具书《中华大字典》，在检讨古代字书诸多弊端的基础上，借鉴国外辞书的先进编纂经验，改革完善辞书体例，成为当时大型字典编纂的楷模。全书收字四万八千余条，是 20 世纪 80 年代以前中国字典中收字最多的一部字典。该书在检字上有着完整的部首和笔画检字表，在注音上用反切和直音两种方式，并标明韵部，同时提出"形体虽同，而音义并异者，另为一字，复列其次"（序）的处理方式，对同形多音多义字单列条目，避免了一个字头下罗列诸音诸义的弊端，增强了辞书的科学性。释义精细，对义项间的历时演变关系有较好的展现，在释义和举例上用"—"代替被释字目，避免混淆。上述优点都被后世辞书所继承和发扬，它的出版标志着"中国旧字书的终结，宣告了我国辞书编纂已步入现代字（词）典时期"（李开，1990）。

　　继《中华大字典》编纂之后，中华书局还组织编纂了大型综合性工具书《辞海》。在《辞源》出版之初，中华书局就打算编纂一部赶超《辞源》的新型辞书，只可惜前期编辑人事变动太大，直到 1928 年舒新城才和陆费逵签约主编《辞海》，编辑工作才走上正轨，并于 1936 年出版发行。《辞海》的编纂体例虽与《辞源》大致相似，但后出转精，注重收录常用词、俗语词、新词语和百科性词语，共收复词十万余条，如汉字"主"下列有 14 个义项，后列"主教、主语、主线、主动力、主债务人、主观的形式说"等 80 个词条。在释义和举例上也有了较大改进，补充修正了原有辞书的不足，对外来新词标记英文书写形式，词条例证不仅注明书名，还注明篇名，以便核查。"无论在体例、条目的收列、释文等方面都取得了新的成就"（李开，1990），开创了"百科性词典"新品类，成为继《辞源》之后，我国又一部开创性现代辞典。

　　由上可知，在民国成立之初，我国的汉语语文辞书编纂已经开始脱离传统辞书解经读经的藩篱，开始运用现代语言学理论指导辞书编纂实践，初步形成了较为系统的编纂理念和字典、词典分立的两大辞书类型，辞书的结构组织渐趋科学规范，为后世辞书的编纂提供了参考经验。但这种大型辞书的编纂要受到人力、物力和财力等各方面的限制，编纂周期长，投资风险大，创新难度高，读者购买力有限，出版数量也较少。即使像商务、中华这样的出版社也只能在原有的基础上删减增补，无力另起炉灶，再编新书，如商务出版的《（缩本）新字典》（1914）、《学生字典》（1915）、《实用学生字典》（1917）；中华出版的《（缩本）中华大字典》（1915）、《实用大字典》（1918）、《中华万字字典》（1926）、《中华中字典》（1933），都是原有字典的删减修订本，既丰富了辞书类型和数量，又方便了读者的购买。此外，商务印书馆 1931 年编纂出版了《辞源续编》，以弥补《辞源》之不足，1939 年出版《辞源（正续编合订本）》，以便完整展现新修《辞源》的全貌。

二　近代新型汉语语文辞书的发展时期（1919—1937）

　　五四运动前为我国语文辞书的萌芽和草创时期，主要成果也即上述三部大中型辞书的编纂。尽管这些辞书初步开创了中国现代辞书的编纂体例，但是由于其规模较大，普及性不高，使用对象多限于上层社会，现代辞书编纂理念的全面推广还需要一场更加深入全面的辞书理论探讨和编纂实践。五四运动揭开了中国新民主主义革命的序幕，其所倡导的"民主"与"科学"口号对我国文化教育产生了重要影响。在借鉴日本语言文字政策的基础上，清末以来的语文现代化运动在民国时期渐趋深入，语言共同化、文体口语化、文字简便化、表音字母化（周有光，1985）和教育平民化等口号逐渐得到社会的认可，这也影响到民国时期的教材编写和辞书编纂，中国现代辞书的编纂理念、编纂方法、体例设计、辞书类型和出版数量都有了一定发展，形成了我国现代语文辞书编纂的第一个高峰，大型综合性辞书、中小型的普通辞书和一批专门性语文辞书或拟定计划，或着手编纂，或出版发行，从理论和实践上都推动了汉语语文辞书的现代化。

在大型辞书的编纂方面，除前述中华书局成功出版的《辞海》外，还有两部更为庞大的《中国大辞典》和《中山大辞典》也在筹划编纂之中，只可惜最终因抗战爆发中途夭折。《中国大辞典》的编纂由"我国近代第一个词书专业机构"（汪家熔，2008）中国大辞典编纂处发起和负责的，该机构的前身为1913年成立的读音统一会，该组织在推动汉字表音化方面发挥了积极作用，先后颁布了注音字母（1918年）和国语罗马字方案（1928年），编纂了《国音字典》（1919年）、《校改国音字典》（1921年）、《国音常用字汇》（1932）对近1.3万个汉语单字加以正音。早在1920年该组织就计划成立"国语辞典委员会"，从事"词"的正音和规范工作，后在黎锦熙、钱玄同等学人的推动下于1928年改名为"中国大辞典编纂处"，专门从事《中国大辞典》的编纂工作，并在其编纂过程中对汉语字词的形音义进行规范，计划出版八部与之匹配的普通语文辞书，可见此项工作的庞大和艰巨。

编纂处成立之初，黎锦熙和钱玄同就共同制定了长达1.5万字的编纂计划，计划编纂一部"规模务求大、材料务求多、时间不怕长、理想尽高远、全然学术化"的大型辞书，"结算四千年来的国语（文字和语言）及其涵包的一切新旧学术文化等底总帐"（黎锦熙，1929），并按照分工设立了搜集、调查、整理、纂著、统计5个部门，截止到1933年8月共整理出近250万张资料卡片。但因为经费不足、政局动荡、人员流动等因素，编纂工作被迫终止，只能从《释"巴"》（黎锦熙）、《释"一"》（刘半农）两篇文章中窥见大辞典的部分面貌。同时，该机构还编有中型辞典《国语辞典》（1937—1945）、字典《新部首索引国音字典》（1949）、《增订注国音常用字汇》（1949）等。

《中山大辞典》是由时任商务馆总经理的王云五筹划编纂的，在中山文化教育馆的资助下于1936年成立编纂处，计划"仿《牛津大字典》之例，不仅解释意义，并表明各字各辞之历史，故于单字辞语之意义，莫不究其演变，溯其源流"，最终编成一部"单字约六万，辞语约六十万""十倍于《辞源》"（王云五，1939）的大型辞书。至1937年已收集资料七百四十余万条，但最终因抗战爆发，商务印书馆遭到日军轰炸，上海也被日军占领等因素被迫终止，只得于 1938 年 12 月在香港出版了《中山大辞典"一"字长编》。

此外，万国鼎（1926）曾建议"仿《牛津大字典》之例，集全国专才，编一详备之大字典，以结数千年字学之总帐"。刘半农也曾计划编纂《中国大字典》一书，1927 年曾写作《编纂〈中国大字典〉计划概要》一文，详细阐述了作者的辞书学思想和该书的编纂构想，后提交给北京大学研究所国学门，1928 年又提交给刚成立的南京大学院大学委员会，但都没有获得支持。后受聘于中国大辞典编纂处，为大辞典作单词说解长编工作，著有《释"一"》《释"吃"》《释"来去"》《"打"雅》等文，为辞书编纂做出了一定贡献。

除大型辞书的编纂外，伴随着白话文运动和国语运动的兴起，中小型普通语文辞书因其编纂难度小、编纂周期短、出版成本低、读者范围广等因素，在编纂理念、体例设计和出版数量上有了新的突破，较有特色的辞书有如下几部：

《国音学生字汇》（方毅、马瀛，商务印书馆 1919）采用汉字直音和罗马字拼音注音，收字八千多，以常用字为主，适合中学以下水平学生及普通识字人查阅。《新体国音字典》（蒋兆燮，新民图书馆 1920）按注音字母和声调依次编排字目。《国音新字典》（陆衣言，中华书局 1921）专门为检查字音而用，编入文言口语中经常应用的字八千余，每字下用注音字母注音，并标声调。《（校正注音）国语新字典》（方志新，上海会文堂书局 1922）采用注音字母注音，按部首笔画排列，收录一般常用字一千多，是较早的白话学生字典。《国语辞典（京音、国音对照）》（周铭三，商务印书馆 1922）不收单字，专收北京人所常用的口语词约 5500 条，用注音字母注音，口语释义，并举例句。《国语普通词典》（马俊如、郭后觉，中华书局 1923）收单音、复音词一万左右，例语、例句四千余，不收叠词。《语体适用字汇》（周廷珍、欧济甫，上海新文化书社 1923）以收俗字、实用字为主，字义解释都用白话，另有检音表一卷，用英文拼音注音。《（国音白话注）学生词典》（唐昌言、李康复等，商务印书馆 1924）收单字五千多个，复词和成语共三万余条，是我国第一部白话学生辞典。《（最新校正）国音新字汇》（上海会文堂书局编辑所，上海汇文堂书局 1924 年再版）是较早的横排辞书。《（国际音标）国语正音字典》（赵元任正音，赵虎廷、孙珊馨编校，商务印书馆 1926）专为正音之用，没有释义，选取应用字约一万个，采用国音、国际音标和罗马字拼音注音。《国语成语大全》（郭后觉，上海中华书局 1926）收录常用成语、歇后语、谚语等 3200 多条，约十万字左右。每则成语先注北京音，再解其义，白话释义，简明扼要。《语体文应用字汇》（陈鹤琴，商务印书馆 1926）按照统计学方法收录儿童用书、新闻报纸杂志、小学生课本、中外文学作品等中的常用字 4261 个，按使用频率排列，开我国字频统计先河。《平民字典》（马瀛、方毅，商务印书馆 1927）是较早使用简化字的字典。《（词性分解红皮新式）中华字典》（黄钟瀛，世界书局 1927）按部首编排，收字一万多个，为我国第一部标注词性的白话学生字典。

　　《新术语辞典》（吴念慈、柯柏年等，上海南强书局 1929）收录五四运动以后在不同领域中出现的新名词术语 1200 多条，条目均注英文名称，文字注释简明。1933 年出版《新术语辞典续编》，1936 年正续编合订本，后附英文索引。《王云五大辞典》（王云五，商务印书馆 1930）按四角号码排列，用直音、注音字母和国语罗马字注音，收录古今各种词条，并加简要的解释，注明其词性和所属类别，为我国第一部标注词性的白话学生辞典。《辞通》（朱起凤，开明书店 1934）专收古书中各种异形双音词约四万条，按四声取词的尾字韵分别编次，常见词列前，注明音义，词意相同而形体相异的词则附于其后，然后博举例证，加以说明，并注明出处，可供研究或阅读古籍时参考。《虚词典》（顾佛影，上海大公书店 1934）分为两部：文言之部和白话之部，收录虚词 500 多条，每一词目先注词性，再释其义，释义区分普通用法和特殊用法，白话释义，例句多数选自古籍，并注明出处。《标准语大辞典》（国语教育促进会审词委员会，商务印书馆 1935）收北京话和一般通行词语 3.6 万多条，用注音字母和国语罗马字注音，按中文笔画顺序排列，书后附有四角号码索引，是一部较为成熟的中型汉语辞书。《新知识辞典》（新辞书编译社编，上海童年书店 1935）收录当时社会上的新名词、术语三千多条，按笔画数排列，每条下附有所对应的英文单词，学科领域和释义，全书共一千余页，约 50 万字，为一部综合性新词语辞典。《外来语词典》（胡行之，上海天马书店 1936）是第一部以"外来语"命名的新词语辞典，汇集古今外来语 3000 多条，按首字笔画排列，每条大都附有原文。

三　近代新型汉语语文辞书的停滞时期 （1937—1949）

在五四运动和新文化运动的影响下，我国近代汉语语文辞书得到了较好的发展，较为先进的辞书编纂理念逐渐应用到编纂实践之中，辞书品类逐渐丰富，现代化的特点不断增强。然而，1937 年抗日战争的全面爆发使得这种良好的发展态势遭到严重破坏，国土沦陷，出版机构被毁，人民生活在水深火热之中，辞书的编纂规模和影响范围极为有限，没有体现出独特的阶段性特征。

这一时期最具代表性的辞书编纂成果是中国大辞典编纂处编纂，商务印书馆出版的《国语辞典》（1937—1945）[①]，该书上承《辞源》（1915）、《王云五大辞典》（1930）、《标准语大辞典》（1935），下启中华人民共和国成立后的《人民小词典》（1951）、《新华字典》（1953）、《现代汉语词典》（1978）等辞书，在收词、注音、释义等方面都体现出一定的独创性和现代性。该词典定位为民族共同语（即"国语"）的中型描写词典，"冲破了中国辞书强大的'厚古'传统势力"（张志毅、张庆云，2015），坚持"普通适用"的收词原则，共收单字一万五，复词九万条，用注音字母及国语罗马字注音，按音序排列，是我国第一本音序辞典，义项设置合理恰当，条目释义简明浅显，为国语的定型和推广产生了积极作用。

其他有代表性的辞书如：《中华国语大辞典》（陆衣言，中华书局1940）收日常习用的词语四万余条，包括单音词、复音词、日常习用语、古今成语、报纸常见新词等，为一部中型汉语辞书。《联绵字典》（符定一，京华印书局1943）收录了唐以前古书中的双声、迭韵、迭音及其他联绵词，包括虚词等约两万多条。《王云五新词典》（王云五，商务印书馆1943）收新名词近四千条，区分了旧词新义和新造词两类，对旧词新义追溯新名词来源，各举其所见之古籍篇名与辞句，并作简要释义。《国语拼音词汇》（林肯达，世界书局1944）收词两万多条，按国语拼音字母顺序排列，为我国第一部用拉丁文拼写国语拼音的词汇，对我国汉语拼音

---

① 中国大辞典编纂处原计划按照"依史则"的原则编纂一部能够与《牛津大字典》相媲美的大型辞书，后因战乱和经费问题只编纂出版了中型规模的《国语辞典》。

的发展起了积极的推动作用。《诗词曲语辞汇释》（张相，中华书局，1953）成书于 1945 年，收单字、短语共计标目 537 条，是一部考释唐代以来流行于诗词剧曲中的特殊语词（大多为虚词）的专门性辞书，开拓了辞书编纂的新门类，对古汉语辞书的编纂有一定影响。

纵观 20 世纪前半叶我国汉语语文辞书的编纂情况可谓是"喜忧参半"。可喜的是我国现代语文辞书在前期汉外辞书编纂成果和新文化运动的时代背景下开始萌芽，并得到了一定程度的发展，同时对中华人民共和国成立后的辞书编纂和文化教育建设产生了积极影响。但是，我们也看到，当时辞书编纂的主要领导者和策划者是出版社和爱国学人，政府对辞书的关注度不高，支持力度不大，这也是《中国大辞典》等一批辞书无法全面展开的另一个重要原因。同时，在日本帝国主义的侵略下和国民党发起的连年内战中，本已取得良好发展势头的语文辞书遭到重大打击，文化教育事业无法得到正常开展，辞书的工具性也不可能得到较好的展现，辞书事业的发展也只能是停滞不前。

参考文献

曹先擢、陈秉才：《八千种中文辞书类编提要》，北京大学出版社 1992 年版。

曹先擢：《中文辞书发展述略》，《中国语文天地》1986 年第 1 期。

陈炳迢：《辞书概要》，福建人民出版社 1985 年版。

金欣欣：《中国现代辞书史上第一部汉语语文辞书》，《新华书摘》，2007-7-4。

黎锦熙：《国语旬刊发刊词》，1929，又见《国语运动史纲》，商务印书馆 1934/2011 年版。

李开：《现代词典学教程》，南京大学出版社 1990 年版。

陆尔奎：《辞源说略》，《东方杂志》1915 年第 4 期。

舒池：《中国近代第一位辞书编纂家：陆尔奎》，《文汇读书周报》，1991-6-29.

万国鼎：《字典论略（附表）》，《图书馆学季刊》1926 年第 1 期。

汪家熔：《〈辞源〉〈辞海〉的开创性》，《辞书研究》2001 年第 3 期。

汪家熔：《我国近代第一个词书专业机构：中国大辞典编纂处》，《出版科学》2008 年第 2 期。

王云五：《编纂〈中山大辞典〉之经过》，《东方杂志》1939 年第 1 期。

张志毅、张庆云：《理论词典学》，商务印书馆 2015 年版。

周有光：《中国语文的现代化》，上海教育出版社 1985 年版。

百年《辞源》研究与新时期
"《辞源》学"建设浅议[*]

提　要：《辞源》开创了我国现代汉语辞书编纂的新范式，出版百年来研究成果丰富，但也存在不足，新时期的《辞源》研究应从学科建设层面对其进行重新认识，并在以往研究的基础上系统完善、深入推进"《辞源》学"的建设，从理论和应用双层面推动当前的辞书强国建设。

"国无辞书，无文化之可言也"（陆尔奎，1915），《辞源》是我国第一部现代新型综合辞书，是我国现代辞书之母，她将我国辞书从传统小学的附庸中解脱出来，发展成为查考解疑的工具，"便于翻检参考之书"（陆尔奎，1915），开创了我国现代辞书编纂的科学范式，是20世纪初中国文化转型期的标志性成果（王宁，2015），极大地推动了我国现代辞书的发展和完善，其历史地位和学术价值不可估量。

一　百年《辞源》研究概述

《辞源》始编于1908年，1915年出版正编，之后又不断修订完善，编修出不同的版本，百余年间参编者600余人，发行数量800余万册，研究成果500余篇，研究内容主要集中在如下方面：

（1）从不同结构要素对辞书文本加以分析。这类成果比重最大，既有对《辞源》收词、注音、释义、例证等结构要素的探讨，也有就单个

＊　本文作者刘善涛，文章部分内容曾以《"〈辞源〉学"建设刍议》为题发表于《中国社会科学报》2018年9月18日第3版语言学专栏，后于2018年10月10日被《语言文字周报》头版全文转载，收录本书时略增内容。

条目编写情况的分析。如田忠侠的《〈辞源〉考订》（1988）、《〈辞源〉续考》（1992）、《〈辞源〉通考》（2002）按条目顺序对《辞源》（1983版）逐一考证；史建桥等编的《〈辞源〉修订参考资料》（2011）按辞书结构对195篇相关成果进行了分类整理，极具参考价值。

（2）对《辞源》性质和编修方法的介绍总结。各版主要编修人员根据自身的编修实践进行总结归纳，如陆尔奎《〈辞源〉说略》（1915）、方毅《〈辞源〉续编说例》（1931）、刘叶秋《纠谬、补缺、充实——〈辞源〉修订散记》（1981）、史建桥《〈辞源〉建国60周年纪念版的出版与再修订》（2009）、王宁《百年〈辞源〉的现代意义》（2015）、乔永《〈辞源〉的修订与编辑加工》（2016）等。

（3）对《辞源》版本和编修情况的史料梳理。百年《辞源》伴随着我国社会文化的变化经历了不同的发展阶段，自修订版始，学者们就对其发展历程进行梳理，如刘叶秋《〈辞源〉的历程》（1983）、许振生《〈辞源〉八十年》（1989）、沈岳如《〈辞源〉修订史略》（1996）、乔永《〈辞源〉编修一百年》（2010）、《辞源史论》（2016）、丁希如《〈辞源〉版本的百年流变》（2011）等。

（4）基于《辞源》的辞书对比和辞书评论。作为我国现代辞书的典范，《辞源》与其他优秀辞书的对比，以及基于辞书的文本分析和辞书评论从未间断，如裘锡圭《〈辞源〉〈辞海〉注音商榷》（1985）、何九盈《〈辞源〉午集释义商榷》（1990）、董志翘《〈辞源〉（修订本）书证刍议》（1990）、郭良夫《〈辞源〉修订本简评》（1990）、杨文全《中国新型汉语大词典的滥觞：〈辞源〉述论》（1998）、徐从权《〈辞源〉与〈现代汉语词典〉音节表比较研究》（2012）、王彦坤《〈辞源〉地名修订拾零》（2016）等。

（5）基于《辞源》的词汇研究。《辞源》为词汇研究提供了丰富的语料，推动了相关研究的深入，如张天望《古汉语褒贬同形词的性质及成因——兼评新老〈辞源〉对这类词的释义》（1987）、乔永《〈辞源〉修订与古汉语研究》（2010）、赵晓驰《从类义词角度谈〈辞源〉的修订》（2014）、苏天运《论典故词典义的横向平列性特征——兼谈〈辞源〉对典故词的处理问题》（2015）、凌丽君《从寅集"宀"部看〈辞源〉（第三版）对异形词的相关修订》（2016）、沈国威《〈辞源〉（1915）与汉语的近代化》（2017）等。

整体而言，《辞源》的研究虽然成果丰富，但也明显体现出以下不足：

（1）研究主题分散，研究成果单薄，系统集中的研究成果偏少。《辞源》因其历史长、收词广、影响远，不同学科的学者根据自身的研究兴趣对其加以研究，最终形成就个别问题进行研讨的单篇论文，而《辞源》体例丰富、篇幅宏大，也就造成了对其进行系统、深入的研究成果偏少的缺陷。

（2）研究视角单一，研究内容微观，宏观立体的研究成果偏少。现有成果主要是从辞书学、词汇学的角度进行切入，多集中在对某一版《辞源》中单个条目、单方面结构特征的分析上，而作为文化产品的《辞源》，其百年编修是在文化学、社会学、语言学等多学科的推动下进行的，对其编修史的梳理、历史价值和现实意义的挖掘需要从多维立体的角度加以分析。

（3）对《辞源》的首创意义、文化功能、蓝本效应和时代价值挖掘不够。《辞源》正编首创现代辞书体例，续编增订新词新语，合编简编丰富辞书编纂方式，修订二版的转型与提高，新修三版的坚守与创新等，各版本都重视辞书的文化贮存功能，在我国现代辞书发展中产生了积极的蓝本示范作用，体现出独有的时代价值，对其研究既要"返回原点、回归历史"，也要"照应现代、面向未来"，挖掘各版本的创新之处、版本间的谱系关系与对当前辞书建设的现实意义。

改革开放以来，我国的辞书编纂和辞书研究成果斐然，逐渐形成了以《现代汉语词典》为代表的"《现汉》学"（苏新春，2007；李斐，2008），以《辞海》为代表的"《辞海》学"（巢峰，2014），以《辞源》为代表的"《辞源》学"（乔永，2016），基于典型辞书的学术研究蔚然成风，这从学科内部要求深化对《辞源》的研究。同时，近年来，《辞源》研究在国家社科基金立项中也从无到有，如蔡梦麒《汉字今音审订研究——以"〈辞源〉再修订"为平台》（2011）、赵海燕《〈辞源〉单字释义研究》（2014）、彭小琴《〈辞源〉百年编修出版研究》（2016），体现出国家社科发展规划的宏观导向。再者，盛世修典，2013年国家新闻出版广电总局印发了《2013—2025年国家辞书编纂出版规划》，2015年百年《辞源》适时推出新修三版，对当前的辞书建设和辞书研究产生了积极影响，"随着《辞源》新版行将问世，《辞源》学必因波涛汹涌的

'源头活水'而更显勃勃生机"（李开，2015），对《辞源》的多维研究势在必行。

二 对《辞源》属性的再认识

百年《辞源》之所以能被奉为经典，不仅在于它作为查考工作的现代辞书学价值，还在于它在百年编修中所记录和反映的我国社会文化发展状貌，以及它在不同历史时期对其他类型辞书编修的参考和借鉴价值，因此对《辞源》的属性需要从下列三个方面进行重新判定：

（1）作为辞书成品的《辞源》研究，从辞书的结构特征出发，对初版《辞源》和历版《辞源》进行对比分析，归纳异同，系统总结《辞源》编纂体例的创新之处，开创性体现，以及修订中的坚守和创新。

（2）作为文化产品的《辞源》研究，从文化学、社会学、语言学等多维视角系统分析影响《辞源》编修的外部因素，以及《辞源》编修对社会文化发展的促进作用。

（3）作为典范蓝本的《辞源》研究，挖掘《辞源》对我国现代语文辞书编纂的蓝本意义，描绘以《辞源》为起点的现代语文辞书发展演变的谱系脉络，重点探讨《辞源》所开创和影响下的现代大型语文辞书编纂历程。

三 新时期"《辞源》学"建设的五个方面

新时期"《辞源》学"建设的整体思路是"以《辞源》文本的描写和对比为中心，同时兼顾对编修背景、谱系脉络和时代意义的多维探究"，在参考借鉴已有成果的基础上，集中探讨前人研究中的薄弱领域，对已有研究中较为成熟的版本流变、词条辨析等问题不做过多分析。具体说来，以《辞源》为中心，对其结构特征、版本差异、编纂宗旨、历史价值等逐一进行分析和对比，同时又上下求索，向上探求《辞源》编纂之初的学术背景，分析影响现代辞书兴起的复杂因素；向下挖掘《辞源》编修对汉语语文辞书发展和辞书强国建设的现实意义，从"源""始""异""本""价"多维视角力求对百年《辞源》做出系统、立体的分析。

（1）《辞源》之"源"——《辞源》的编纂缘起和学术背景：《辞

源》始编于 1908 年，当时的中国正处于社会文化转型的关键时期，国学的余晖和新学的晨曦相互掩映（张志毅、张庆云，2015），中外文化交流碰撞、维新改良思想涌动，《辞源》的编纂建立在对我国传统辞书，西方传教士、外交官、进步学人所编汉外辞书，欧美日本等国所兴起的现代语文辞书等不同类型辞书的批评、借鉴和吸收的基础之上，受到了古今中外优秀辞书范本的影响，最终实现了以中国辞书为"体"、欧美日辞书为"用"的现代辞书编纂体例创新。新时期"《辞源》学"建设需要对这些复杂的学术因素加以整理分析，描写探究以《辞源》为代表的我国现代辞书兴起发展的多"源"学术背景。

（2）《辞源》之"始"——《辞源》初版的结构特征和首创意义：在多"源"借鉴下，《辞源》首创了我国现代语文辞书的编纂体例，并为后世辞书的编纂树立了典范，初版《辞源》最为突出的历史意义在于将我国辞书从传统小学的附庸中解脱出来，发展成为查考解疑的工具，"便于翻检参考之书"（陆尔奎，1915）。这具体体现在辞书结构的诸多方面，如收词上字词兼收，更重常用和新词；立目上以字带词，依序排列；注音上多音分注，音义兼统；释义上语义释义，源委沿革，简明释疑；例证辅助释义，标明出处；同时，外置索引，内设参见，后加附录，"图表以助诠释"（陆尔奎，1915）等。限于《辞源》收词广博、体积庞大，新时期"《辞源》学"建设可以在对《辞源》初版文本加以抽样的基础上，建立"《辞源》初版结构信息库"，对上述创新性体现逐一进行分析。

（3）《辞源》之"异"——各版本间的文本对比和传承关系：百年《辞源》多次增修、版本多样，依次经历了正编（1915）、续编（1931）、正续编合订本（1939）、简编（1949）、修订稿（1964）、修订本（1979—1983）、纪念版（2009）、第三版（2015）等不同的发展阶段，在不同历史时期发挥了不同的作用。纵观《辞源》的不同版本，正编本属于首创，收词横跨古今，以语词为主，兼收百科；续编本重在查漏补缺、纠错订误，增补新词新义，订正原本错误；正续编合订本和简编本则是对前两者的加减增删，依托主体还是正编本；中华人民共和国成立后，新的语言文字政策将《辞源》定性为"大型综合性古汉语辞书"，再次加以修订，修订稿未能彻底完成，修订本在国庆三十周年时开始出版，纪念版为纪念国庆六十周年而编；新时期，在第三次全国辞书规划和辞书强国建设的大背景下，《辞源》推出第三版。限于百年《辞源》版本较多，部分版本间差异较小，新时期"《辞源》学"建设可以选取民国时期的正编本、改革开放后的修订本和新修的第三版，这三个历史时期的代表性文本为主要研究对象，在抽样的基础上建立"多版本《辞源》对比信息库"，对辞书结构特征进行对比分析，梳理《辞源》编纂性质和体例的历时传承关系。

（4）《辞源》之"本"——《辞源》的编纂宗旨和文化价值：《辞源》编纂之初正值中国新旧文化激荡碰撞与吸收转型时期，"社会口语骤变，报纸鼓吹文明，法学哲理名辞，稠叠盈幅""预知国家之掌故，乡土之旧闻，则典籍志乘，浩如烟海"，社会民众急需一部能"钻研旧学，博采新知"的新式辞书，《辞源》初版就是在这一编纂宗旨下完成的。初版《辞源》虽"新旧名辞，中外典故，无不详备"，但"世界之演进，政局之变革，在科学上名物上自有不少之新名辞发生"，1931年《辞源》续编出版。将正续编《辞源》相比较，"一则注重古言，一则广收新名，正书为研究书学之渊薮，续编为融贯新旧之津梁"，可见《辞源》续编旨在增补新词汇。中华人民共和国成立后，1958年开始启动《辞源》修订工作，将其定位于"用来解决阅读古籍时关于语词典故和有关古代文物典章制度等知识性疑难问题"的古汉语词典。2015年出版的《辞源》第三版收录的全部是中国经、史、子、集等典籍中实际用过的词语，解释的全部是这些词语在文献语境和思想建构中具有的本来意义，将其明确定位为"以古代典籍的语词及其解释为信息载体的中国传统文化知识库""通往传统文化的桥梁"（王宁，2015），这是对《辞源》文化功能和文化价值的充分认可。新时期"《辞源》学"建设需要进一步挖掘《辞源》百年来守本拓新的时代价值。

（5）《辞源》之"价"——《辞源》的蓝本效应和现实意义：《辞源》之所以被称为"经典"，不仅在于其自身编纂体例上的创新，还在于对后世辞书，尤其是大型语文辞书编纂的蓝本价值，以及对当前辞书研究和辞书强国建设的现实意义等方面。百年《辞源》的编修与我国现代语文辞书的发展息息相关，初版《辞源》的发行开启了现代语文辞书谱系的新篇章，不仅为民国时期的辞书编纂提供了参考借鉴的体例框架，同时因其收词广博、释义准确，也为辞书的词条处理提供了借鉴，甚至成为中小型语文辞书选词释义的直接参照，带动了民国时期汉语语文辞书类型的丰富、编纂数量的增加、辞书体例的完善，涌现出《王云五大辞典》（1930）、《标准语大辞典》（1935）、《辞海》（1936）、《国语辞典》

（1937—1945）等一批辞书。中华人民共和国成立后的《辞源》修订本虽然在辞书性质上有所转型，但在推动原有辞书的修订和新型辞书的编纂方面仍然功不可没，共同推动了《辞海》的修订与《现代汉语词典》《汉语大字典》《汉语大词典》等辞书的编纂。新时期，在新的辞书编纂环境下，《辞源》三版适时而出，其在编纂方法、编纂经验等方面也为新辞书的编纂提供了参考样本。可以说，我国现代语文辞书的编纂体例、编纂原则和方法是在《辞源》的基础上逐渐发展完善起来的，新时期"《辞源》学"建设需要进一步梳理《辞源》百年的编修背景、版本变化和辞书发展的谱系脉络，丰富辞书学的研究内容，为当前辞书强国建设提供参考。

四　新时期"《辞源》学"建设的主要研究方法

（1）描写法，立足具体历史现状和学术环境，结合具体辞书文本和结构差异，描写分析《辞源》编纂的学术背景、结构特征、版本异同和传承关系等内容。在具体操作中，结合相关的研究内容，描写法的运用又分为宏观与微观相结合，如对《辞源》编纂背景和整体结构面貌的宏观描写与具体状况的微观分析相结合；共时和历时相结合，如对《辞源》某个版本的共时分析与历次版本的历时对比相结合；个案和群像相结合，如对《辞源》的编纂研究与整个现代辞书发展的群体特征相结合。

（2）对比法，包括两个层面：一是就《辞源》自身的编纂宗旨、体例状况、结构面貌、文本差异、文化功能等进行对比，二是将《辞源》与其他代表性辞书进行对比，如《康熙字典》《商务印书馆华英字典》《辞海》《国语辞典》《现代汉语词典》《汉语大字典》《汉语大词典》等。前者是为了揭示《辞源》性质、体例和编纂法的变化，后者是为了探究《辞源》的编纂缘起、首创体现和蓝本效应。

（3）谱系法，作为文化产品的辞书，《辞源》是我国现代文化转型初期的标志性成果，百年《辞源》的影响贯穿于整个辞书史发展的链条之中，国内外先进辞书的影响、辞书理论的继承创新、典型辞书的蓝本效应、后编辞书的完善深化、辞书类型的丰富成熟等因素共同交织推动着我国语文辞书谱系的发展。

（4）计量法，语料库语言学认为，语言知识可以通过有限的语言文本来反映，现代辞书研究也越来越摒弃主观枚举法，通过对辞书文本加以标注而建立的辞书信息库（如 "《辞源》初版结构信息库""多版本《辞源》对比信息库"）能够使定性研究和定量分析相结合，为辞书文本的分析对比、辞书历史地位的揭示、文化词语的分析等相关研究提供真实科学的依据。

五　新时期 "《辞源》学" 建设的目标和价值

新时期 "《辞源》学" 建设的主要目标可以归纳为：（1）从宏观多维视角综合分析影响《辞源》编纂的多 "源" 因素，对《辞源》体例的创新源泉和开创价值有更为清晰的认识，同时也能为当前的辞书编纂和创新提供参考；（2）在抽样的基础上，建立带有标注的、成熟的信息库："《辞源》初版结构信息库" 和 "多版本《辞源》对比信息库"，为研究提供科学依据；（3）在信息库的基础上，以辞书结构要素为框架，对《辞源》的初版面貌和不同版本间的差异进行科学系统的研究，挖掘《辞源》的首创性、传承性和时代性的具体体现；（4）梳理以《辞源》为源头的现代语文辞书发展演变的谱系脉络，总结《辞源》在辞书研究、词汇研究和辞书强国建设方面的学术价值和参考意义。

新时期 "《辞源》学" 的建设不仅是对百年《辞源》研究的深入和完善，也是汉语辞书学和辞书现代化建设的需要。首先，它丰富了 "《辞源》学" 的研究内容，在研究中对作为辞书的《辞源》进行全方位分析，对《辞源》的 "源""始""异""本""价" 进行多维探究。其次，它促进了 "辞书学" 的建设发展，它重点关注前人研究中的薄弱环节，如《辞源》编纂初期的学术推动因素、初版《辞源》的首创性表现、不同版本《辞源》的传承关系、现代语文辞书的谱系演变脉络等问题。再次，它深化了对 "辞书现代化" 建设的理论认识，《辞源》所体现的并非单单是一部词典，更是我国辞书现代化建设的一个侧面，现代性语文辞书的起源、发展和成熟与《辞源》的编纂、修订和创新密不可分，反观历史，重新审视《辞源》有助于辞书现代化的理论建设。最后，通过剖析探究《辞源》在百年来编纂、修订中的经验和方法，建设带有标注的辞书文本信息库，能够更好地为当前的辞书研究、辞书编纂和我国辞书强国建设提供参考，体现出一定的应用价值。

六　总结

　　针对前人研究的不足和新时期"《辞源》学"建设的需要，在具体研究中将牢固树立辞书研究的历史观，回归历史原点，直描辞书文本，归纳影响《辞源》编修的历史因素，总结《辞源》的历史地位；树立辞书研究的系统观，从宏观多学科视角和辞书内部多维结构系统全面分析《辞源》百年的编修背景和结构特征；树立辞书研究的谱系观，从汉语语文辞书发展史的角度梳理《辞源》的蓝本价值，以及我国大型语文辞书的谱系演变脉络；树立辞书研究的时代观，《辞源》的价值不仅体现在现代辞书史的百年历程中，也投射在当前和以后的辞书建设中，研究必须体现时代意义和应用价值。在研究方法的使用上，始终秉持继承传统，开拓创新，将传统的描写法、对比法与现代的谱系法、计量法相结合，以《辞源》为中心，立足辞书史，旁射文化史，在信息库的基础上，描述《辞源》的编纂背景、结构面貌、版本差异、发展谱系和时代价值，力求全面、系统、科学地展开研究。只有这样才能使当前的研究为辞书理论研究提供参考，为辞书编纂实践提供借鉴，为辞书强国建设添砖加瓦，最终服务于当前的辞书强国建设。

参考文献

巢峰：《辞海论·序》，徐庆凯、秦振庭：《〈辞海〉论》，上海辞书出版社 2015 年版。

陆尔奎：《辞源说略》，《东方杂志》1915 年第 4 期。

李斐：《现汉学试论》，博士学位论文，中国社会科学院，2008 年。

乔永：《辞源史论》，商务印书馆国际有限公司 2016 年版。

苏新春：《〈现代汉语词典〉第五版的改进及对进一步完善的期盼——兼谈"现汉学"的建立》，《深圳大学学报》（人文社会科学版）2007 年第 5 期。

王宁：《百年〈辞源〉的现代意义》，《光明日报》，2015-12-22.

张志毅、张庆云：《理论词典学》，商务印书馆 2015 年版。

从辞书学开拓王云五研究的新视角[*]

提　要：出版大家王云五为中国近代文化建设做出了巨大贡献，民国时期主持编订了一系列具有创新性的现代语文辞书，特定的时代背景和独特的学习、工作经历是推动其辞书编纂的重要因素，加强对其辞书编纂和辞书学思想的研究有助于开拓王云五研究的新视角，丰富辞书史的研究内容，并对词汇研究起到辅助作用。

在中国社会由传统向现代转型的过程中，商务印书馆始终发挥着积极的推动作用。王云五在军阀混战和抗日战争的混乱时期在商务印书馆辛勤工作了 25 年（1921—1946），为该馆的发展，甚至中国近代文化的建设力挽狂澜，显示出巨大的学术涵养、人格魅力和民族气节。退居台湾后重振台湾商务 15 年（1964—1979），被誉为杰出的出版家。同时，因其对教育事业的关注和多年的教学实践，被誉为教育家；还因其积极推行科学管理方法，倡导建设公共图书馆，制定中外图书统一分类法、中外著者统一排列法和四角号码检字法等还被冠以管理学家、图书馆家、目录学家和索引学家等称号，可谓是兼跨学、商、政三界的"文化达人"（周荐，2013）。然而，纵观改革开放以来，学界对王云五的研究多集中在出版学、图书馆学、人物传记、经济政治史等方面，学术视野不够开阔，研究主题还需深入（邓文池，2017）。教科书和辞书的编纂出版是商务印书馆建馆以来坚守的两大重镇，王云五一生主编和参与编纂的辞书不可计数，在推动汉语语文辞书现代化方面做出了突出的贡献，需要对其加以详尽细致的研究。

---

　　* 本文作者刘善涛、王晓，曾于"商务印书馆与中国现代文化的兴起"国际学术研讨会（2017 年 8 月 13—14 日，北京）上宣读，并被收录会议论文集（待刊）。

一 王云五研究概况

王云五是和张元济一样推动商务印书馆，乃至中国近代文化发展的核心人物，但由于一些非学术性因素，海峡两岸对王的评价却迥然有别，在台湾，王云五是一个备受推崇的名字；在大陆，他曾经是一个遭到谴责和忽视的名字。虽然学者们在对中国近代出版史、商务馆史以及张元济、胡适等方面的研究中偶有涉及（这也是无法避开的），但多是零星含蓄的只言片语。近年来，随着学术氛围的逐渐宽松，学术空间更加包容以及学者们对晚清民国学术研究的逐渐重视，王云五也成了学界感兴趣的研究课题。首先，王云五的著作得到不断翻印，从文选到论著和全集的出版逐渐兴盛，如《旧学新探：王云五论学文选》（学林出版社 1997 年版）、《读书与求学》（百家出版社 2000 年版）、《我怎样读书：王云五对青年谈求学与生活》（辽宁教育出版社 2005 年版）、《岫庐八十自述》（上海人民出版社 2007 年版；江西教育出版社 2011 年版）等，2006 年江西教育出版社将《王云五文集》申报为《"十一五"期间（2006—2010 年）国家重点图书出版规划》，至 2011 年共出版六卷，2013 年九州出版社又从台湾商务印书馆引进了二十册的《王云五全集》，可见图书出版界对王云五的重视程度逐渐提高。其次，对王云五较为系统的专题论著和论文也不断涌现，如关于其生平传记的研究，如《王云五评传》（郭太风，上海书店出版社 1999 年版；北京师范大学出版社 2015 年版）、《王云五传》（朱小丹、欧初，广东人民出版社 2005 年版）、《文化奇人王云五》（金炳亮，广东人民出版社 2006 年版）；王云五与商务印书馆的关系研究，如《文化的商务：王云五专题研究》（王建辉，商务印书馆 2000 年版）、《王云五与商务印书馆》（李辉，山东友谊出版社 2009 年版）；王云五的出版学思想研究，如《近代出版人的文化追求：张元济、陆费逵、王云五的文化贡献》（汪家熔，广西教育出版社 2003 年版）、《王云五的出版经营管理思想与实践》（朱永刚，华东师范大学出版社 2009 年版）等。最后，近年来对王氏的研究论文也有显著突破，从最初只限于四角号码检字法的研究到目前关于其出版学、管理学、图书馆学、教育学、经济学等各方面的期刊论文和学位论文不断涌现。2014 年 6 月 27 日经中国知网文献检索，以"王云五"为篇名的文章共 128 篇；2017 年 8 月 16 日增加到 140

篇；2019 年 9 月 2 日增加到 156 篇，呈现出逐步上升的趋势。

王云五的成就是多方面的，辞书是普及教育、传播文化的重要工具，王云五正是在特定历史背景下，充分认识到辞书的重要作用才不懈地编纂出版各种类型的辞书著作的。因此，了解王云五的辞书编纂状况，研究王氏的辞书学思想，对全面认识民国辞书编纂理论与实践，以及对促进汉语语文辞书的现代化都有着积极作用。学界对王云五辞书的关注始于 20 世纪 90 年代，符淮青在《汉语词汇学史》（1996）中对《王云五大辞典》的白话释义和词性标注进行了简要介绍，随后其弟子万艺玲（1998、2017）对《王云五大辞典》《新华字典》《现代汉语词典》三部辞书的动词释义状况进行抽样对比分析，指出了各自的特色和不足。进入 21 世纪，随着学界对辞书词性标注问题的关注和《现代汉语规范词典》（简称《现规》，下同）、《现代汉语词典（第五版）》（简称《现汉 5》，下同）词性标注的实践，辞书学界开始注意到《王云五大辞典》的重要性，尤其是它在词性标注实践上的积极意义。但是由于王氏辞书已经历时半个多世纪，中华人民共和国成立后从未翻印，学者们的研究大多只是简要提及其词性标注方面的贡献，缺少对王云五辞书文本的深入分析。目前，王云五辞书研究的主要成果是周荐的《〈王云五大辞典〉的词性标注问题》（语文研究，2012 年第 3 期）和《文化达人王云五对汉语辞书学的贡献》（河北师范大学学报（哲学社会科学版），2013 年第 6 期），前文用现代语言学和词典学的理论与方法将《大辞典》《现规》和《现汉 5》的词性标注情况进行对比，指出其间词性标注的差异和《大辞典》词性标注的不足，点明《大辞典》的词性标注受当时语法研究中“依句辨品、离句无品”理论的影响，有着一定的时代印记和时代缺憾。后文从宏观视角整体介绍了王云五的生平、探讨了四角号码检字法的发明过程和学术影响，以及《大辞典》的编纂特色，最后对辞书编纂的创新点进行了总结，对王云五辞书学思想的研究有一定指导意义。此外，近年来还出现了两篇硕士学位论文，尉迟楠的《〈王云五大辞典〉词性标注研究》（2012）对《大辞典》和《现汉 5》两部词典的词性标注问题进行对比研究，分析了二者之间的差异、造成差异的原因，以及《现汉 5》中存在的问题和建议，但该文研究的侧重点还是倾向于《现汉 5》，对《大辞典》词性标注的研究略显不足。马怀的《〈王云五大辞典〉编纂理念研究》（2014）从不同的词典结构要素对《王云五大辞典》进行研究，部分章节与 1953 年出版的《新华字典》进行对比，但全文分析深度不够，对王云五辞书编纂理念的总结稍显粗浅。

二　王云五辞书编纂概况①

纵观王云五的一生，他所主持编纂的汉语语文辞书共有六部，涵盖了字典和词典，普通语文词典和新词语词典，小型、中型、大型甚至巨型辞书的不同类别（刘善涛，2015）。

《王云五大辞典》（简称《大辞典》，下同），1930年7月由上海商务印书馆印刷发行。《大辞典》是王云五主编的第一本语文辞书，编纂该书的直接动因虽在推广和检验四角号码检字法，但也是为了改进原有辞典的诸多弊端。它本着"检查便捷""取材充分适宜"和"解释明白切当"（序）的三大原则，从"高中以下各科课本和四百余种补充读物"中统计分析各类词语的出现频率作为辞典的选词依据，按照第二次改订的四角号码检字法依次排列，用"语体文"释义，并区分单字的不同词性和词语的不同义项，"以与人正确观念"，旨在"以极便利极经济方法将万有的知识贡献于一般人"（序）。因此辞典最后还附入了三十种参考表，"任何科学，任何知识，均括入其中，对于学生修学，教师教学，和一般人参考都有极大效用"（序）。在结构安排上，《大辞典》包括四角号码歌、目录、本书排列法说明、四角号码检字法、序、编辑凡例、正文、附录、笔画索引、版权页等内容，增订本还有"增订版序"。

《王云五小辞典》（简称《小辞典》，下同），1931年7月由上海商务印书馆印刷发行。《王云五小字汇》（简称《小字汇》，下同），分为普通本和硬纸面本两种，前者1935年8月初版；后者1939年3月第一版。

王云五曾自己评价其一生的特点为"擅长计算""无论做任何事，须要计算其利害得失，究竟利与害孰多，借为判断的标准"（王云五，1967），《小辞典》和《小字汇》的出版恰能体现出这一点。《小辞典》分为初版、第一次增订版、第二次增订版三个不同的版本，后两次增订只是在初版的基础上补充了一些词目，扩大了该书的读者范围，也为以后出

---

① 本节主要内容曾以《王云五汉语语文辞书编纂概况》（作者：刘善涛）为题发表于《唐山学院学报》2015年第1期。

版《综合词典》打下了基础。《小辞典》除了具备《大辞典》编纂的所有特点外，为了避免与前者过于重复，增设了两处特点，一是"在结尾的词语之下，有入同字的接头语"，即在单字下专门列出以该字结尾的逆序词；二是"在单字之外，兼列其同训异义字"，即在单字下专门列出单字的近义字。如"议"字条目下列出接头语"建议、密议、参议、抗议、会议、和议、拟议、众议、协议"；同训异义字"计、谋、图、商"。

　　《字汇》原是明人梅膺祚等编的一本大型字典，因其体例新颖，对《正字通》《康熙字典》等后世字书的编纂产生了较大影响，所以被人们熟知，民国年间即有不少字典以此命名。《小字汇》初版实为"《王云五小辞典》的简编，换句话说，就是采取那本书全部的单字，而删去其中的词语"（序），按四角号码顺序依次排列，标注词性，并将《小辞典》中提到的创新点，即字头的"同训异义字"列在释义内容之下。初版所收单字七千余条，实际也是《小辞典》的收字数。增订本的收字数量"增至九千六百余条，表面上计增二千余字，但同字之读音不同而意义互异者，检查便利起见，作为新字排列；因此一项增出之字不下五百，故实际增加之字为千六百有奇"（增订本序）。增订本实际上将同音字单独列为条目，体现出字典编纂的创新和辞书编纂的现代性。

　　1949 年 2 月，王云五迁居香港，4 月得蒋介石资助创办了华国出版社。该公司"在台湾登记，在香港印制，分别在台港两地发行""以工具书为维持营业之基础，教科书副之"（王云五，1967），《王云五综合词典》的出版便是在这一背景下完成的。

　　《王云五综合词典》（简称《综合词典》，下同），1950 年 1 月香港华国出版社初版。《大辞典》出版以后一直未作修订，而《小辞典》虽是前者的删节本，但出版后"迭经增订，凡原编大辞典未收入的新资料。先后加入者甚多，其性质已不再是大辞典的节本，其用途也超过了小学生的范围"（自序）。再加之当时的台湾和香港缺少工具书，两本辞典也有修订翻新的必要，因此华国出版社出于自身发展考虑将它们"合并统编，按目前之需要与最新之资料重新编著"（自序），"删去不甚需要或失时效者，并尽量增入最新十年来的各种新资料"（编辑凡例）。该辞典除保留了以前两本辞典的特色外，在"各单字类语对语之下，辟词藻一栏，就该单字为首之简明词语，检取同一意义之典雅词语或其他成语，以助作文炼句"（编辑凡例）。如"真"字下列出"类语：信、诚、固、允、良、洵；对语：假、伪；词藻：真伪不分＝玉石混淆、真才＝真金不镀、真相难见＝庐山面目、真相显露＝水落石出"。

《王云五新词典》（简称《新词典》），1943 年 11 月重庆初版。在《新词典》出版之前较少有专门收录和整理新词语的辞书，王云五有感于当时流行的许多新名词，国人或以为"传自日本"，或认为"初期传教士与译书者所创用"，或视若"著作家或政治家之杜撰"，其实"追溯来源，见于古籍者不在少数"，只是所谓新词的意义"有与古籍相若者，有因转变而大相悬殊者；且古今应用不同，名同而实异者亦比比皆是"（自序）。有感于国人对新词来源和意义含混不清，王云五"就所藏《佩文韵府》摘取看似新名词之词语，述其来源，并附以今古不尽同之释义，计得三千七百余条，汇列一册"（自序）编纂成书。该书目的在"追溯新名词之来源，各举其所见之古籍篇名与辞句，并作简单释义，其有数义者分别列举之。至现今流行之意义与古义不同者，于各该条下附述今义，而以［今］字冠之"（自序），如：

【主教】主管教化。（周礼·设官分职疏）天官主治，地官主教。
　　　　［今］天主教中主持传教之一种教职，位于神父之上。
【便衣】寻常的衣服。（汉书·李陵传）陵便衣独步出营。
　　　　［今］（1）同上。（2）非军装的（例）便衣队。

《中山大辞典"一"字长编》（简称《"一"字长编》），1938 年 12 月香港商务初版。中国的辞书编纂向来有求大的传统，但是传统辞书的释义原则不够明确，义项排列也较为凌乱。起源于 18 和 19 世纪的历史比较语言学对欧洲的语言研究和辞书编纂产生了重要影响，一批"按史则"编纂的大型辞书不断问世。如德国的《德语词典》（1852—1960），法国的《利特雷词典》（1863—1873），英国的《牛津英语大辞典》（1884—1928）等。这些辞书被一些留学归国的学者介绍到国内，特别是《牛津英语大辞典》的引进使学者们也逐渐勾勒出中国大型语文辞书的编纂框架。《中山大辞典》的编纂则是王氏以辞书的形式为社会提供可资参考的综合性大型工具书的一种体现，也是王氏眼中的"创造性出版物"（王云五，1973）之一。

用王云五自己的话说"《中山大辞典》之编纂，实肇端于不自满与不自量"（王云五，1939）。《大辞典》出版以后，王氏并没有满于现状，一直在搜罗资料，以"备增订《王云五大辞典》之需""计自民国十七年迄二十六年八一三以前，九年之间，无日不从事于此"（王云五，1939）。1936 年春，中山文化教育馆的相关人员"就彼时已搜集之资料卡片六百余万纸，详加检视"，然后提议利用此项资料，资助王氏编纂一部与"英语《牛津大字典》大致相同"的大辞典（王云五，1939），原定为"四十巨册，合五千万言，并由该馆与商务印书馆订约，稿成由商务印书馆陆续付印"。王氏随后起草了该辞典的编纂计划，就辞典的体例与内容、编纂与印刷、经营、编纂处的组织、补充资料、编纂原则、单字编纂、辞语编纂、条文排列等各项内容进行了较为详细的说明。奈何"夫以如是庞大之工作，成于如是忙乱之时期，误漏冗滥，岂能幸免"，再加之"八·一三"沪战突发，纸版铅字尽毁，中山教育馆也暂停资助，王氏不忍多年的辛苦工作就此湮没世间，所以力排万难，在香港出版了《"一"字长编》。

王云五一生的辞书编纂是绚丽壮观的，除上述六本汉语语文辞书外，王云五在大陆商务印书馆工作期间还参与了英语类辞书的编纂，曾主编了《（英汉对照）百科名汇》（商务印书馆 1931），校对了《现代汉英辞典》（王学哲主编，商务印书馆 1946）。同时还曾计划编辑过《中国百科全书》和《古体大字典》，前者将近完成一半，后者也已陆续"发交制版"，但都分别被"一·二八"和"八·一三"的战火无情焚毁。赴台后，除编纂了前述《王云五综合词典》外，还编写了《中国史地词典》（华国出版社 1968）、《英汉双解英文成语新词典》（华国出版社 1982），在主持台湾商务印书馆时，还编辑出版 12 册的《云五社会科学大辞典》（1970—1971）、10 册的《中山自然科学大辞典》（1972—1975）、10 册的《中正科技大辞典》（1978—1979）三部大型百科辞书，既完成了其本人编纂大型汉语百科工具书的夙愿，也为我国的辞书编纂做出了巨大贡献。

三　王云五辞书编纂的时代背景

不同的时代环境催生出不同的学术思想，王国维在《人间词话》指出"时势在变，国势在变，学术当然也在变"，梁启超在《中国近三百年学术史》中也说道"有思潮之时代必文化昂进之时代也"，晚清民国时期独特的时代环境为王氏辞书学思想的形成提供了重要的外部因素，商务印书馆的工具书编纂传统为其辞书学思想的形成提供了良好的平台。同时，王氏自身所蕴含的优秀个人因素是促使其辞书编纂活动和辞书学思想形成的重要内因，这些因素共同促成了王云五辞书学思想的形成，概括起来主要包括如下四个方面：

（1）政治文化社会背景，1912年中华民国的成立使国人的国家意识和独立思想有所增强，留学人员陆续归国服务于国家建设，在为国家建设带来了先进的科学技术外，还带来了先进的民主思想。再加之不久后爆发的第一次世界大战，欧美各国无暇东顾为我国经济的发展赢得了短暂的黄金时期，工商阶层在中国社会中的地位有所提高。1919年北洋政府在"巴黎和会"上的外交失败直接引发了五四运动，将积蓄已久的"反传统、反孔教、反文言"的新文化运动和反对帝国主义、封建主义的五四爱国运动交织在一起，把"民主"与"科学"思想推向新的高潮。1928年北伐战争胜利，南京国民政府正式统治全中国，并由此开启了国家经济文化建设的"黄金十年"，各种进步思想得以交流，辩论，并付诸实践，王氏语文辞书的编纂也主要集中在这一时期。1937年中日战争全面爆发，国土节节沦陷，文化建设陷于停滞，前一阶段本已拟定的辞书编纂计划也遭到破坏。

（2）教育学、语言学学科背景，在新思想、新文化逐渐引入我国的同时，传统的教育制度和教育观念也在发生变化。甲午战争后，在民族救亡和"以日为师"的思想下，努力以日本教育为模式改革传统教育，使近代教育理论、教育学说、教育观念第一次得到较为广泛的传播，不仅为中国近代教育系统的初步建立奠定了基础，还培养和造就了中国最早一批具有近代意识的教育理论家和实践家。民国初年，归国留学生成为全国最高教育行政机关的核心力量，法政教育、实业教育和普通教育得到较大程度的发展。伴随着新文化运动和五四运动的兴起，西方教育理论、教育制度影响的日益加深，教育改革也逐渐深化，强调教育的平民性、实用性、科学性，以及教育对象的主动性和自觉性，平民教育、实用主义教育的思想得到广泛传播，国语运动和教材教法改革运动也相伴进行，为教科书和工具书的出版提供了发展空间。

鸦片战争后伴随着国人对西学的逐步重视，洋务开明人士马建忠为了"揭示华文义例之所在"以节省童蒙的学习时间和精力，在参照拉丁语法体系和中国小学研究的基础上，以古汉语为研究对象，于 1898 年编纂出版了《马氏文通》，标志着中国现代语言学的建立。随后出现了一批模仿马氏体系或参照英语语法而编写的古代汉语语法著作。1906 年章太炎明确提出"中国语言文字之学"，民国成立后，尤其是五四新文化运动后，白话、口语、通俗的新文学得到普遍推广，对国语的研究得到学界重视，胡适的《国语文法概论》（亚东图书馆 1922）从宏观上指出了国语文法研究的重要性，黎锦熙的《新著国语文法》（商务印书馆 1924）在参照纳斯佛尔德（Nesfield）《英语语法》的基础上创建了以"句本位"为体系的现代汉语语法研究系统，对汉语语法研究的深入和语法知识的普及起到了积极作用。同时，清末以来所蕴含的白话文运动、汉语拼音运动、国语统一运动取得了官方的正式认可，并在全社会得以普遍展开，为现代性教材和辞书的编写提供了广阔的空间。

（3）辞书编纂和辞书研究背景，辞书作为一种文化产品和查阅工具，其发展状况与辞书内部的传承性和外部社会环境的变化密切相关。虽然我国辞书编纂历史悠久，但是封建社会的体制和小学研究的传统只能使传统辞书按照《说文》类字书和《尔雅》类辞书两条主线加以简单扩充，在收词释义等方面都呈现出较大的局限性。清末以来，在西方新学的影响下，传统辞书的编纂目的、编排体例、研究旨趣都开始呈现出现代转向，但其发展历程并非一蹴而就，与社会政治、文化学术的发展波动呈现出一定的同步性。首先为我国辞书编纂吹进新风的是肇始于明朝中晚期传教士们的手稿汉外辞书编纂，新教入华后，尤其是鸦片战争以后传教士的辞书编纂开始对中国社会产生广泛影响。英美国家工业的发展、印刷工具的改进、西方新式辞书的编纂，以及新教徒们灵活的传教方式和创新精神大大提高了汉外辞书的编纂数量、水平和在中国国内以及邻国日本的影响力。此时虽然由于洋务运动的兴起，国人也开始自编辞书，但主要集中在地质、化学等理工类专科辞书的编纂上，对辞书编纂思想的变革影响不大。甲午战争后我国开始全方位学习日本，介绍翻译日本的新学著作。辞书作为汇编各种新学知识的载体得到国人的普遍重视，编译日语辞书成为当时辞书界的主流，一大批百科辞书、专科辞书和专门辞书被译成汉语，日本近代辞书的新型编纂理念以及辞书中所收录的新词新语被大量输入到中国，对我国现代汉语的形成和汉语辞书的现代化产生了重要影响。中华民国的成立使国人的国家意识和独立思想有所增强，留学人员陆续归国服务于国家建设，再加之民国成立不久即爆发了第一次世界大战，欧美各国无暇东顾为我国民族经济的发展赢得了短暂的黄金时期，民营出版机构得到迅速发展。其次，前一阶段辞书成果的积累和英美日新型辞书的引入，中国留学人员、辞书编纂队伍和出版机构的壮大，南京政府对国民教育、平民教育的重视，以及民初三大语文运动的推动等因素也发挥着积极作用。总之，在各种历史因素的促使下，我国学界开始认识到原有《康熙字典》的诸多弊端和编纂现代新型语文辞书的紧迫性，首先开启汉语语文辞书近代化历程的是"中国近代第一位辞书编纂家"（舒池，1991）陆尔奎主编的《新字典》和《辞源》。其次，一大批与新政体、新文化、新学术相对应的新式辞书不断涌现，虽然编纂水平参差不齐，但对于巩固已经初步形成的现代辞书编纂范式有一定积极意义。

（4）商务馆对文化建设和辞书编纂的重视，陈叔通（1960）在对商务印书馆的总体评价中写道"在商务诞生之前有书商无文化价值，商务诞生以后引起很多文化出版家，这是商务有开风气的作用"。在辞书出版方面，1919 年以前已经达到了较高的水平，1899 年颜惠庆等人编写的《商务书馆华英字典》开商务馆辞书编纂之先河，《华英音韵字典集成》（1901）、《中德字典》（1906）、《英华大辞典》（1908—1910）、《汉译日本法律经济辞典》（1909）、《汉英辞典》（1912）、《新字典》（1912）、《辞源》（1915）、《学生字典》（1915）、《植物学大辞典》（1918）等辞书都是我国辞书史上的代表辞书。在《新字典》编纂之时，吴敬恒就指出"印刷业为文化之媒介，印刷之品改良尤重于物物。商务馆愿以改良之品物，不计贸利之微薄，补助于文化，斯重营业之道德，以求营业之发达者与"（书后），点明了《新字典》在辞书文化中的创新价值，以及商务印书馆在出版印刷界中的改革精神。在 1919—1937 年间商务馆的辞书编纂与出版也进入了一个繁盛时期，适应文化普及需要的语文辞书出版数量明显上升。王云五在辞书出版中的推动作用不可忽视，据统计，自 1923 年王氏主持分科辞书编印起，到 1938 年止，商务印书馆新编工具书 175 种，其中字典、辞典 61 种（张锦郎，1985）。

四　王云五辞书编纂的个人因素

国家危难，追求自强的社会背景，新学渐进，思想碰撞的文化环境，普及知识，发展教育的社会需求，学人求新，思想激荡的学术条件，古今中外，多种类型辞书编纂的内部驱动，以及商务印书馆对文化建设和辞书编纂的重视，上述诸多因素构成了王云五语文辞书编纂的外部因素。但作为辞书编纂的主体和领导者，王云五辞书的编纂还与王氏自身优秀的个人因素密不可分，主要体现在如下六个方面：

其一，勤奋好学，善于钻研的治学精神。王云五出生于上海一小商人家庭，童年时上过几年私塾，14 岁时由于王父的迷信思想便让其辍学习商，由此也就开启了王氏半工半读的自学之路。王氏的学习经历虽是坎坷不平，但倘若没有他的勤奋与钻研精神，则根本不可能兼顾学习和工作，也不可能把握住一次次的学习机会，更不可能用三年时间通读三十五巨册的《大英百科全书》，并最终成为上海同文馆、中国新公学的英语教师，成为商务印书馆的总经理。

其二，广泛涉猎，博古通今的学识素养。王氏在自述《大英百科全书》的阅读经历时说道"我平素爱书成癖，对于任何一项新科目，在入门之际都不敢什么困难。因而自该书购到之日起，接连约三年内，几乎每日都把该书翻读二三小时""由于博而不专的习惯养成，使我以后约莫二十年间常常变更读书门类的兴趣，结果成为一个四不像的学者"（王云五，1967），对自身的学习方法和知识体系做出了真实的归纳。

其三，不惧困难，敢于创新的工作魄力。王氏天生就有一种知难而进的精神，他坎坷的自学经历，对商务馆的改革和科学管理方法的实施，对中国近代文化建设的努力，以及《中山大辞典》《中国百科全书》等创造性出版物的编纂都体现出他不惧困难，敢于创新的工作魄力。

其四，昌兴文化，普及教育的责任意识。王氏在这商务印书馆 25 年时间里，坚持以"教育普及、学术独立"为出版方针，在教科书和工具书的出版外，还积极编辑各类丛书，创办东方图书馆和各类杂志等都为我国近代文化教育事业做出了大量贡献。

其五，善于计算，利益最大的经营理念。王云五曾自己评价其一生的特点为"擅长计算""无论做任何事，须要计算其利害得失，究竟利与害孰多，借为判断的标准"（王云五，1967），"对于任何事都运用'算盘专家'的态度，处处打算"（王寿南，1987）。商务馆是当时国内最大的私营出版业，倘不能赢利，自身的发展尚且无法保障，王氏曾自述工作中每遇重大选题必将和商务同仁反复商讨，以计算利亏。但王氏的可敬之处就在于做到了经济利益和文化利益的平衡，既为商务的发展谋得了利润，也为文化事业的建设做出了贡献。

其六，推广四角号码检字法的实践。辞书的编译和出版向来是商务印书馆的重要工作内容，有感于汉语辞书检字的困难，在1924到1928年间便展开了对四角号码检字法的研究，并一举成名，至今仍被使用。同时，王云五是一位敢想、敢做、敢于"己所欲则施诸人"（王云五，1967）的行动家。四角号码检字法毕竟只是一种检字方法，要想被更多的人接受必须通过辞书的出版和使用。因此在该检字法发明完成后，王云五便立即将之前按传统部首检字法排列的《学生字典》（陆尔奎、方毅，1915）和《国音学生字汇》（方毅、马瀛，1919）按照四角号码重新排版印刷。结果由于这两本字典"沿用多时""世人狃于习惯"不愿采用新法（王云五，1939）。再加之，这两本字典"所载均以单字为限，于读者阅报时遇着不明白的词语便无从索解"（大辞典·序）。于是，"笔者遂转念，别编一种工具书，体例与向有者不同，即按四角号码顺序，以新法排列新稿，籍瞻其效用……自时厥后，笔者于编纂辞书之兴趣，日益浓厚，与其对检字法之研究无异"（王云五，1939）。

五　本课题的研究意义

本课题的研究是在辞书史背景下，采用对比研究和定量研究的方法，结合对辞书的编纂大纲、编辑说明和文本分析，对王云五系列语文辞书从类型和结构上进行分析探讨，归纳王云五辞书学思想的优点和不足，简要梳理出民国语文辞书谱系发展的大致脉络，以期促进我国语文辞书的现代化建设。归纳本课题的研究意义主要体现在如下四个方面：

其一，王云五的一生是丰富多彩的，其学术贡献也是功绩卓著的，王氏一生都在致力于各类辞书的编纂和完善工作，但海峡两岸对其辞书学思想的研究尚不够重视，本课题的研究能在一定程度上弥补海峡两岸的辞书学界对王氏辞书学研究的缺失，拓宽王氏学术思想的研究范围，有助于我们更为全面地认识王氏学术思想的内涵。

其二，王云五语文辞书的编纂基本上包含了单语语文辞书的主要类型划分，按收词立目的对象分为字典（《小字汇》）与词典；按词典的规模分为小型词典（《小辞典》）、中型词典（《大辞典》）和大型词典

（《"一"字长编》）；按收词的新旧程度分为新词语词典（《新词典》）和原有词词典。王云五辞书为我们研究专人专书系列提供了不可多得的材料，对它的研究将有助于剖析一人主编之下不同类型辞书编纂的各自特色与相互差异，对比分析各自的长处和不足，丰富辞书学的研究内容。

其三，辞书的编纂和出版是在继承和创新的基础上完成的，王云五辞书的编纂不是一个孤立的个体。由于其辞书编纂所处的独特历史阶段，对它的研究有助于汉语语文辞书发展史的历史剖析，有助于勾勒出各历史阶段代表性辞书的继承和创新关系，描绘出语文辞书的发展面貌和谱系联系，对汉语语文辞书的现代化发展有着重要意义。

其四，王云五辞书是民国汉语词汇的集合，由于这一时期汉语词汇的时代独特性，对王云五辞书的研究也有助于了解现代汉语萌芽期的特殊面貌，以及从民国到当代汉语词汇和词义演变的特色。同时，由于中华人民共和国成立后海峡两岸语言独自发展，我们也可以王云五辞书为出发点，对比探究中华人民共和国成立后两岸词汇的变化。

王云五（1973）曾指出"一个出版家能够推进与否，视其有无创造性之出版物"，并依次列举了商务印书馆自1897年成立至1970年70年间的30种"创造性之出版物"，这其中有17种是由王氏独自或主持出版的，具体到辞书编纂则有四角号码检字法、《中山大辞典》《中国百科全书》《王云五社会科学大辞典》，后两种体现出王氏在百科类辞书编纂的贡献。王宁（2008）指出"适合的背景、前沿的学术研究和把握学术前沿的主编，是原创辞书能够产生的必要条件"，王氏不仅具备上述三个条件，在具体的辞书编纂中还体现出较强的创新意识，使所编辞书体现出鲜明的现代色彩，《中山大辞典》《大辞典》和《新词典》的编纂也完全符合原创性的特征，王氏的辞书学思想，对后世辞书编纂影响以及在汉语语文辞书现代化转型中的历史意义不可忽视。以王氏的辞书学思想为选题，对王氏辞书编纂的总体情况，王氏辞书学思想的形成背景，不同辞书结构要素中所蕴含的思想内容，王氏辞书学思想的成就和不足等进行研究，能够在一定程度上弥补海峡两岸辞书学界对王氏辞书研究的缺失，拓宽王氏学术思想的研究范围。同时对于剖析一人主编之下不同类型辞书编纂的各自特色与相互差异，勾勒语文辞书现代化初期的辞书编纂和研究面貌，描绘汉语语文辞书的发展历程和谱系联系都有一定的帮助。

参考文献

邓文池：《王云五研究四十年：回顾与述评》，《河北科技图苑》2017年第 1 期。

陈叔通：《回忆商务印书馆》，1960 年；又见《出版史料》1987 年第 1 期。

刘善涛：《王云五汉语语文辞书编纂概况》，《唐山学院学报》（社科版）2015 年第 1 期。

王宁：《论辞书的原创性及其认定原则：兼论"现代汉语词典"的原创性和原创点》，《辞书研究》2008 年第 1 期。

王寿南：《王云五先生年谱初稿》，台湾商务印书馆 1987 年版。

王云五：《编纂〈中山大辞典〉之经过》，《东方杂志》1939 年第 1 期。

王云五：《商务印书馆与新教育年谱》，台湾商务印书馆 1973 年版；江西教育出版社 2008 年版。

王云五：《岫庐八十自述》，台湾商务印书馆 1967 年版；江西教育出版社 2011 年版；（节录本）上海人民出版社 2007 年版。

张锦郎：《王云五先生与图书馆事业》，《王云五传记资料》，天一出版社 1985 年版。

周荐：《文化达人王云五对汉语辞书学的贡献》，《河北师范大学学报》（哲学社会科学版）2013 年第 6 期。

王云五辞书学思想与现代意义[*]

提 要： 王云五对商务印书馆和现代学术出版的贡献是毋庸置疑的，但对王云五辞书编纂和辞书学思想的探讨却极为薄弱，现有辞书史成果也只是零言片语，未见系统论述。本文以王云五主编的一系列汉语语文辞书为研究对象，从现代辞书学理论和辞书结构两方面总结其辞书学思想，及其思想在辞书编纂中的具体体现，最后反观历史，归纳其辞书学思想对当前辞书编纂和辞书建设的现实意义。

在中国社会由传统向现代转型的过程中，商务印书馆始终发挥着积极的推动作用。王云五在军阀混战和抗日战争的混乱时期在商务印书馆辛勤工作了 25 年（1921—1946），为该馆的发展，甚至中国近代文化的建设力挽狂澜，显示出巨大的学术涵养、人格魅力和民族气节。退居台湾后重振台湾商务 15 年（1964—1979），被誉为杰出的出版家。同时，因其对教育事业的关注和多年的教学实践，被誉为教育家；还因其积极推行科学管理方法，倡导建设公共图书馆，制定中外图书统一分类法、中外著者统一排列法和四角号码检字法等还被冠以管理学家、图书馆家、目录学家和索引学家等称号，可谓是兼跨学、商、政三界的"文化达人"（周荐，2013：5）。然而，当代学人在对王氏上述文化思想的研究中忽略了一项重要内容，这便是王氏丰富的辞书编纂经历和辞书学思想。毋庸置疑，王氏因其所处的时代背景，在推动我国传统文化的现代转型方面做出了突出的贡献，但其对于我国辞书，尤其是语文辞书现代化方面的贡献也不可小觑。

---

[*] 本文作者刘善涛、王晓，曾以《王云五辞书编纂与辞书学思想》为题发表于《中国编辑》2019 年第 4 期，收录本书时为避免与上文的重复，删除原文中对"王云五辞书编纂概况"的介绍，增加"王云五辞书学思想对现代辞书编纂的启示意义"的探讨，遂改为现名，谨此说明。

纵观王云五的编纂生涯，他所主持编纂的汉语语文辞书共有六部，分别为：《王云五大辞典》（简称《大辞典》）、《王云五小辞典》（简称《小辞典》）、《王云五小字汇》（简称《小字汇》）、《王云五新词典》（简称《新词典》）、《中山大辞典"一"字长编》（简称《"一"字长编》）、《王云五综合词典》（简称《综合词典》）等，涵盖了字典和词典，普通语文词典和新词语词典，小型、中型、大型甚至巨型辞书的不同类别（刘善涛，2015）。

一　王云五辞书学思想的理论概括

王云五生逢其时，刻苦好学，新旧贯通，东西兼容，在新文化运动的思潮中成长，在商务用人之际敢于担当重任，并屡次救商务于危难之中，为商务印书馆，甚至中国近代文化力挽狂澜，坚韧地推动着中国近代文化事业的发展，体现出了巨大的学术涵养、人格魅力和民族气节。在辞书编纂和出版方面能够审时度势，充分利用各方面资源主持编纂了一系列语文辞书，为现代辞书体例的构建和文化教育的普及做出了积极贡献，综观王云五辞书学思想共包括如下五个方面的内容。

（一）辞书工具观

（1）辞书是民族文化的汇集和象征。辞书作为体现国家文化面貌的工具在 20 世纪初就得到明确体现，陆尔奎正是在"国无辞书无文化之可言""一国之文化，常与其辞书相比例"（《辞源·说略》）的心理驱动下才组织编纂《辞源》的。蔡元培则将辞书种类和数量的多少作为衡量文化兴衰的标志，明确指出"一社会学术之消长，观其各种辞典之有无与多寡而知之"（《植物学大辞典·序》）。从王云五在中国近代出版史中的地位已经能够看出其对国家文化建设的关注，《中山大辞典》和《新词典》的编纂也体现出其对总结、保护中国文化的重视。近代以来在历史比较语言学的影响下，欧美各国和邻国日本都编写了大型的历时语文辞书，相比之下，虽然汉语辞书的发展历史都远超这些国家，但限于各种原因未能出现与之相匹敌的现代大型辞书，《中山大辞典》即体现出王氏尝试编纂大型语文工具书的努力。王氏明确指出"《中山大辞典》之编纂体例与英国《牛津大字典》大致相同""全书分量约等于《辞源》之二十倍"（王云五，1939），足见其不甘落后西方，建设辞书文化的信念。《新词典》编纂直接源于对传统语言文化的保护，王氏指出"近来国内流行的许多新名词，国人以为传自日本者，其实多已见诸我国的古籍……国人觉此类名词之生疏，辄视为日本所固有。似此数典而忘祖，殊非尊重国粹之道"。此外，王氏还在"民国十三四年开始计划编纂之《中国百科全书》，其体例模仿世界上著名之 Encyclopedia""各条内容务求详尽，期与《大英百科全书》相若，全书字数，当不下于一亿""迄民国二十年，成稿已达五千余万言，约占全书之半，不幸遭到'一·二八'战火，全部被毁"（王云五，1973），再次证明其对辞书的文化工具性的深刻认识。

（2）辞书是普及知识、推动教育的工具。伴随着民国初年新文化运动和三大语文运动的推进，教育文化事业得以发展，辞书在知识普及和教育教学中的辅助作用也得以体现。蔡元培指出新型辞书应对"国民之语言及思想不无革新之影响"（新字典·序），陆费逵认为辞书对于"学子之求学，成人之治事，皆有一日不可离之势"（中华大字典·陆费逵序）。《大辞典》《小辞典》《小字汇》的编纂和出版正是在这一背景下完成的。王氏在《大辞典·序》中对辞书的教育作用已经有了明确的阐释，其编纂目的在"供高中以下高小以上程度一般人的参考"，收词标准采用当时流行的字频统计方法，"根据着这种程度的各科读物，把一切有用的词语收集起来，完全从客观方法着手"，正文后还附有多种参考表，"任何科学，任何知识，均括入其中，对于学生修学，教师教学，和一般人参考，都有极大效用""本书的编辑主旨，和我所编《万有文库》相同，在以极便利极经济方法将万有的知识贡献于一般人"。《小辞典》《小字汇》是《大辞典》的删减本，辞书类型和服务对象有所差异，但最终目的仍是为了辅助教育、普及文化、开启民智。

（3）辞书是知识储备和查检的工具。伴随着新学的发展，新词的增多，致使"学习不胜记忆"（蔡元培《植物学大辞典·序》），辞书必须发挥"备事物之遗忘"的作用，以便"宏雅之儒，有问必答"（《辞源·说略》），"得以所节之心力与时间，增进其研究"，进而使"学术益以进步"（蔡元培《植物学大辞典·序》）。由此出发，《大辞典》所收词语"从形式说起来，文体语体和流行较广的各地方言及外来语都一并列入。就性质说起来，社会科学，自然科学和文艺名词，以及重要的人名，地名，书名，年号等，也无一不包罗在内"（序）。再者，伴随着普通教育、平民教育的发展，辞书在排检上也应更加"世用"，务使"稗贩之夫"也能"向书而求"，因此必须注重辞书编排和检索方法的改革，王氏四角号码检字法的发明和成功应用恰能证明他对辞书查检功能的重视，同时，王氏的辞书编纂也正是在试验、推广四角号码检字法的意图下逐步展开的，体现出查检法的改革与辞书编纂的互动关系。

（二）辞书类型观

商务印书馆早在编纂《辞源》之初就设立了专门的辞典部，1921年王云五在将编译所改组后又细分为国文字典委员会、英汉实用词典委员会、外国人名大辞典委员会和哲学大辞典委员会，主持或参与编纂了不同类型的辞书，由此已经看出王氏对辞书类型的划分。

王氏参与和主持编纂了大批辞书，在具体的辞书编纂实践上体现出辞书类型学的思想，在语文辞书内部的分类方面，王氏辞书基本上包含了单语语文辞书的主要类型划分，按收词立目的对象分为字典（《小字汇》）与词典；按词典的规模分为小型词典（《小辞典》）、中型词典（《大辞典》）和大型词典（《"一"字长编》）；按收词的新旧程度分为新词语词典（《新词典》）和原有词词典（刘善涛，2015：66）。对于不同类型的辞书，其编纂宗旨，总体规模，服务对象都有所区分，显示出辞书类型学思想对王氏的影响。

（三）辞书结构观

辞书编纂与其他文化产品的创制有所不同，它需要将既零碎又系统的词汇世界按照一定的组织结构较为完整地展现给使用者，并要求辞书内部的结构信息尽量系统化、常态化、简便化，以方便读者使用。我国传统的辞书编纂虽历经两千余年的历史，但在辞书内部结构的安排上不够明晰，各结构要素在组织上体现出较强的主观性，在收词立目、注音释义等方面有着较大的局限性和滞后性，服务对象也极为有限，不便于新学知识的传播和新式教育的使用，在民国初年即遭到诸多批判。

根据现代辞书学理论，完整的辞书结构除辞书正文外，还应包含辞书前置页、中置页和后置页等相关内容。正文结构又包含收词立目、注音释义、例证设置等多个信息要素，这些结构成分在《大辞典》中已经形成了较为完善的有机整体。《大辞典》中的"编辑凡例"共计22条，分别对辞典的收词类型、略语分类、词性标注、注音方式、多音条目的处理、释义原则、引申义项的排列、专科名词的处理、释义语言、条目编排方式、辞书附录的设置等情况进行了说明，内容丰富，结构完备。《中山大辞典》虽最终只有编纂计划和《"一"字长编》面世，但从一万二千余字的长文《编纂〈中山大辞典〉之经过》中已经可以清晰地看到王氏对大型辞书结构的划分，该文对《中山大辞典》的"体例和内容""编纂原则""单字编纂""辞语编纂""条文排列"等相关结构内容进行专门的介绍，对字词的收录、排列、释义、举例、图表的设置等都加以说明，体现出对辞书不同结构信息的重视。

（四） 辞书修订观

语言的发展、词汇的消长、辞书市场的竞争、学术理论的进步、读者需求的变化等因素都促使着已编纂出版的辞书要及时修订，可以说"辞书修订是辞书编纂工作的延续和发展"（程荣，2002：81）。《康熙字典》自出版后一直未做修订，发展到民国初期已经严重不合时宜，促使学者对新型辞书编纂开始探索。民国时期出版的语文辞书，大多囿于出版资金和市场需求的限制很少修订，不能及时增益，一般是在原有基础上另补续编或正文之后插入补编。《辞源》在1933年出版《辞源续编》，方毅曾明确指出"当《辞源》付印时，已发觉有少数重要辞类，漏未列入，因制版已就，无法增加"，然"此十余年中，世界之演进，政局之变革，在科学上名物上自有不少之新名辞发生，所受各界要求校正增补之函，不下数千通"，可见《辞源》修订的必要性，"若照外国百科全书及各大辞典之例，每隔数年增订一次，新著出版，旧者当然作废，然我国学者购书，物力维艰。《辞源》出版以来，销行达数十万册，大半皆在学者之手，故重订与增补，均为著作人应负之责，而应付一时之需要，尤以增补为急务"（辞源续编·说例），由此看出编者对辞书修订已经有了明确的认识，但限于出版方和购买方的物力财力只能用增补续编的方式勉强应对。

《大辞典》出版于1930年，收词数量和辞典体积都小于《辞源》，因其收词适当，体例新颖，在社会上受到好评，自出版以后，王氏"编纂字书之兴趣，日益浓厚，与其对字之研究无异。于是继续搜罗资料，备增订《王云五大辞典》之需。计自民国十七年迄二十六年八一三以前，九年之间，无日不从事于此"（王云五，1939），这也为《中山大辞典》的出版积累了素材。《小辞典》初版于 1931 年 7 月，1935 年 4 月出版第一次增订本，1945 年 3 月出版第二次增订本。《小字汇》初版于 1935 年 8 月，1937 年 8 月出版第一次增订本，1950 年出版第二次增订本。1950 年 1 月香港华国出版社出版的《综合词典》即是在上述三部辞书的基础上修订增删完成的，可见，王氏在辞书的修订完善上是不遗余力的。同时，小型辞书的增订也并非只是简单的增加条目，如《小字汇》初版所收单字七千余条，第一次增订本的收字数量"增至九千六百余条，表面上计增二千余字，但同字之读音不同而意义互异者，检查便利起见，作为新字排列；因此一项增出之字不下五百，故实际增加之字为千六百有奇"（增订本序）。增订本实际上将同音字单独列为条目，体现出字典编纂的创新和辞书编纂的现代性。

（五）读者本位观

辞书编纂的读者本位思想是近年来伴随着外向型学习辞典的发展才逐渐受到学界重视的，它指的是在辞书设计和编纂过程中要密切关注读者的使用需求，"不同的读者有着不同的目的，而词典能够也应该对此作出回应"（哈特曼，2001），这实际上是对辞书工具性的一种深化。四角号码检字法的创制本就是"感于部首检字法之费时多而仍不易确定"（王云五，1967），且当时学界尚未创制出公认的简便易行的检字方法。在该法公布以后，"我接到学生界无数的来信，都说他易学易检……都希望我把四角号码检字法推行到词典上，并且希望我创作一种更适于现代需要的词典"（大辞典·序），这也就成为《大辞典》编纂的直接动因。《大辞典》的编纂充分贯彻王氏所指出的"理想的词典应该具备的三条件"，即"检查便捷""取材充分适宜""解释明白切当"。辞典中各项结构信息的设置，如三种注音方法，率先标注词性，多种检索方式，丰富的百科词汇和参考表等都是为了"以极便利极经济方法将万有的知识贡献于一般人"（大辞典·序）的编纂宗旨，也都是为了满足读者多方面的使用需求。《小辞典》中"在接尾的词语之下，括入同字的接头语"和"在单字之外，兼列其同训异义字"的做法，"其目的无非使应用本书的人得收触类旁通的效用"（小辞典·自序）。《综合词典》在"各单字类语对语之下，辟词藻一栏，就该单字为首之简明词语，检取同一意义之典雅词语或其他成语，以助作文炼句"（编辑凡例），这些做法都是王氏读者本位观的显性体现，因此《大辞典》《小辞典》和《综合词典》也可以归纳是学习性语文辞书。

二　王云五辞书学思想的实践探讨

以上是对王氏的辞书学思想从较为宏观的角度进行了总体归纳，但是辞书编纂是一项系统的工程，包含收词立目、注音释义等多个相互联系的环节，下面即按照辞书结构划分对王氏的辞书学思想进行微观分析，探讨不同结构要素所包含的辞书学思想。

（一）收词立目方面

辞书收词应首先解决对"词"的界定问题，王氏对不能独立使用的汉字标明其构词状况，对自由短语则指出"凡望文生义，而无待解释的词语概不收入，以免多占篇幅"（大辞典·序），阐明了其对"词"的认识。在对词语类型的划分上，王氏也形成了较为全面的分类思想，他将词语分为形式和内容两个方面，前者包括"文体，语体，各地方言，及外来语"等；后者包括"社会科学，文艺，史地，哲学，宗教"等。王氏对不同辞书类型在收词标准和收词数量上也有所区分：《中山大辞典》"集我国单字辞语之大成，无论古典与通俗，辞藻与故实，新知与旧学，固有与外来，靡不尽量收罗"，计划所收"单字约六万，辞语约六十万"（王云五，1939）。《大辞典》"采取单字词语应以对于某程度充分适宜为标准，过少既不足以供参考，过多也未免徒耗篇幅"（序），共收字词四万余条。《小辞典》"以小学生的种种读物为对象……凡小学生读物中一切常见的词语，莫不搜罗在内"，全书分量"仅及《大辞典》五分之一"（自序）。《新词典》则"就所藏《佩文韵府》摘取看似新名词之同语，述其来源，并附以今古不尽同之释义，计得三千七百余条"（王云五，1973）。在选词方法上，王氏则是在文献材料的基础上采用较为客观的方法筛选词语，《中山大辞典》"据以收集资料之刊物，计有我国字书类书二百二十一种，中外字书辞书百科全书等二百三十九种，其他图书一千三百八十八种，报纸杂志一百二十七种"。《大辞典》的选词则根据当时流行的实验主义教育理论，采用统计方法"就高中以下各科课本和补充读物计四百余种，分别各级程度，将所有词语，无论文体语体，一一选取，并记其经见次数，实行编辑本书"（序）。在立目方面，王氏辞书的最大特点在于以字率词和条目前设立四角号码。辞书中以字率词的做法在《辞源》中就已初步形成，但《辞源》中字头下的条目是根据音节数和笔画数进行排列的，王氏辞书则是按照四角号码顺序依次排列，易查易检的优势更为明显。同时，在对立目字词的字体选择上，王氏按照字形演变的"简单化与时代化"（《大辞典·字体说明》）原则选用楷书字体，对异体字、四角号码易错字都尽量分设字头，并用"＝"设置参见，以便使用者理解和掌握，这些做法都体现出王氏在辞书收词立目上的进步性。

（二）注音和词性标注方面

在注音上，王氏辞书与同时期的其他辞书存在一个共同特点，即只对单字注音，词目不注音，因此只收录新词新语的《新词典》没有注音；而《大辞典》《小辞典》和《小字汇》因辞书编纂的源流关系，在注音体例是一致的，"单字均按国民政府大学院颁布之新国音，分别以注音符号，国语罗马字，及汉字直音表出之（《大辞典·编辑凡例》），体现出辞书注音的时代性和承传性。《中山大辞典》为历时性大型语文辞书，"关于声音，每字依其先后，分注《玉篇》，《唐韵》，《集韵》，《韵会》，《正韵》，《佩文诗韵》及现今之国音，俾明其声读之源流与演变"（王云五，1939）。在对多音字的处理上，王氏在同一字头之下用数字标明序号，再分别释义和举例，对部分多音词也尽量分立条目。

与同时代的同类辞书相比，王氏辞书的一个显著特点便是对条目词性的标注，体现出王氏敢于接受并应用新理论的创新精神和服务读者的现代意识。王氏以现代汉语语法的开创性著作《新著国语文法》（黎锦熙，商务印书馆1924）中的词类系统为依据，编纂出我国第一部为字头和部分多音词目标注词性的白话语文辞书《大辞典》。《大辞典》所收单字"均分别词性"（《编辑凡例》），对于部分只起构词作用的无义汉字和弃义汉字在词性后标明其所构词语，如"姐：［名］姐己＝殷纣的妃名""恍：［副］恍惚＝不清楚的样子"等。同时，辞典中对于多性字头和部分多性词语分别标注不同词性的做法也体现出一定的进步性。

（三）释义和例证研究方面

释义是辞书编纂的核心内容，王氏辞书在释义方式的选用，字词义项的概括、分合、排列和义项内部的语义标示等方面都体现出一定的创新意识和现代气息。《大辞典》在释义方式的选用上有着一定的承启作用，古代字书较多地使用直训法，王氏在继承该法的同时，也对其有所改进，在字头的释义中采用以词释字的方式，词目释义中设置参见标记，尽量避免释义词训而不释的情况，同时将单训、互训、对举等多种释义方法的综合运用，尽量避免直训释义的弊端。相对于字头的释义，《大辞典》在对多音词目的释义中较多地采用了义界释义的方式，尤其是定义式义界的运用对揭示词语的语义内涵有着积极作用。在封建专制和封建文化的制约下，古代辞书对天文地理、思想道德、生死疾病和虚词的词义概括略有不足，王氏在现代科学思想的指导下对辞书义项的概括有较大改进。辞书类型不同，义项的分合也有所不同，《中山大辞典》"一"字头下共有 58 个义项，而《大辞典》只有 4 个义项，显示出义项分合的差异。受《牛津英语大辞典》义项排列历史原则的影响，《中山大辞典》在释义上则"单字辞语——溯其源流，穷其演变，不仅详释意义，且表明一字一辞之历史""按所见典籍之时代而定其意义之先后"（王云五，1939）。而以《大辞典》为代表的普通辞书在义项排列上则遵循以频率顺序为主，逻辑顺序为辅的操作原则。王氏辞书在编纂过程中还尽量使用各种符号或缩略词语，以便展现词目之间同义、逆序、反义、辞藻关系，词目义项之间引申、比喻、转喻、古今关系，以及词目义项内部附属义、搭配义、语用义等相关信息，充分发挥辞书的实用价值。与对义项排列的处理类似，王氏对《中山大辞典》中的例证数量、选取和设置都进行了较为细致的规定，在例证选取上较为重视引例，语源例证、书面语例证和词组、小句例证。《新词典》的编纂蕴含着王氏对国人新名词认识的纠正，同时也是对汉语和汉文化的尊重，在古今义项的例证配置上略有区分，对古已有之的义项则参照《佩文韵府》说明该词义的古籍出处，例证类型为引例、书面例和小句例；对于新生义项，则不设例证或配有简洁的自编例，口语性较强。《大辞典》既为单音节字目设立例证，也为双音节和多音节词语设立例证，前者以词例和成语例为主要形式，后者则词组例和小句例并用，对于书面色彩较强的典故词语有时还会使用引例，说明该词的来源。注重对俗语词、方言词和虚词词义的例证设置，较早的使用白话，语言更为通俗易懂。

（四）检索和外部信息的设置方面

王氏辞书对于条目的排列"按四角号码为次序，每字每词，均有一定之位置，绝对无混淆之弊，故一检即得"（大辞典·编辑凡例），但不同规模和类型的辞书在条目排检上还存有差异，《大辞典》单字的排列同时使用了四角号码和附角，对于"四角及附角相同之字，只于第一字注号码，余字之码概从略"（本书排列法说明），字下词目只按照第二个字的上两角号码依次编排。《编纂〈中山大辞典〉之经过》一文专设"条文排列"一栏，指出"每字以六码为原则，小数点前之四码为四角号码，小数点后之第一码为附角号码，第二码为横笔之数。间有六码相同者，则再增一码或二码区别之；第七码或小数点后之第三码为垂笔之数，第八码或小数点后之第四码则为捺点之数。此系极罕之例，不常见也。至排比方式，则除单字与单字间依上述号码为序外，同一单字之各辞语，则按第二字序其顺次，第二字相同者，再按第三字序其顺次；第四字以下不列号码，惟暗中仍按四角号码及其附角附笔为序，以故单字辞语虽多至六十余万，每字每辞莫不有其一定之地位，检查既迅速复正确也"，可见王氏在大型辞书条目编排上的良苦用心。同时，对于传统的部首和笔画检字法，王氏也并非一味否定，考虑到读者的检索习惯，《大辞典》在书末另附笔画部首索引，按照汉字笔画数依次排列不同部首内的同笔画字，后附四角号码和页码，以便查检。对于新颁布的注音符号，罗马字母也积极采纳，计划在《中山大辞典》后设置两类索引："一自部首，笔画，注音符号，罗马字母等检取单字；一自英法日文检取各种术语"，体现出王氏在辞书检索上的承传性和时代性。在辞书外部信息的设置上，《大辞典》比同时期的同类辞书更为健全系统，前置页有书名页、序言、导言、目录等；中置页设有表格；后者也包含丰富的语言信息、百科信息、检索信息，以及辞书版权页，体例完整，结构明晰，为后世辞书提供了借鉴。

三　王云五辞书学思想对现代辞书编纂的启示

以史为鉴，才能更好地面向未来，上文对王氏辞书学思想的形成因素，辞书学思想的内容、成就和不足进行了多角度分析，由此我们得出了几点对于现代辞书编纂的启示：

（1）社会条件和学术环境对辞书编纂具有双重影响

王氏辞书的编纂可谓"成在民国，败亦在民国"，民国时期复杂的社会和学术环境推动着他的辞书编纂实践，也使他能恰逢其时，编纂出当时颇具现代特色的汉语语文辞书。同时，民国动荡的政局也使他本已着手实施的辞书编纂活动被迫终止，除《中山大辞典》外，还有王氏主编的《古体大字典》《中国百科全书》都被战火无情焚毁。新中国成立以来，国际国内的政治环境趋于稳定，我国经济也取得了较快的发展，文化学术建设势头正劲。在国家两次辞书规划的推动下，我国的辞书编纂和研究取得了一定成绩，实现了从"辞书小国"到"辞书大国"的过渡，现在正在向辞书强国的目标迈进。党的十八大以后，在文化强国建设的时代背景下，国家新闻出版广电总局印发了《2013—2025 年国家辞书编纂出版规划》，被称作"第三次辞书规划"，这为当前的辞书编纂提供了优越的社会条件和学术环境，我们辞书学人应该把握机遇，充分利用当前的有利条件，加强我国辞书事业的现代化建设，在国家辞书强国建设的过程中实现个人的辞书编纂理想。

（2）学科建设和学科理论是保障辞书质量的前提

辞书是各类语言知识、专科知识和百科知识的总汇，是各种信息的载体，辞书的编纂质量与文化学术和相关学科的发展密不可分。辞书编纂和辞书学的建设不能脱离对相关学科的借鉴，这一点对专科辞书和百科辞书而言尤为显著。对语文辞书来说，语言学、教育学、心理学等相关学科的发展是保障辞书质量的前提，辞书中对"词"的界定，同形、同音字词的区分，汉语词类研究，词义的历时演变，新词新义的归纳，插图的设计，读者的心理需求，辞书教育功能的发挥等各环节的处理都需要借鉴相关学科的研究成果。同时，辞书的编纂更要注重辞书学理论的建设和总结，王氏辞书和辞书学思想在中华人民共和国成立后很长一段时间无人问津，除政治因素外，更主要的是王氏在辞书理论研究方面的不足，这也影响到台湾地区的辞书编纂和辞书学建设。"辞书强国，理论必须先行"（张志毅，2010），当前的辞书编纂和研究必须深化已有理论，挖掘原创理论，在理论指导下演绎新型辞书、原创辞书，这样才能把辞书强国建设推向新的高度。

（3）国内外的辞书研究和编纂实践为辞书编纂提供了经验教训

我国两千多年的辞书编纂传统虽积累了宝贵的经验，但倘若没有鸦片战争后西方新学思潮的冲击，以及对西方辞书的翻译、模仿和借鉴，我国的辞书编纂之路也很难实现现代转型。王氏辞书是语文辞书现代化初期的代表，《中山大辞典》《大辞典》《新词典》在历时性大型语文辞书，普通语文辞书和新词语辞书三种不同的辞书类型上都呈现出各自的时代特色，对后世辞书产生了积极影响。在新的国际形势下，引领世界辞书发展的仍然集中在欧美俄日等几个老牌的辞书强国，汉语辞书在出版上虽数量丰富，但真正能与"牛津""拉鲁斯""韦氏"等几大品牌辞书系列相匹敌的高质量著作并不多见。我们既要在对辞书史的研究中总结经验教训，又要放眼世界，积极吸收国外先进辞书的研究理论和编纂经验，为我所用，提升我国辞书编纂的国际地位。

（4）主编素养和专家团队是提升辞书质量的关键

任何一部优秀的辞书背后必定存在至少一位著名的主编或一个优秀的编纂团队，约翰逊、韦伯斯特、拉鲁斯、大槻文彦，以及陆尔奎、黎锦熙、吕叔湘等名字都已和其所主编的辞典连为一体；而《牛津英语词典》《法兰西学院词典》《俄罗斯科学院词典》等辞书的成功与其背后专业的编纂队伍密不可分，可以说，主编素养和专家团队是提升辞书质量的关键。从王氏辞书的编纂中我们既看到了主编素养的积极主导作用，也看到了编纂队伍对辞书质量和辞书后续发展的影响。因此，建设辞书强国必须重视培养学术人才和辞书专家，相关学科中专业的学术人才，辞书研究和编纂中精深的专家梯队，以及学识广博、具有创新和吃苦精神的编纂团队都是优秀辞书编纂中不可或缺的重要因素，只有这样才能在编纂过程中互相统筹，打造出千锤百炼、惠及学界的精品辞书。

（5）读者意识和辞书修订是辞书质量和活力的保证

辞书作为一种查检和参考工具必须要注重实用性，作为一种文化产品还要注意文化效益和经济效益，关注读者的使用心理和使用需求，关注社会变化和语言变化，对已有辞书进行及时修订和完善是辞书质量和活力的保证。王氏辞书在民国时期受到读者欢迎的一项重要原因在于它们符合时代发展和读者使用的需求，但其部分辞书在出版后并未根据新的时代需求进行系统全面的修订，最终导致在大陆和台湾的影响力渐趋减弱。新时期的读者队伍更为庞大，也更为多样，读者的文化程度、专业方向、使用目的等不同因素都影响着辞书的使用，辞书编纂必须树立明确读者意识，这样才能使所编辞书具有针对性，才能提高辞书的文化价值和经济效益。同时，随着时代的发展，新的学术成果、语言变化和读者需求等因素又对辞书提出了新的要求，这就使辞书修订势在必行，只有这样才能使打造出的辞书品牌永葆青春。

王云五曾指出"一个出版家能够推进与否，视其有无创造性之出版物"（王云五，1973），并依次列举了商务印书馆自 1897 年成立至 1970 年 70 年间的 30 种"创造性之出版物"，这其中有 17 种是由王氏独自或主持出版的，具体到辞书编纂则有四角号码检字法、《中山大辞典》《中国百科全书》《王云五社会科学大辞典》，前两者是本文的研究对象，后两种虽未做涉及，但也能看出王氏在百科类辞书编纂的贡献。王宁（2008：1）曾指出"适合的背景、前沿的学术研究和把握学术前沿的主编，是原创辞书能够产生的必要条件"。王氏不仅具备上述三个条件，在具体的辞书编纂中还体现出较强的创新意识，使所编辞书体现出鲜明的现代色彩，《中山大辞典》《大辞典》和《新词典》的编纂也完全符合原创性的特征，王氏的辞书学思想，对后世辞书编纂的影响以及在汉语语文辞书现代化转型中的历史意义不可忽视。

参考文献

程荣：《语文辞书修订工作的基本特点》，《语言文字应用》2002 年第 3 期。

［英］哈特曼：《词典学教学与研究》，外语教学与研究出版社 2005 年版。

刘善涛：《汉外语文辞书编纂四百年（1575—1950）》，《国际汉学》2018 年第 1 期。

刘善涛：《王云五汉语语文辞书编纂概况》，《唐山学院学报》2015 年第 1 期。

王宁：《论辞书的原创性及其认定原则：兼论"现代汉语词典"的原创性和原创点》，《辞书研究》2008 年第 1 期。

王寿南：《王云五先生年谱初稿》，台湾商务印书馆 1987 年版。

王学哲、王春申：《王云五先生全集》，台湾商务印书馆 2012 年版。

王云五：《编纂〈中山大辞典〉之经过》，《东方杂志》1939 年第 1 期。

王云五：《商务印书馆与新教育年谱》，台湾商务印书馆 1973 年版；江西教育出版社 2008 年版。

王云五：《四角号码检字法》，商务印书馆 1925 年版。

王云五：《岫庐八十自述》，台湾商务印书馆 1967 年版；江西教育出版社 2011 年版；（节录本），上海人民出版社 2007 年版。

王云五：《中山大辞典"一"字长编》，商务印书馆 1938 年版。

张锦郎：《王云五先生与图书馆事业》，《王云五传记资料》，天一出版社 1985 年版。

张志毅：《"辞书强国"究竟有多远》，《人民日报》，2010-10-12。

周荐：《文化达人王云五对汉语辞书学的贡献》，《河北师范大学学报（哲学社会科学版）》2013 年第 6 期。

略论近现代的汉语语文辞书评论[*]

提　要：近现代时期随着社会的进步和语言学的发展，我国学者已经明确地认识到辞书评论对辞书编纂的指导作用，开始有意识地为辞书而评论，丰富完善并深化了我国辞书研究的内容。文章从辞书收词立目、释义、编排、注音、例证、辞书功能、辞书类型和编纂者水平等不同角度探讨了近现代汉语辞书评论的标准问题，以期对该时期的辞书评论有一个较为全面的认识。

自清末以来，在社会政治经济的巨大变革以及西学东渐等潮流的影响下，人们的思想进一步解放，学习先进科学知识的热情也不断高涨。我国传统辞书逐渐不能满足人们新时代的学习需求，于是"在较为新型、科学的辞书理论和现代语言学理论的指导下，开始了从古代向近代的转变"（高兴，1996），与之密切相关的辞书评论也随之开始了从古代向近代的转型，其标志就是完整而有一定系统性的论文式辞书评论的发表。

具体的如1912年蔡元培的《新字典·序》（《东方杂志》1912年9卷5期）；1915年陆尔奎的《〈辞源〉说略》（《东方杂志》12卷4期）、陆费逵的《中华大字典序》（《东方杂志》1卷1、2、3期）和樿魂的《书〈康熙字典〉后》（《大中华杂志》1卷5期）；1918年沈兼士的《新文学与新字典》（《新青年》1918年4卷2期）；特别是1922年白熊的《看了周铭三先生底国语词典之后》（《国语周刊》1卷9期）这篇论文更是"实现了我国辞书评论由古代向近代的转变"（高兴，1997）。

到了三四十年代，这类评论的发表就更多了。如须尊《国语大辞典

---

　　* 本文为王晓硕士学位论文《我国汉语辞书评论史研究》（指导教师为王东海教授）中的第三章，曾被收录在《辞书研究与辞书发展论集》（王铁琨、李清山主编，上海辞书出版社2012年版），收录本书时略作修改。

之楷模》（《鞭策周刊》1932 年 2 卷 1、2 期）、钱玄同《辞通序》（《师大月刊》1934 年第 10 期）；张守白《中国字典通论》（《大学杂志》1934 年 1 卷 6 期）；杜明甫《评朱起凤〈辞通〉上册》（《图书季刊》1934 年 1 卷 2 期）、《再评辞通》（《大公报》天津版 1934 年 12 月 15 日）；丁霄汉《辞源简评》（《文化建设月刊》1935 年 1 卷 10 期）、黎锦熙《辞海序》（《世界日报》北平版 1936 年 11 月 21 日）；纪洙《评"国难后第六版"的〈王云五大辞典〉》（《益世报》1937 年 4 月 22 日）；王文泰《字典和辞典利用法》（《图书展望》1937 年 2 卷 5 期）；黄季刚《论〈康熙字典〉之非》（《制言》1937 年第 40 期）；懋生《评〈辞海〉》（《中国公论》1939 年 1 卷 2 期）；王力《理想的字典》（《国文月刊》1945 年第 33 期）；高名《国语辞典评论》（《大公报》天津版 1947 年 6 月 6 日）；徐一士、孙崇义等《答高名君〈国语辞典评论〉》（《华北日报》北平版 1947 年 8 月 14 日）；洪焕椿《读书治学的工具书——字典和词典》（《读书通讯》1948 年第 150 期）等。

特别值得一提的是王力《理想的字典》和洪焕椿《读书治学的工具书——字典和词典》两篇文章的发表，进一步表明我国辞书评论已经完成了从古代向近代的转型，进入了成型自觉的发展阶段。

中华人民共和国成立后，作为图书评论重要一环的辞书评论得到相当的重视，组织性也得以加强。1950 年 4 月 5 日，《人民日报》创设了"图书评论"专栏，并发表了长风、王诚的《评几本辞典》，对当时出版的三部辞书（即北新书局出版的《新知识辞典》和《新知识辞典续编》、春明书店出版的《新名词辞典》）进行了切中肯綮的评论。1951 年，出版总署、新闻总署还联合发出了《关于全国报纸期刊均应建立图书评论工作》的指示。1954 年 7 月，中共中央宣传部又发出《关于加强报纸杂志上的图书评论》的指示。党和政府的这些举措有力地推动了新时期辞书评论工作的进步。这时期还以《中国语文》等杂志为主要阵地，评论和介绍了一系列的汉语辞书，如周祖谟《〈新华字典〉评介》（《中国语文》1954 年 1 期）；郑奠等《中型现代汉语词典编纂法》（《中国语文》1956 年 7—9 期）；王士襄《对〈中型现代汉语词典编纂法〉的意见》（《中国语文》1957 年 3 期）；中国科学院语言研究所词典编辑室《〈现代汉语词典〉凡例和样稿》（《中国语文》1958 年 9 期）；管燮初《评〈学生字典〉关于复词的处理》（《中国语文》1960 年 1 期）；张涤华《论〈康熙字典〉》(《江淮学刊》1962 年 1—2 期)等,有力地促进了我国现代汉语辞书编纂事业的进步和发展。

　　然而十年浩劫中,我国的辞书编纂工作几近停滞,辞书评论的写作和发表更是少而又少,只有虞斌《评〈现代汉语词典〉(重印本)》(《北京大学学报》(哲学社会科学版)1974 年 3 期);商群《工具书超阶级的破产——再论〈现代汉语词典〉》(《教育革命通讯》1974 年 9 期)等为数不多的几篇。

　　近现代以来,应社会发展的迫切需要,一些学者在继承中国传统辞书编纂优良传统和吸收借鉴外国编纂经验的基础上,编纂了一系列在中国辞书史上产生了重要影响的辞书,如《中华大字典》《辞源》《辞海》《国语词典》《新华字典》《现代汉语词典》等,并以这些辞书的编纂为基础,运用当时新的语言学理论和辞书学理论对辞书的各个方面的原则和标准进行了系统的论述,不仅为后来辞书编纂提供了有益的借鉴,也对辞书编纂理论的总结做出了突出的贡献。

一　关于近现代汉语辞书收词立目的评论标准

(一)　在广收字词的基础上,追求实用

　　广收字词,特别是新字词既是这一时期辞书服务读者、追求实用的主要表现之一,也是学者对辞书评论时参照的一个重要标准。清末以来,随着西学东渐潮流的不断影响,我国的科学文化取得了很大的进步,出现了很多科技新词、外来词及翻译用字,而我国原有的辞书,如《康熙字典》等因其收词的局限,已经不能满足人们学习新科学知识的需要,蔡元培因此批评其"行世已二百余年,未加增改,不特科学界新出之字,概未收入,即市井通用者,亦间或不具。"(《新字典·序》)因此在广收字词思想的指导下,《中华大字典》《辞源》《辞海》等辞书都开始广泛收录当时社会新出的字词。《辞海》的编纂者提出了"自当体察用者之需要,恰如其所需以予之"(《辞海·编辑大纲·要旨》)的收词原则。丁宵汉《辞源简评》中一方面称赞《辞源》中既"包含了中国经典中最古的名辞;同时又掇取欧美日本诸国舶来的各种科学上的术语",适应了当时社会发展的需要,为中国读书界"正式的开了一条新辞书的路"。另一方面

也批评其对新名词的收录并不十分广泛，还存在不足，"连许多应知道的最普通的新名辞也摈弃了"，甚至有些"重要的旧名辞"也未加收录。

辞书收词注重实用性的另一表现，是"正俗兼收"原则的确立。如《中华大字典·凡例》中明确提出了"除正文本字外，其籀古省或俗伪诸字，并皆甄录"的编纂原则，在《康熙字典》的基础上纠谬补缺，扩大了收词范围，出版后受到当时教育界和学术界的称道，被誉为"古今之字，靡不赅载""现在唯一之字书""近世未有之作"（《中华大字典·叙六》）。虽不免过誉，但就某些新字和俗字的查阅来说，"确实比当时许多其他的字典更具有实用价值"（杨文全，2000）。在正俗兼收思想的指导下，《辞海》不仅从书刊报纸中大量收录当时出现的新词新语，而且也开始收录古代白话戏曲、小说中的俗词俗语，这是近代辞书的进步之处，正如黎锦熙所评价的："常俗用字，每为旧时字书所不屑道，近今辞典偶道之而不能探其源，……现在读《元曲选》或《水浒》等旧白话小说的，从此才算有了辞典可查。《辞海》总算能担负起一部分的任务了。"（《辞海·序》）

（二）对辞书收录内容和单位的重视

近现代以来，语言学的快速发展，使人们对各种语言单位的分类更加详细，也更加准确，这对汉语辞书，特别是语文辞书的收词和类型划分问题产生了直接的影响，也为辞书评论提供了新的理论依据。

汉语中字、词、语的区分，"词"观念的建立对辞书收词产生了直接的影响。20 世纪 20 年代以来，随着汉语书面语形式发生的巨大变化以及国外语言学研究的影响，使学者们更加注意到汉语字、词的不一致，比如黎锦熙（《国语中基本语词的统计研究》，《国文学会丛刊》，1922 年 1 卷 1 号）就曾明确提出"必须从国语的本质上找出我们语言中表示整个观念的真正单位来"，而不能"一味率循旧章，把一个一个方块的单字，比照他们（西方）的 words……来解决（汉语）的基本词汇问题"。这种认识很快就在辞书编纂和评论中得以体现，辞书编纂主要表现为单字字头下兼列复音词体例的创立，如《中华大字典》在"志"字头下兼释"志士""远志"的意义，"丈"字头下兼释"丈人""方丈""岳丈"等复音词的意义。辞书评论方面如 1922 年白熊在（《看了周铭三先生底国语词典之后》）一文中就批评《国语词典》的收词与书名不符："既称了国语词典，当然不同字典一样，而里面应该都是通用的词类；即使有多少成语，也不过是附带条件，不属于正项，不料这本书里面所收入的多是语句；单个儿独立的复音词和单音词，全书里不到二分之一。"高名在《〈国语辞典〉评论》一文中批评古代以《说文》为代表的字典辞书，因不顾复音词的存在，以单字为字头的做法，"湮灭了许多的古代语词"，指出这"也许也是我国辞典产生不出来的主要原因"，对《国语辞典》以词位收列单位的做法进行了肯定。30 年代，郭后觉（《中国新语文的"词"底问题》，《语文》1937 年第 1 卷第 3 期）认为："就在白话文通行以后，一般人还打破不了这种（拿一个个方块字作观念的单位）传统观念，所以所谓的国音、国语字典，内容多是一个个的单音字"，对当时辞书的收词提出了批评。叶籁士则在《谈字典》（《太白半月刊，1934 年 1 卷 6 期》）一文中明确提出了词典"要不用字作单位，而用词儿作单位"的原则。

　　进入 50 年代以来，随着对"词"认识的不断深入，一些学者开始明确提出要树立词的观念。如 1953 年王力（《中国新语文的"词"底问题》，《语文》1937 年第 1 卷第 3 期）就指出"至于汉语，它一向不是用拼音文字的，咱们用的是'字典'而不是'词典'。书报上没有用词连写的办法，一般大众对于词儿的概念是很模糊的"，所以"要把词的概念建立起来"，并提出应区分词和仂语的界限，认为二者的区分，"对于语法、词典和拼音汉字都毫无害处"，而且会"便于词典收词"。词本位思想的逐步确立直接影响了辞书的编纂和收词，如《新华字典》（1954 年）凡例中就指出其编写目的"主要是想让读者利用这本字典，对祖国语文的词汇能得到正确的理解，并且知道词汇现代化和规范化的用法，在书面上和口头上都能正确地运用"。周祖谟在《〈新华字典〉评介》（《中国语文》，1954 年第 4 期）一文中高度赞扬了《新华字典》收词理念，并明确提出了应在字词典中"建立'词'的观念"的理论主张。孙崇义在《关于词典的选词工作》（《中国语文》，1955 年第 12 期。）一文中也提出"要突破方块字的局限，树立起从语言出发的词本位观念"。1956 年，国务院责成中国社会科学院语言研究所编纂《现代汉语词典》时，"以'词'为单位，不以汉字为单位"，从"词"的观念出发选词收词，已成为词典编纂的直接理论原则和指导方法。

　　语言学对汉语词汇构成内容研究的不断深入，也给辞书的编纂和评论提供了新的指导。如词汇学研究中共同语、方言、古语、外来语等的区分，使辞书的类型更加多样化，辞书编纂者在根据辞书编纂宗旨收词时的范围也更为明确。在这些认识的基础上，须尊在《国语大辞典之楷模》中批评《康熙字典》"包罗不得谓不广博，但是徒有生死不明的语言若千万，不如《小字典》一部中之数千活言语可以放心运用"，并在借鉴西方辞书编纂经验的基础上提出"国语范围决不能限于谈话语、里俗语，国语大辞典实可以概括一国所有之有活生命的言语与有其历史性的言语。"《辞海》1936 年版《编辑大纲》中，能比较系统地论述《辞海》兼收普通词语和专科词语的收词原则也与词汇学研究的进步息息相关。中华人民共和国成立后，语言学特别是词汇学研究的进展，都对汉语语文辞书的编纂起到了极大的促进作用。如郑奠等《中型现代汉语词典编纂法》中提出的"以普通话词汇为主"，兼收相关文言、方言与外来词的收词标准，就是对词汇学研究成果的积极运用。

（三） 对收词体例系统性的要求

辞书编纂理论的不断总结和成熟，使辞书的收词体例得以不断完善，辞书编纂中对辞书收词体例完善的要求也越来越高。

如白熊就批评《国语词典》的收词不够系统全面，包括：（一）这部有，而那部里没有的，如："一"部有 ［一张床］ ［一句话］——而"二""三"部则没有；（二）有了这一面而没有那一面的，如：有了 ［大不大］，而没有 ［小不小］；有了 ［更多］，而没有 ［更大］ ［更好］；（三）普通的词语没有，如：［不］ ［不错］ 等。这对我们今天的辞书编纂产生了直接影响，比如"见词明义"的词收不收，收词的平衡性等问题。另外，白熊还指出《国语词典》存在"注解里的词类没有另列的"的毛病，"如【上车】，解作登车，而【登车】又没有。"（《看了周铭三先生底国语词典之后》）檩魂也曾批评《康熙字典》"又有义证引用之字而正文不收，令阅者无由得其音义者。"（《书〈康熙字典〉后》）可见，近现代时期，虽然还没有收词的"闭环性"这一概念，但对这方面的认识却是早已存在了的。

中华人民共和国成立初，郑奠等（1956）结合计划中的《现汉》编纂，对收词立目作了理论表述，确立了"以普通话词汇为主"（兼收相关文言、方言与外来词），以"词"为主（兼收词素、词组、成语）的收词标准，并草拟了复词、儿化词选收、词的定型、词目确立等编纂原则。这些阐述"为汉语词典收词论的建立起到了培土扶本的作用。"（邹酆，1999）

二　关于近现代汉语辞书释义的评论标准

释义水平是判断辞书优劣的最主要的评论标准之一。近代以来，随着现代词汇语义学的进步，改进辞书的义训系统，创立现代辞书的义项模式成为这时期辞书释义的主要追求。在批评《康熙字典》"解释欠详确""讹误甚多"（陆费逵，《中华大字典·序》）；释义多"直录古代字书"不周乎世用，不合乎学理，且多"正名百物，不求甚解"（蔡元培《新字典序》）的基础上，开始主张建立更加科学有据，义例相合，层次分明的辞书义项模式。

（一）对义项收列的关注

首先是义项的收列是否全面，丁宵汉在《辞源简评》中指出"一个名辞，每有几个不同的解释，以一义而赅括一切，固不可能；以用于表甲辞之义而释乙辞则尤有未当。故在辞书之中，关于名辞之诠释，最好应多列辞义，繁举例证"，这样才不会出现陆费逵在《中华大字典·序》中所说的"人之怀疑而来者，原因不同，若所疑在此，所释在彼，则负阅者之意，无异有问不答，或答非所问"的问题，并在这种评论原则的指导下批评《辞源》"辞义太简，例证寥寥。"

其次是义项的排列是否明晰，为了实现辞书不仅要尽可能地多收义项，而且避免"旧字书往往迭列数义，类引诸证，抄纂连篇，卒难截取"的弊端，《中华大字典》还开创了"每字诸义，分条列证"，并"依次编数"，以"不相混函"的义项排列方式（《中华大字典·凡例》）。与《康熙字典》等字书的一字多义的编纂方式相比，义项间的条理显得更加清晰，"开创了现代辞书义项排列的新范例"（杨文全，2000）。

最后是义项历时顺序排列的提出，王力在《理想的字典》中指出虽然"近代字书在释义上取得了很大的进步，但存在着两个最大的缺点"，其一就是"古今字义杂糅"，并提出理想的字典释义应是可以"明字义孳乳""分时代先后"的，王先生这一思想的提出为现当代辞书特别是大型语文辞书的义项排列理论和实践产生了直接影响。

(二) 对释义水平的关注

首先，释义是否简洁明白。辞书释义追求简洁明白，是中国辞书编纂的优良传统。近现代辞书编纂对此加以传承，并且认识更加深刻。如1915 年陆尔奎在《辞源·说略》就明确提出"辞书注释，必须以简明为主"。1922 年白熊在《看了周铭三先生底国语词典之后》一文中通过举例批评了《国语词典》释义的不足，其中就包括释义用词难于被释词，解释得太过文言，不易于理解等方面。

其次，释义是否科学准确。辞书的释义担负着为读者释疑解惑的重要任务，所以辞书释义准确与否，将直接影响辞书的质量。释义的准确性是辞书评论关注的主要内容之一，近现代辞书在大量吸收语言学理论成果的基础上，在释义的准确性上取得了很大进步。但正如王力指出的，近代字书在释义上的第二个最大的缺点就是"以一字释一字，其结果是注释不确，或出现'互训'或'递训'的毛病"（《理想的字典》）。所以，辞书释义的准确性是辞书编纂一直追求的目标。

最后，随着辞书编纂的不断进步，学者们对辞书释义的体例也更为关注。如丁宵汉批评《辞源》释义存在"该诠释而不诠释"的弊端（《辞源简评》）。白熊则指出《国语词典》的释义中存在"解等于不解""解而不像解"的不足（《看了周铭三先生底国语词典之后》）。40 年代，王力《理想的字典》一文，更是对自《说文》到《康熙字典》再到《辞源》等辞书释义的成败做了综述性的评论，王先生认为古代字书（《说文》为代表）的释义存在着以下缺点：一是"文以载道"，有些字的解释完全不要定义，而以哲理去代替，二是滥用"声训"，三是注解中有被注的字，四是望文生义。近代字书虽然在释义上取得了很大的进步，但存在着两个最大的缺点，一是古今字义杂糅，二是以一字释一字，其结果是注释不确，或出现"互训"或"递训"的毛病。所以理想的字典释义，应一是明字义孳乳，二是分时代先后，三是尽量以多字释一字。这些评析为建立现当代辞书科学的释义体例奠定了坚实的理论基础，充分显示了我国辞书释义理论的逐步成熟与进步。

20 世纪五六十年代，郑奠、孙德宣等学者对中型现代汉语词典编纂法的探讨，对辞书立项释义等问题的研究，为《现代汉语词典》以及后来语文辞书的科学释义，起了很好的指引作用（林玉山，2001）。

三 关于近现代汉语辞书编排的评论标准

辞书编排检索的好坏直接影响辞书的质量。鉴于以往字书"体例不善，不便查检"（陆费逵，《中华大字典·序》）的弊端，辞书编排法成为近现代时期辞书界讨论的热门话题之一，并掀起了两次讨论的热潮。如何让辞书的编排更加合理，检索更加便捷，引起了人们的热切关注。

（一）对古代汉语辞书编排的全面总结

这时期人们首先对以往字典辞书编排的优缺点进行了总结和评论。如蔡元培概括古代辞书"按义排列的，有《尔雅》《广雅》中之《释诂》《释言》等篇，大抵适于记诵，而不适于检查。""按声排列的，有《广韵》《集韵》以至最近通行之《佩文韵府》，清代有《经籍纂诂》，虽专为检查字义而设，然不熟于韵的，检查颇难。"而清代按音编排的《说文声类》《说文声系》《说文通训定声》等作，虽"为便于应用，然未习古韵的，检查也是不方便。"按形排列的字书，如《说文解字》《玉篇》《康熙字典》，"为探求字原起见，与按义、按声的差不多；若为检查便利起见，就差胜一筹。又专就按形排列的讲起来，为探求字原计，自然用《说文》；若为检查楷书计，却以《康熙字典》是一部不彻底的书。"（蔡元培《四角号码检字法·序》）高名也评论说："吾国字典向用部首为显序，以笔画之多少为检查之标准，而某字应隶某部，往往猝不易辨，笔画之计算，又时感困难。"（《〈国语辞典〉评论》）从中我们可以看出，在对古代辞书排检进行评论时，近现代学者关注的内容主要是编排方法的科学性和查检的便利性问题，而且把辞书查检的便利性放到了首要位置。

（二）对近现代汉语辞书编排法的新探索

在充分认识到以往字典辞书编排长处与不足的基础上，为了方便读者的查检，增强辞书的使用价值，近现代学者开始积极探索新的辞书编排检索方法。如王云五所创的四角号码检字法"变通永字八法的旧式，而归纳笔画为十种，仿照平上去入四声的圈发法，而以四角的笔画为准标，又仍用电报号码的形式，以十数代表十笔，而以○兼代表无有笔画之角"

"这种勾心斗角的组织，真是巧妙极了"（蔡元培《四角号码检字法·序》）。对于林语堂所创制的汉字索引法，蔡元培称其"仿西文字母之例，立十九母笔，以为华文最小之分子；其两分子或三分子之接触，则更以交笔、接笔、离笔别之。而接笔之中，又别为内笔、外笔两类。以次为部，则无论何字，第取其最初三笔之异同，而准之以为先后"，并称赞"其明白简易，遂与西字之用字母相等；而检阅之速，亦与西文相等。苟以之应用于字典、辞书，及图书、名姓之记录，其足以节省吾人检字之时间，而增诸求学与治事者，其功效何可量哉？"（《〈汉字索引制〉序》）

这些认识反映在辞书编纂中，则表现为新编辞书纷纷采用新的编排法，以使辞书的编排更加科学，方便读者的检索。如《中华大字典》虽沿用 214 个部首，但提出"同画数各部首字样，遇有意致可联属者，必令相蒙为次""两部并收之字今悉删正"，对于"旧字书收字，有义与本部无涉者"，也"分别移置，律从其类"。同时，为了弥补部首法之不足，还采取了"列新式检字一卷，不同偏旁部首，按字画数检之"的方法提高检索的便利性（详见《中华大字典·凡例》）。

而《国语辞典》为节省辞书使用者的时间，开始采用以注音符号之声母为纲，韵母为目的次第排列词目，同时为了方便不熟悉注音符号或想就字形检查音韵的使用者，还在书中附有部首检字表，以供参考。因此，高名称赞其为"可靠的工具"（《〈国语辞典〉评论》）。

四　关于近现代汉语辞书注音的评论标准

（一）注音方法逐渐科学

近代时期辞书注音采用的方法主要有反切、直音、注音字母等。《辞源》《中华大字典》等多采用反切加直音的方法，虽比以往辞书的注音有所改进，但正如丁宵汉所说的，这两种注音的方法都有缺陷："第一种的缺陷有二：（1）反切之上下字如系生僻字则有困难。（2）读者非通音学，有时不能直接得音。第二种的缺陷也有两种：（1）所音之音只能相近，并不能完全如一。（2）所音之字往往比原字还难认。"（《辞源简评》）高名也指出"从来字书注音多用反切之法，不解音韵的学者，实不可辨；更以音有变迁，所切不协合于今，在应用上殊感扞格。"相比之下，民国时新出现的注音符号的注音方式，则更为科学、简单、易记。所以高名对《国语辞典》采用注音符号的注音方法给予了高度的赞扬，说其不但方便了读者的查阅，而且"抓住了语文工具书的要领，名副其实地推行了国音。"(《〈国语辞典〉评论》) 中华人民共和国成立后，《汉语拼音方案》的颁布为辞书注音提供了更加科学准确的方法，并随着教育的普及成为后来辞书最为通行的注音方法。如《新华字典》作为一本供中小学文化程度读者使用的工具书，最初版本采用注音字母注音排序，《汉语拼音方案》公布后及时修订为拼音字母的音序本，适应了时代的发展和读者的需要。

（二） 注音体例不断进步

注音方法是否科学对辞书很重要，注音体例的完善与否也是评价辞书质量优劣的重要标准之一，是辞书评论关注的主要对象。

近现代时期，辞书注音体例的进步主要体现在两个方面：一是对多音字注音方式的改进，二是开始给复音词加注读音。其中第一个方面具体表现为这时期的辞书不仅改变了过去辞书在一个字头下同时罗列多个反切的做法，而且还开始对多音字采用分列字头、分别注音的方式，注音体例更加科学。如《中华大字典》中"与"有四个读音，就分列四个字头分别注音，《辞源》"朝"有两个读音，则分别列出后再各加解释。《国语词典》更是不仅对多音义字进行了分列，而且还对那些因音义不同而不在一处的字进行了标识，并给出了其他音义所在的页码，充分体现了我国近现代辞书编纂体例的进步与发展。

给辞书中的复音词加注读音的体例经历了一个逐渐发展的过程，如作为新式词典的《辞源》《辞海》在注音时也"只给词头的单字注音，不注词头以下各复词的音读，仅个别的条目在注文里注明某字读某。"对此，高名批评道："一般辞典之注音，多停留于单字，而复词，成语中各字，除同有特别说明应读何音者外，率置不顾，阅者甚觉不便。"(《〈国语辞典〉评论》) 而《国语辞典》一改以往辞书的注音方式，采用注音字母对各部各词逐字而注（旧入声及尖团等之分亦为罗列）的注音体例，开了"近代词典中注音改革的先导"（刘叶秋，2003）。

20世纪50年代，郑奠等在《中型现代汉语词典编纂法初稿》中提出的辞书的编纂按国家颁布的汉语拼音、简化字等语文法规，以北京语音为准标注汉语拼音，并制定异读、方言、外来语、误读与变调等语音处理原则，为中小型汉语词典注音提供了理论依据（邹酆，1999），使我国辞书的注音体例走向了更加科学化的进程。

（三）注音准确性不断提高

注音方法的好坏和注音体例的完善与否将直接影响辞书注音的准确性。通过近现代学者对辞书的评论，我们可以看到，这时期的辞书编者在辞书注音准确性方面做出了应有的贡献。如《中华大字典》为追求注音的准确性，一改《康熙字典》"一字之下，罗列诸切"的注音方式，而采取"形体虽同，而音义并异者，另为一字，复列其次；其义同音异者，止列一字，兼存诸音；至叶韵……于古音今音皆无当，兹悉不录"（《中华大字典·凡例》）的注音方式，有效地简化了辞书的注音，增强了辞书注音的准确性与简明性。

再如《辞源》为了使其注音更为准确，单字注音全面改用李光地《音韵阐微》中的反切，陆尔奎因评价其："音则悉从《音韵阐微》，改用今声，以其取音较易，而又为最近之韵书，不至如天读如汀，明读如茫，古音今音之相枘凿也。"（《辞源说略》）再如我们知道普通话（包括北京话）中两个或多个上声连读时，除最后一个音节声调不变外，其他的都变阳平，而这些在20世纪初，早已成为人们的常识，所以白熊说"这是一个自然的定例"。那么辞书注音对此如何处理，也成为辞书评论关注的方面。白熊依据对语言中语音应如实描述的原则，对《国语词典》"语句里凡是两个上声字连在一块儿的，仍是各点上声"（《看了周铭三先生底国语词典之后》）的做法进行了批评，也进一步显示了这个时期学者对辞书注音准确性的不断追求。

五　关于近现代汉语辞书例证的评论标准

辞书中引用的例证在补充词义、说明词的用法等方面都会起到积极的作用。正如苏联语言学家契科巴娃（1959）曾说的："词义成为实际上可感觉到的，释义只是在下文中才是令人信服的，没有作为例证的成语，没有古文献的文字记载，词义一般会使人产生假的、牵强附会的、非真实的感觉。"所以"引文是辞书中最重要的工夫，作者在从事编纂之际，应罗列群书，审慎的去作才是。"(《辞源简评》) 近现代时期，辞书中以例证补充词语的释义已成为辞书编纂的共识，在此基础上，辞书例证的质量问题与体例的完善与否就成为辞书评论者考察辞书例证质量时关注的主要方面。

（一） 引证质量可靠

辞书引证的质量直接关系到辞书释义水平，甚至影响到全书的水平，所以例证的质量一直是辞书评论者们评论的对象，其中又主要包括以下几方面：

第一，引证是否准确无误。辞书是学习者无声之师，如果所引例证错讹过多，不仅影响辞书的质量，而且也会误导读者，所以辞书应保证辞书引证的准确无误。对此，近代辞书评论者也多有论述，如檀魂《书〈康熙字典〉后》一文中就通过举例批评了《康熙字典》对所引之书存在"书名舛误""引书敓误""以他字之训阑入此字"等缺点。丁宵汉也批评《辞源》的编者因"一味贪便当，以致许多的引文都有了错讹""引文原书不符的地方，颇不乏例。"(《辞源简评》)

第二，引证是否注明出处。辞书引用例证，详载出处，则"不特表明作者的根据确凿，且读者欲检对原书，亦可一查即得。"(《辞源简评》) 但很多辞书所引例证并没做到这一点，如丁宵汉就批评《辞源》中存在要么"根本不注出处"，要么"所引各书不注篇目"等不足。后来编纂的《辞海》在吸取《辞源》此教训的基础上，大加改进，引证不仅注明书名，还注明篇名；引自古代戏曲、小说的，则注折、回数。对于《辞海》这一改进，黎锦熙称赞说："这是所谓朴学，是'正名辨物'的基本态度，要办到这个，多少不免要查对一些原书。有这种'不惮烦'的精神，才能够超过类比、罗列而有折衷、归纳之言。……《辞海》对于'正名辨物'的工作，总算有相当的贡献了。"(《辞海·序》)

第三，引证是否是始见例。语文辞书，尤其是历时性语文辞书的编纂，一般要尽量引用"时代最古而比较可靠"的用例，以帮助读者了解和学习词语的发展源流。但在辞书的实际编纂中经常出现所引非始见例的情况。如丁宵汉就指出《辞源》中存在编者"舍本求末""不引较古注

述""而独取晚出之记载。"(《辞源简评》)

第四,引证是否具有趣味性。例证的趣味性并不是每个类型的辞书都应遵守的原则,但辞书举例如若能做到丰富有趣,能极大地提高学习者的学习兴趣,提高辞书的吸引力。以此为标准,高名称赞《国语词典》的举例"大都很有趣味""并且有好些句子,在普通语体文里难得见到"(《国语辞典评论》),这对于非官话区人们学习北京话会大有裨益。

(二) 引证体例统一

辞书引证体例的统一主要包括两个方面的内容:一是具体词条中的义例是否统一,辞书引用例证本是为了补充释义的不足,但如果引用的例子与词语的意义不相一致,就会不但起不到补充的作用,还会给人们带来理解上的困难。所以高名对《国语词典》中存在的如【没有】解作"完了",而举例是"自从有了煤油灯,点柴油灯的就没有了。"【下作】解是"下等的人,又有贪的意思",而举例"东西多的很,不必下作"等"让读者不甚明确"的情况进行了批评(《国语辞典评论》)。二是全书引例是否一致、统一。是否有檩魂在《书〈康熙字典〉后》一文中指出的《康熙字典》存在"同引一书,前后违异"等问题。

六　关于近现代汉语辞书功能作用的评论标准

对于辞书在帮助和促进人们的学习和研究等方面的作用,我国古人已有比较明确的认识。到了近现代,人们对辞书各方面功能作用的认识则更加全面和成熟。

(一) 辞书反映和促进社会学术文化的发展

近代以来,人们对辞书在学术文化方面的重要性有了更加充分的认识。陆尔奎《辞源说略》一文曾有"国无辞书,无文化可言""一国之文化,常与其辞书相比例"的说法,把辞书提到了影响一国文化的高度。蔡元培在《新字典·序》中说辞书能对当时及后世的思想学术产生重大的影响,"其影响于语言思想者,固未尝不重且大也"。在《植物学大词典·序》(《东方杂志》,1917 年 14 卷 10 期)中,蔡先生不仅指出:"一社会学术之消长,观其各种辞典之有无与多寡而知之",认为辞书与社会学术文化密切相关，字典辞书的数量与质量直接反映了一个社会的学术发展状况；更可贵的是蔡先生还精辟地论述了辞书与辞书评论、社会学术发展之间互为因果的促进关系：

> 盖学术发展之期，专门学术之名词与术语，孳乳浸多，学者不胜其记忆，势不得不有资于检阅之书。既得检阅之书，则得所节之心力与时间，增进其研究，而学术盖以进步；学术愈进步，而前此所检阅者，又病其简浅而不适于用，则检阅之书，又不得不改编，互为因果，流转无已，此学术进步之社会，所以有种种专门之辞典也。

蔡先生的这些论断"在中国近现代辞书评论史上可以说是绝无仅有的，正是辞书与社会学术的这种互为因果的推动作用，才促使了我国近现代学术文化的不断繁荣与昌盛。"（潘树广，1983）

（二）辞书可以传播知识、辅助学习

辞书以其对知识的广博收录，可以使人们在查阅的过程中不断实现对知识的学习和传播，对辞书的这一作用，学者也多有论述。陆尔奎在《辞源·说略》中说："国家之掌故，乡土之旧闻""一本词典在手，可以展卷即得。"所以通过查阅辞书，不仅可以"求得知识之增广"，（林纾《中华大字典·叙》）而且能够"渐通夫人物天地之始，而周知当世之务"。（梁章钜《中华大字典·叙》）另外，辞书在备忘查考，辅助人们学习方面也发挥着重要的作用。随着科学技术的不断进步和发展，各类新名词、新术语不断地出现，"而人之脑力有限，不能尽数记忆"，（陆费逵《中华大字典·叙》）但如果我们有了好辞书，则"可以无师的摸索一切，可以自动的钻研种种；它（辞书）虽是一言不语，一声不发的被置在案头，然而它对于自修人们的辅助。往往强于十几位高明的良师。"（丁宵汉《辞源简评》）所以我们看到，辞书的编纂和使用使学者"得以节之心力与时间，增进其研究"，而最终实现"学术益以进步"的目标（《植物学大词典·序》）。

（三）辞书具有保存和规范语言文字的作用

辞书是语言文字规范的有力工具是自古以来就有的认识。近代蔡元培的论述可谓精辟："人类所以轶出于他动物者，由其有应变无穷之语言；语言之所以能应变无穷者，由其浩博，有文字以为之记载。文字之记载，所以能互通晓而无误，则字典之功也"。(《新字典·序》)

民国时期，为配合白话文和国语运动而编纂的一大批字典、词典，如《国语新字典》(方志新，上海会文堂书局，1922 年)、《(国际音标)国语正音字典》(赵元任、赵虎廷等，商务印书馆 1926 年版)、《文字辨正》(周天籁，上海华文书店 1934 年版)、《字辨》(顾雄藻，商务印书馆 1933 年版，1947 年增订版)、《标准国音中小字典》(刘复，上海北新书局，1937 年)、《国语词典》(商务印书馆 1937 年版) 等都是对辞书具有规范语言文字作用的认识的结果。《国语词典》的前身《国音普通词典》的编辑大旨曾规定："惟其主旨在于正音"(中国大辞典编纂处，1929 年《第一次报告书》)，明确提出要以词典来推广和规范当时的评论标准国音，而从高名对其"抓住了语文工具书的要领，名副其实地推行了国音"的评论中，也可看出辞书对语言文字的规范所发挥的重要作用。

中华人民共和国成立后，辞书在普及人民文化知识和促进语言文字的规范统一等方面更是发挥了不可替代的作用。当时为了满足人民大众对各种知识以及统一规范的语言学习的热情，在国家各种语文政策的指导下编辑出版了一大批中小型辞书，如《新华字典》《同音字典》《农民词典》《小学生字典》《学文化字典》《汉语成语小词典》《现代汉语词典》等在推广普通话，促进语言规范化等方面所起的作用更是不言而喻的，而且当时辞书"从新的语言学观点出发来编写"(周祖谟，1954)，"自觉运用现代语言学观点审视入典词汇的现象"(邹酆，2006)，对普及人民语言学知识，促进语言全民性方面也发挥了不小的作用。

七　关于近现代汉语辞书类型和编纂者素质的评论

(一) 对辞书类型方面的评论

近现代以来，社会的急遽变化，科学的快速发展以及分支学科的不断涌现，再加上人们对学习新知识、新文化的迫切需求，以往的《说文》类的字典与《尔雅》类的词典已远远不能满足大家查阅的需要。在这种新的形势之下，新的辞书种类应运而生。相应地，辞书的类型问题在这一时期也成为辞书评论和理论关注的对象。

首先，初步总结了古代辞书的类型。如蔡元培在《植物学大辞典序》中认为我国古代辞书"分为义理、考据、辞章三类。自义理一门不尚强记外，其属于考据者，训诂则有自《尔雅》《说文》，以至《字典》《经籍纂诂》诸书，掌故则有《通典》《文献通考》《五礼通考》，以至《姓纂》《地理韵编》等书。其属于辞章者，有《北堂书钞》，以至《骈字类编》《佩文韵府》诸书。至于《永乐大典》《图书集成》之类，则亦毗于考据者，虽其书纯驳不同，体裁杂出，要皆辞典之属也"。在《汉字索引制序》中从辞书的编排角度认为其"部类文字而训释之者，亦有三种，以义为部者，《尔雅》《广雅》释名之属是也；以声为部者，如《经籍纂诂》用今韵、《说文通训定声》用古韵之属是也；以形为部者，如《说文解字》依据六书、《康熙字典》及《新字典》标准画数之属是也。"1936年，蔡元培更明晰地把我国古代辞书分析为两大系统："吾国最古之辞书为《尔雅》，其后一方面演而为《广雅》《骈雅》等小学书；一方面演而为《初学记》《太平御览》等类书"（《辞海题词》）。

其次，认识到了辞书类型划分对学术文化等的重要性。如1912年蔡元培在《新字典序》中指出"方今图书浩博，识职分功，科学释名，类有专籍。我国作者，且别出辞书于字典之外，则字典之范围，狭于往者。"开始认识到传播学科专门概念和知识的专科辞典同传递语词知识的语文字词词典是有区别的。须尊则认识到"辞典之性质与百科全书不同。辞典在说明言语文字，而百科全书在叙述事物，故无论如何，专门科学上的语言皆须考其是否已经译成国语，否则宁付阙如。"所以如"新计划之国语大辞典不明了这个区别，亦必成为不伦不类之百科辞典矣。"（《国语大辞典之楷模》）另外，陆费逵的"欧美诸国之字典，体例内容之精善，固不待言；其种类之多，亦非吾人所能梦见。即日本区区五岛，近年词书之发行，大有一日千里之观。独吾国寂然无闻。斯亦文野盛衰所由判欤"（《中华大字典序》）的感叹。蔡元培"一社会学术之消长，观其各种辞典之有无、多寡而知之。各国专门学术，无不各有其辞典，或繁或简，不一而足。……学术进步之社会，所以有种种专门之辞典也。"（《植物学大辞典序》）的认识，都对促进我国辞书种类的增多和发展起到了一定的促进作用。

最后，对汉语字典和词典有了严格的区分。如洪焕椿在《读书治学的工具书——字典和词典》一文中提出"字典和词典两个名词，英语都是 Dictionary，词典也可以认为它是字典的一种。但严格言之，词典是解释两字以上词语为主的，字典是解释单字为主的，"并评论"吾国多出版的《辞海》《辞源》以及美国的《世纪字典》等，单字以外，兼载复词，含有字典和词典的两种作用。"同时指出，词典的种类，平常可分为普通与专科两种。如《辞通》《中华百科大辞典》《现代语辞典》等，它是包括一切名词加以解析的，称为普通性的词典。至于专门辞典，它的内容是专收某种科学方面的词语的，如商务馆出版的《教育大辞书》《动物学词典》《哲学辞典》等。

（二）对辞书编纂者素质的重要性的认识

一部辞书质量的高低往往与其编纂者的努力息息相关，所以辞书编纂者的素质会直接影响辞书的质量。

一个高素质的辞书编纂者必须应具备以下两个条件：一是懂得辞书编纂和语言学知识，最好有比较高的造诣；二是有肯为辞书编纂吃苦的精神，能够耐得住寂寞。对此，须尊早有论述，他指出："记载言语的生命史为国语大辞典的中心内容，但是非先认识言语的生命的人是无从下手的"（《国语大辞典之楷模》）。并通过举英国《牛津新英语辞典》从一八五七年发起，到一九二八年完成的七十多年间，先后历任四位主编不仅自身都有着很高的语言学造诣，而且还都有着为词典编纂鞠躬尽瘁死而后已的精神，这一典型事例有力地证明了辞书编纂者的素质对辞书的重要性。

对这一认识，从我国辞书史上也可得以很好地证明，从古至今的优秀辞书，无论是古代的《说文》《康熙字典》，还是近现代的《中华大字典》《辞源》《辞海》《新华字典》《现汉》，它们的编纂者无不是中国当时最先进的语言学理论代表者，正是他们的努力，才造就了这些辞书的历久不衰。以黎锦熙为例，黎先生不仅是我国著名的语言学家，而且为辞书的编纂奉献了自己的大半生。从 20 世纪 20 年代开始主持《中国大辞典》编事，为了使辞书编纂能顺利进行，甚至以减薪助纂、以稿酬助纂，即便在战乱中历尽沧桑也仍痴心未改，虽因社会等原因造成了终生的遗憾，但黎锦熙无疑是我国近现代辞书编纂史上一位合格的辞书编纂者。而中华人民共和国成立后，我国另一位语言学家丁声树，因主持《现汉》试用本被打成"封资修大杂烩"，在自己戴着"反动学术权威"帽子受批判的同时，仍孜孜不倦收集资料，把修改意见一条条记到"试用本"上的感人情景，则再次显示了一位高素质的辞书编纂者的应有风范（徐成志，2001）。

八　小结

通过以上对我国近现代辞书评论内容和标准的总结和梳理，我们可以得到以下几点认识：

第一，近现代时期随着社会的进步和语言学的发展，我国学者已经明确地认识到辞书评论对辞书编纂的指导作用，开始有意识地为辞书而评论。如丁宵汉在《辞源简评》一文中指出他发表此篇评论的目的，一是要"使读者知道《辞源》这部辞书是不可靠的辞书，万勿过于依重它"；二是"盼望好的辞书快快出来，救我国读书界的贫困。"白熊在《看了周铭三先生底国语词典之后》中也指出他之所以对《国语词典》进行评论，"一则是提出来和周先生研究讨论，周先生本有'恐怕还有许多不妥当的地方，需要大家指教'的话；二则想贡献于后来编纂词典的先生们之前，作为一些参考的意见。"从中可以看出，近代以来我国的学者对辞书的评论是自觉的有意行为，有意地指出辞书的不足并从中总结辞书编纂的经验，以为后来辞书的编纂提供某些借鉴，有力地推动了我国辞书的进步，为我国当代辞书事业的辉煌奠定了坚实的基础。

第二，在继承古代与借鉴外国辞书编纂理论的基础上，对辞书编纂各方面的评论标准和原则进行了更为系统的总结和整理，如洪焕椿《读书治学的工具书——字典和词典》一文不仅论述了工具书对于治学的重要性，区分了字典和词典的不同，介绍了各自的代表作，更为可贵的是提出了从辞书编辑人员素质，到辞书收词、注音、辞书样式、纸张装订等十四条鉴别与选择辞书的评论标准，这些标准在六十年后的今天，也仍不失其实用性价值，充分展现了我国近现代学者对辞书编纂认识的发展。

第三，形式上，在原有的序跋、凡例和一些辞书的编纂计划等的基础上，开始出现了论文形式的辞书评论，并逐渐成形，成为辞书评论的主要形式，一定程度上改变了我国古代辞书评论只评不论的弊端，使评论的理论性和系统性得到进一步增强。到新中国成立后还出现了专书性质的探讨，如刘叶秋《中国的字典》（1960）、《中国古代的字典》（1963）等，对中国古代主要辞书的内容、体例、优缺点、价值等都进行了集中评述，显示了我国近现代辞书评论的不断进步。

第四，我国辞书评论在向现代转型的过程中，随着论文式辞书评论的出现，虽然在理论性、系统性等方面得到了加强，但也丢失了其在发展初期的一些优点，如形式的灵活性、体裁的多样性等，这为我国当代辞书评论写作模式化倾向的出现埋下了伏笔。

参考文献

高兴：《我国古代辞书向现代辞书的转变》，《安徽大学学报》（哲学社会科学版）1996 年第 2 期。

何华连：《概说辞书评论》，《中国辞书论集 2001》，陕西人民出版社 2002 年版。

何华连：《辞书质量的评价标准》，《辞书研究》2003 年第 3 期。

林玉山：《20 世纪的中国辞书研究》，《辞书研究》2001 年第 1 期。

刘叶秋：《中国的字典》，商务印书馆 1960 年版。

刘叶秋：《中国古代的字典》，中华书局 1963 年版。

刘叶秋：《中国字典史略》，中华书局 2003 年版。

罗思明、曹洁旺：《词典批评类型与理论构建》，《山东外语教学》2006 年第 5 期。

潘树广：《蔡元培的辞书学理论与实践》，《辞书研究》1983 年第 1 期。

徐成志：《尊重前人，追踪时代——中国辞书百年回顾》，《辞书研究》2001 年第 3 期。

徐成志：《辞书评论应当与时俱进》，《中国辞书论集 2002》，四川辞书出版社 2003 年版。

徐成志：《彰瘅督导 共创典常：论辞书评论的作用及其发挥》，《辞书研究》2003 年第 1 期。

徐祖友：《辞书评论漫议》，《辞书研究》2003 年第 1 期。

杨文全：《近百年的中国汉语语文辞书》，巴蜀书社 2000 年版。

中国科学院少数民族语音研究所：《词典编纂法论文选译（第一集）》，科学出版社 1959 年版。

周祖谟：《〈新华字典〉评价》，《中国语文》1954 年第 4 期。

邹酆：《论我国辞书评论的现状、任务和改进途径》，《辞书研究》1994 年第 1 期。

邹酆：《近百年来汉语词典编纂法研究的新发展》，《辞书研究》1999 年第 5 期。

邹酆：《辞书评论的原则、标准和方法》，《中国辞书论集 2002》，四川辞书出版社 2003 年版。

邹酆：《中国辞书学史概略》，湖北人民出版社 2006 年版。

四　外向型汉语词典研究

对外汉语学习词典结构特征研究刍议*

提　要： 面向以汉语作为第二语言学习的外向型汉语学习词典编纂关系汉语国际推广的成效，也是当前辞书类型中亟须加强的关键环节。本文以此为选题，以词典结构特征为切入点，从研究意义、研究理论和方法、研究的重难点和研究框架等方面初步搭建本研究的主要内容，以期为外向型汉语学习词典的研究提供些许参考。

随着中国综合国力的增强和国际地位的提高，据《2005 年世界主要语种、分布和应用力调查报告》显示，汉语已成为"应用力"排名仅次于英语的世界第二主要语种，在世界范围内得到普遍推广。据《光明日报》报道，截至 2013 年 3 月，全球已有 410 所"孔子学院"在 110 个国家"开花结果"，同时，还有 74 个国家的 266 个机构在排队申办孔子学院。① 词典是帮助学习者获取语言知识的有效资源，面向对外汉语教学的外向型学习词典编纂是汉语辞书编纂的一个重要分支，在当前汉语国际推广的大背景下，学习词典的编纂是帮助外国人学习汉语，促进汉语国际传播，提高我国辞书国际地位，把我国建设成为辞书强国的重要途径。

在我国，对外汉语学习词典的编纂始于 20 世纪 70 年代，伴随着"汉语热"的兴起在 20 世纪 90 年代逐渐形成一股词典编纂和研究的热潮，相继出版了一系列外向型汉语学习词典。但是，我国学习词典的编纂现状不甚乐观，词典编纂还带有相当深的"内汉"痕迹，至今还没有一部真正

---

* 本课题构思于 2012 年底 2013 年初，研究框架中的部分设计偶见发表，后因更换题目，暂且搁置，现整理成文，希望能为外向型汉语学习词典的研究提供些许参考，不足之处敬请方家指正。

① 此处数据亦然，根据新华网最新报道：截至 2018 年底，我国已在 154 个国家和地区建立了 548 所孔子学院和 1193 个中小学孔子课堂，学员总数达 187 万人。http://www.xinhuanet.com/world/2018-12/05/c_ 1210009045.htm

符合留学生需求的对外汉语学习词典（郑定欧，2004；雷华、史有为，2004；周上之，2005；李红印，2008；章宜华、杜焕君，2010；杨金华，2012）。调查表明，国内出版的汉语词典只有 6.8% 的留学生拥有；93.2% 的外国留学生不购买国内出版的汉语学习词典；40.18% 的留学生不知道这些词典的存在。同时，国内英语学习词典的市场基本为英国出版的五大词典所占据，2009 年的市场份额达 93.19%（章宜华，2010）。词典编纂的强烈需求与不甚理想的编纂现状之间的巨大差异迫使我们对对汉语学习词典的结构特征需要进行一番较为深入系统的研究，以便更为清醒地认识自身的缺陷和不足，逐步摆脱"外典内汉"的诟病，进而增强词典编纂的实用性和竞争力，更好地为对外汉语教学和汉语国际推广服务。

一　本课题的研究意义①

对外汉语学习词典的研究关系到国际汉语推广和国家文化软实力建设，关系到对外汉语教学和留学生语言习得的顺利进行，关系到词典学学科地位的巩固和完善，甚至语言研究中旧课题的深入和新领域的开拓。本研究的意义和价值主要表现在如下方面：

（1）对当前汉语学习词典的编纂和研究现状进行立体式综合分析，概括分析已有成果，指出其中存在的优势和不足，和今后需要深入研究的诸方面。从 1976 年"我国真正意义上的对外汉语学习词典"——《汉英小词典》的编印（魏向清等，2011）以及 1978 年王还先生结合词典编纂实践所撰写的第一篇对外汉语学习词典类论文——《校〈汉英小词典〉所想到的》至今已有 30 多年的历史。30 多年来，我国对外汉语学习词典的编纂和研究经历了从无到有，不断壮大的发展过程。但是，我们对已编纂出版的词典缺少系统的分析，对已有的研究成果缺少系统的总结，对当前汉语学习词典的编纂和研究现状的认识比较模糊，这就致使在词典编纂和研究中出现大量的重复性劳动，畸轻畸重的情况比较突出，严重阻碍了学科的健康发展，影响了词典的实用价值。我们的研究将对当前编纂和研究成果的基础上，从宏观、中观和微观三大层面和十二种属性信息分条缕

---

① 本节内容和上节文字曾以《系统研究对外汉语学习词典的结构特征》（作者：刘善涛）为题发表于《中国社会科学报》2014 年 2 月 17 日语言学版，收录本书时略作修改。

析地进行研究，坚持词典对比、理论解释、材料分析和数据观察相结合，在此基础上指出词典编纂和研究中存在的优势和不足，以及今后需要深入研究的诸方面。希望本研究对推动汉语学习词典的编纂和研究有所帮助，对"对外汉语学习词典学"（郑定欧，2004）甚至整个词典学的学科建设有所裨益。

（2）对学习词典的结构特征进行系统的对比分析，初步归纳出词典编纂的每一环节所应遵循的理论和原则。在"汉语热"推动下的词典编纂和研究热潮的表象下实际上存在着较大的缺陷和不足，编纂宗旨缺乏针对性和目的性，研究成果不够系统和深入，编纂者和研究者缺少词典类型学的理念，这严重影响到词典学学科地位的完善和词典的市场竞争力。本课题在词典类型学的指导下，按照词典结构论的思想对外向型汉语学习词典的结构特征进行系统分析，揭示每一结构要素在编纂过程中所应遵守的理论和原则。如外向型汉语学习词典的收词与内向型词典不同，词典收词应密切关注二语习得者的现实需求，充分利用对外汉语教学研究的实际成果，在科学和规范前提条件下，按照有针对的实用性这一核心基础原则和常用性、纠错性和效率性的操作原则，本着词典编纂自身所要求的系统性与平衡性以及时代发展所提出的新颖性与修订要求，完善词典收词。

（3）对词典释义及相关问题进行多角度分析和研究，以期提高词典的释义水平，增强词典的实用性。词典编纂虽是一项多环相扣的系统工程，但其中也有主次之分。释义是词典的核心，既是当前研究中关注较多的环节，也是需要进一步总结和深化的部分。本研究将词典释义单列一章，从理论方面、实证方面、词典释义的信息丰度、释义元语言和释义模式等诸方面对词典释义进行集中探讨。宽泛地说，词典中义项的排列，语法义、语用义和词义辨析等诸环节也是词典释义的组成部分，其研究内容散见于不同的章节。本研究力求细化研究对象，将词典结构诸环节，尤其是与释义相关的各组成部分分门别类地进行探讨和研究，增强研究对象和研究内容的明确性与针对性，进而使每一部分的研究都凸显出自身的意义和价值。

（4）结合中介语语料库和问卷调查与测试，对留学生词汇学习、词义认知和词典使用状况有了大致认识，增强了研究的科学性，对汉语学习词典的编纂和研究提供了一定的数据支持。语料库语言学和教育心理学的研究范式在对外汉语研究中已逐渐得到接受和认可，但在词典编纂领域还相当薄弱。本课题在部分章节尝试使用上述研究方法，将研究对象置于中介语语料库中，辨明词典编纂的相关环节在留学生语言习得中的实际情况，增强编纂的针对性。同时文章还调查分析了留学生词汇学习、词义认知的相关情况，对词典收词和不同意义类型的词语释义状况提供数据支持。

在当前政治、经济、文化等繁荣发展的良好形势下，每个领域都有着自己的"中国梦"，汉语国际的推广和全球"汉语热"的普及，与词典相关的辞书强国梦，外向型汉语学习词典的强国梦是各研究和出版单位，各相关学者努力追求的目标，本研究希望能对辞书强国梦的早日实现贡献出自己的一份绵薄之力。本研究坚持分析、总结和评论相结合，指出当前学习词典在编纂和研究诸环节存在的不足，区分汉语外向型词典和内向型词典的差异，参考借鉴英语外向型词典的成功经验，最后指出当前词典编纂和研究中有待加强的内容，点明原因，提出对策。

二　本课题的着力点和研究中所要解决的问题

本课题遵循结构主义的研究范式，按照哈特曼（2001）对词典结构的划分，以对外汉语学习词典中评价较高，能够代表当前词典编纂实际水平的八本词典①作为主要研究对象，从宏观、中观和微观三个层面，涉及词典收词、立目、义项的确立与排列、语音信息的标注、语法信息的标注、例证的选取与设置、词典注意栏目的效度、词典释义的信息丰度、释义元语言、释义模式、词义辨析的效度、插图设置的标准、词典参见和另见的系统性、词典的修订与完善等诸环节，对外向型汉语学习词典的上述结构要素进行系统的对比分析。

同时为了深入挖掘外向型汉语学习词典的"内汉"诟病，我们还将外向型汉语词典与内向型词典，如《现代汉语词典》和《现代汉语规范

---

① 按出版时间依次为：《现代汉语学习词典》，孙全洲主编，上海外语教育出版社1995年版；《现代汉语常用词用法词典》，李忆民主编，北京语言大学出版社1995年版；《汉语常用词用法词典》，李晓琪等编，北京大学出版社1997年版；《汉语8000词词典》，刘镰力主编，北京语言文化大学出版社2000年版；《HSK汉语水平考试词典》，邵敬敏主编，华东师范大学出版社2000年版；《当代汉语学习词典》，徐玉敏主编，北京语言大学出版社2005年版；《商务馆学汉语词典》，鲁健骥、吕文华主编，商务印书馆，彩色本2006年，双色本2007年；《汉语教与学词典》，施光亨、王绍新主编，商务印书馆2011年版。

词典》进行对比，分析内向型和外向型词典的类型学差异。再者，英语学习词典的成功经验也是我们编纂和研究对外汉语学习词典的宝贵财富，在英汉两种不同语种的外向型词典的对比基础上有选择地参照和借鉴也成为本研究的着力点之一。

本课题力求将研究对象进行细化，逐一分析汉语学习词典中每一结构要素的编纂和研究现状，对比各词典的处理状况，既要指出各词典的优势和不足，又要总结该结构要素在编纂中所要遵守的思想和原则。

本研究所要解决的问题主要是：明确对外汉语学习词典的学科地位，提高词典编纂的针对性和实用性。而解决这一问题的关键在于前文所述对汉语学习词典结构特征的系统分析，若要解决这一问题则要使用下述理论和方法。

三　本课题所采用的主要理论和方法

在宏观层面，我们主要使用三种理论：词典结构理论、词典类型学理论和读者本位理论。哈特曼（2001）对词典结构的划分为我们的研究构建出初步的框架，但是出于研究的需要，我们在其理论指导下对词典结构做出了自己的操作性定义和划分。词典结构论是对词典内部不同结构的划分，而词典又可以按照不同的标准划分出不同的类型，学习型词典，又被称为积极型词典、编码型词典、功能型词典，是"为满足语言教师和语言学习者的实际教学需要而特别编纂的参考书"（哈特曼，2000）。对外汉语学习词典必须始终贯彻其学习型、编码型、积极型和功能型特征，以便与内向型词典形成区分，凸显出自身的类型性。同时，汉语由于自身的意合性、综合式等特点，在词典编纂和研究中又不可照搬西语词典模式，必须在参考和借鉴的基础上构建出符合汉语语言类型的学习词典。确立汉语学习词典类型标准的一个重要思想即读者本位理论。词典作为一种工具，不同的类型有不同的服务对象，对外汉语学习词典的读者是母语非汉语的二语习得者。这就要求在词典编纂过程中牢固树立以读者为中心的思想，努力贴近和方便使用词典的外国读者，使编纂出的词典更加方便实用。

在具体的研究过程中，我们还综合运用了语言学、词典学和对外汉语教学方面的相关理论，如词汇结构论、语义场和语义构词、词义演变、义位结构论、义位函数论、语义韵律、释义元语言、词汇控制理论，还有认知语言学中的家族相似性理论、原型理论、隐喻和转喻理论、构式语法、配价语法等。

在研究过程中，我们使用的主要研究方法是：多层级多视角的对比方法；语料分析、数据观察和理论阐释相结合的方法；实验测试和问卷调查的研究方法。有比较才有鉴别，本课题将汉语学习词典自身以及与内向型词典和英语学习词典同时进行比较分析，不同类型不同角度地探讨汉语学习词典的结构特征。对于每一结构要素的分析和研究，我们坚持以材料和数据说话的原则，进而总结出相关的思想和原则，避免了形而上的空谈，增强了研究的实用价值。同时，相关的实验测试和问卷调查为我们的研究增加了一定的科学性，使本研究中的相关结论更为可信有据。

四　本课题的创新点和难点

本选题的主要创新点体现在如下两个方面：（1）首次在数据库的基础上对对外汉语学习词典的编纂和研究现状进行总结，试图勾勒出汉语学习词典的编纂和研究整体面貌。（2）进而按照词典结构论的观点对汉语学习词典的结构特征进行较为系统的分析和研究，从词典类型学的视角对外向型汉语学习词典、内向型汉语语文词典和外向型英语学习词典进行对比研究，努力归纳出词典编纂各环节所要遵守的思想、方法和原则，以期对汉语学习词典的编纂和研究有所帮助。

本选题的难点体现在：（1）对外汉语学习词典学作为一门新兴学科，词典编纂和研究成果较为薄弱，对词典结构进行的系统性研究和具体的理论、方法尚不多见，缺少可资借鉴的成果，部分领域尚需借鉴英语词典的研究经验，努力拓荒。（2）本课题试图对学习词典的各环节都进行对比分析和研究，词典自身的语料较为庞大，工作量也是较为庞大的。

五　本研究的初步框架

第一章：绪论
1.1　研究对象
1.2　研究意义
1.3　本研究的思路和方法

1.4　本研究的主体框架

第二章：相关研究概况

2.1　以《现汉》为代表的汉语内向型词典研究概况

2.2　以五大家族为代表的英语学习词典研究概况

2.3　面向留学生的汉语外向型词典研究概况

2.4　对相关研究的反思

上篇：基于信息库的汉语学习词典理论分析

第三章：中型学习词典信息库的建立和属性分析

3.1　引言

3.2　信息库的构建与实现

3.3　基于信息库的词典属性分析

3.4　结语

第四章：词典宏观结构特征研究

4.1　词典收词研究

4.2　词典立目研究

4.4　词典义项的确立与多义条目义项的排列

第五章：词典微观结构特征研究（上）

5.1　词典语音信息标注研究

5.2　词典语法信息标注研究

5.3　例证的选取与功用

5.4　词典注意栏目的效度分析

第六章：词典微观结构特征研究（下）

6.1　义位函数理论及其实证研究

6.2　词典释义的信息丰度分析

6.3　词典释义元语言研究

6.4　词典释义模式分析

第七章：词典中观结构特征研究

7.1　汉语学习词典中观结构对比

7.2　词典参见和另见的系统性研究

7.3　词典检索系统对比研究

第八章：词典的修订与完善

8.1　以五大家族为代表的英语学习词典的修订

第十五章：结束语

15.1　再评《商务馆学汉语词典》

15.2　谈对外汉语学习词典的编纂

15.3　全文的总结

15.4　本研究的不足以及对后续研究的展望

参考文献

［英］哈特曼：《词典学教学与研究》，外语教学与研究出版社 2005 年版。

雷华、史有为：《工具的工具：词典的易懂与易得——关于对外汉语学习单语词典》，《语言教学与研究》2004 年第 6 期。

李红印：《构词与造句：汉语学习词典编纂的两个重心》，《语言文字应用》2008 年第 2 期。

王还：《校〈汉英小词典〉所想到的》，《语言教学与研究（试刊）》1978 年第 4 期。

魏向清、耿云冬、王东波：《中国外语类辞书编纂出版 30 年（1978—2008）回顾与反思》，上海辞书出版社 2011 年版。

夏静、刘小英：《中国已有 410 所孔子学院 遍布全球 110 个国家》，《光明日报》，2013-3-18.

杨金华：《试论我国现代编码型语文词典的编纂原则》，《辞书研究》2012 年第 2 期。

章宜华、杜焕君：《留学生对汉语学习词典释义方法和表述形式的需求之探讨》，《华文教学与研究》2010 年第 3 期。

章宜华：《汉语学习词典与普通汉语词典的对比研究》，《学术研究》2010 年第 9 期。

郑定欧：《对外汉语学习词典学刍议》，《世界汉语教学》2004 年第 4 期。

周上之：《对外汉语的词典与词法》，《汉语学习》2005 年第 6 期。

中型学习词典信息库的建立和属性分析*

提 要：在当前汉语国际推广和辞书现代化建设的有利形势下，对对外汉语学习词典的系统性研究势在必行。在语料库语言学的指导下，我们按照一定的思想和原则，为当前对外汉语学习词典的代表作《商务馆学汉语词典》建立了完整系统的封闭式信息库，并从宏观、中观、微观三个方面十二个属性进行分析，对后续研究进行展望，以期加深对外汉语学习词典的研究。

语料库语言学被称作现代语言学甚至后现代语言学（卢磊，2006）的重要特征。"自从 COBUILD 词典问世以后，建立语料库已经成为当代编纂原创性词典的必要条件"（杨惠中，2002）。语料库语言学和词典学结合所形成的新型交叉学科——语料库词典学已成为辞书现代化建设的重要"法宝"（李宇明、庞洋，2006）。语料库词典学主要指以语料库为基础的词典编纂和词典研究两方面的内容。目前，我国语料库词典学的研究多集中在计算机辅助辞书编纂的理论性研究以及基于语料库的个案性、小范围内的词条编纂实践研究，"我国语料库、知识库等基础资源库建设相对滞后，多数出版社主要还是靠手工编纂，技术比较落后，我国迄今尚没有真正意义的使用语料库编写的辞书"（王铁琨，2007）。因此在加快词典语料信息化、数据化发展，推进语料库的深加工或数据化研究及开发（章宜华，2012）的同时，对已出版的、不同类型辞书的信息化处理和对比分析也是语料库词典学研究的重要课题，它将使我们更为清晰地认识词典编纂现状，了解我国词典编纂和国外同类型词典编纂的具体差距，从而进一步推动我国的辞书编纂理论和实践研究。

---

* 本文作者刘善涛、王晓，发表于《云南师范大学学报（对外汉语教学与研究版）》2014年第2期，收录本书时略作修改。

面向对外汉语教学的外向型学习词典的编纂是汉语辞书编纂的一个重要分支，尤其是在当前汉语国际推广的大背景下，学习词典的编纂是做好汉语国际传播，提高我国辞书的国际地位，把我国建设成为辞书强国的重要途径。但是，调查表明，国内出版的汉语词典只有 6.8% 的留学生拥有；93.2% 的外国留学生不购买国内出版的汉语学习词典；40.18% 的留学生不知道这些词典的存在。同时，国内英语学习词典的市场基本为英国出版的五大词典所占据，2009 年的市场份额达 93.19%（章宜华，2010）。数据上的巨大差异迫使我们需要进一步加强对汉语学习词典的系统深入研究。

语料选取的典型性和代表性是语料库建设的核心问题，本研究中，我们选取了我国第一部专门为具有中级汉语水平的外国人编的汉语原文词典（江蓝生，2007；陆俭明，2007；鲁健骥、吕文华，2006），同时也是在对外汉语教学界和词典学界广受好评（郑艳群，2009；杨金华，2009；高慧宜，2009；刘晓梅，2011）的《商务馆学汉语词典》（简称《学汉》，下同）作为语料来源，对词典正文部分进行电子化处理，建设成完整系统的中型学习词典信息库，进而对信息库中的各种属性进行定量分析，以期对本词典有一个较为系统的认识，对汉语学习词典的编纂和研究有所帮助。

一　信息库的构建与实现

信息库的建设和对库中属性的定性定量分析是一个复杂系统的工程，既需要手工的纸质文本电子化处理，也需要在一系列思想和原则的指导下对信息库属性信息进行整体设计和分步描述，同时还需要一定的电脑技术手段对材料进行半智能化处理。具体步骤和做法如下：

（一）词典纸质文本的电子化处理

本词典分为双色本和四色本两个版本，由于四色本的印刷质量更为优越，不同板块的颜色标记和词典插图的画面质量也更为清晰，因此我们将四色本作为将要处理的纸质文本。

（1）词典文本的扫描和编号。用专业扫描仪将纸质文本逐页扫描到计算机，储存成电子图片，并按照词典的页码顺序对其进行编号。

（2）词典图片的处理。用专门的图片处理软件对所扫描的电子图片进行处理，检查图片的完整性和清晰度，保证图片质量。同时对扫描过程中所形成的图片边框冗余成分进行切除，以便提高图片 OCR（Optical Character Recognition，光学字符识别）处理过程中的软件运行速度和文字识别的正确率。

（3）词典图片的 OCR 识别。使用专业的 OCR 软件 ABBYY FineReader Pro 10. 0 版对图片文本进行自动识别，并按照图片名称逐个保存为 word 文档。

（4）词典文档的校对和整理。软件的自动化处理并非一劳永逸，还需要将零散的 word 文档按顺序进行合并，并和词典文本进行对照，逐字逐句校对，统一符号和格式，保证文档处理的真实可信，为后续工作打下坚实的基础。

（二）词典信息库建设的思想和原则

（1）全面真实地描述词典正文的全貌。本词典在正文前后虽在前置页和后置页部分设有说明、附录等内容，但正文是词典的主体，也是信息库建设的全部来源。本信息库除全面反映词典中的条目、注音、释义、例证等要素外，还真实呈现本词典的某些特色，如声旁字、逆序词、语素义统领词条，以及丰富的词目辨析、注意和插图等。

（2）宏观、中观、微观相结合。词典正文是在一定的编纂宗旨的指导下，按照一定的体例把相关的构成要素合理布局形成的有机整体。信息库的建立既需要将有关构件进行合理切分，同时也不能切断各构件之间的联系，打破正文结构的整体性和系统性。在综合前人（黄建华，1987；袁世全，2000；哈特曼，2005；章宜华、雍和明，2007）理论研究的基础上，结合本信息库建设的实际，我们将词典正文分为宏观、中观、微观三个交错呼应、相互联系的有机系统。

（3）分条目、逐义项单独标注。纸质词典限于其编纂传统、编纂理念、生产成本等方面的要求，在排版印刷方面显得较为紧凑，而出于研究目的的词典信息库则需要使研究对象尽量明确、具体，保证各微观要素都能在库中找到恰当的位置，进而体现出该要素的编纂价值。在具体的建库实践中，我们将一个条目（声旁字除外）对应一个语音（注音）、语法（词性或语素性质）、语义（义项）、语用（例证）、逆序、另见、注意等属性，其中语音和语义属性是必有属性。上述思想和原则可用图 1 加以表示①。

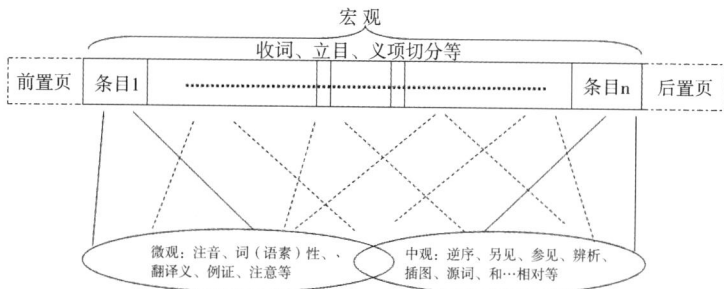

图 1　词典信息库建设思想和原则示意图

（三）中型学习词典信息库的建立

在上述思想和原则的指导下，我们为本信息库共确立了 12 种属性信息，分别为：条目、注音、语法属性、释义、例证、逆序、另见、注意、辨析、插图、参见、源词等。最终将词典正文内容按照上述 12 种属性信息填入由微软发布的关联式数据库管理系统 Microsoft Office Access 2007 中。信息库界面部分内容见图 2 所示。

图 2　中型学习词典信息库样图

---

① 本图在设计过程中参考了哈特曼（2005：59）的词典结构图。

二　基于信息库的词典属性分析

信息库的建立是为了更为全面系统地认识本词典，进而对外向型汉语学习词典的编纂和研究有所帮助。下面我们将从宏观、中观、微观三个方面对词典正文的各属性信息进行分析。

（一）词典正文宏观属性信息分析

词典是"词的一份单子"（黄建华，1987），收词与立目对词典的宏观结构有着重要影响。义项的确立和多义义项的切分关系到对所收词目意义区域的划分和词典的体系性问题。

《学汉》共立条目 12372 个，总义项数 17721 个（包括声旁字），平均每个条目设置 1.43 个义项。条目单位大致分为下面几类：

声旁字 76 个，占条目总数的 0.6%，在词典中单独立条，并用网文标出。其作用是使读者体会汉字读音时的规律，在词典中只标记读音，没有释义和例证。

单音节条目 3645 个，占条目总数的 29.5%，分列义项数 7204 个，占义项总数的 40.7%。其中义项数最多的为"下"，共 19 个义项，其次为"打"和"点"，各 18 个义项。各义项数所占有的条目数量和在条目总数中的比重见表 1。

表 1　词典各义项数所占有的条目数量和在条目总数中的比重表

义项数	1	2	3	4	5	6	7	8	9
条目数	1968	821	406	208	118	51	26	16	10
占条目总数的比（%）	54	22.5	11.1	5.7	3.2	1.4	0.7	0.4	0.3
义数项	10	11	12	13	14	15	16	17	18
条目数	3	4	5	1	1	2	0	0	2
占条目总数的比（%）	0.08	0.1	0.14	0.03	0.03	0.05	0	0	0.05

信息库的建设是以义项为单位的，在 7204 个义项所统领的单音节条目中，词典中标记为"素"的实语素项 2609 个；词典中标为"尾"（词

尾）和"头"（词头）的虚语素项分别为 16 个和 8 个；词典中没做属性标注，表示具有构词能力的单字有 274 项；作为特定语境下的口语变体，词典中没有做属性标记的成词条目 2 个（哪、那）；其他条目为能自由使用的成词语素，共计 4295 项。

多音节成词条目 8435 个，占条目总数的 68.2%，分列义项数 10203 个，占义项总数的 57.6%。其中义项数最多的为"起来"，8 个义项；其次为"什么、下来"，各 6 个义项，见表 2。

表 2   词典义项数、条目数与所占条目总数比值对照表

义项数	1	2	3	4	5
条目数	6902	1352	152	24	5
占条目总数的比（%）	81.8	16	1.8	0.28	0.06

信息库中，短语条目 213 个[①]，占条目总数的 1.8%，分列义项数 238 个，占义项总数的 1.3%。在 238 个义项所统领的短语条目中，成语 80 项，待嵌格式 26 项。

（二）词典正文中观属性信息分析

词典中观结构不是一种顺序性结构，而是用以连接分布在不同位置上的信息的网络状结构，旨在重现自然语言以及学习者心里词库中的关系网络，在词典中最终表现为一种具有多维性、发散性的网络关系（章宜华，2008）。在本词典的正文部分，中观系统又表现为条目之间的中观联系和同一条目之内的中观联系。前者指以本条目为基点所引发的与他条目之间的联系，如：逆序词、条目辨析、和…相对、另见…页、参见…页等；后者指本条目内的附属信息与该条目的联系，如：插图、外来词的源词形式等。

为了帮助扩大读者的词汇量，本词典在单音节条目的每个义项下分别列出了逆序和正序两类词语。据统计，词典共为单音节条目的 2838 个义项设立了 6863 个逆序词，每个义项平均 2.42 个逆序词，设立逆序词的义

---

①   词典正文中有 9 个条目（头疼、往后、一度、一方面、一会儿、一下、有点儿、有些、干吗），虽出自同一词条，但在有的义项上没有标记词性，视为短语，有的义项上标记了词性，视为词。短语义项共计 11 条。

项数占单音节条目义项总数的 39.4%。设立逆序词数最多的义项为"人（二）"，共 40 个；其次为"语（一）"共 36 个。词典中逆序词的数目与所在条目义项总数的数值对照表见表 3。

表 3　　　词典中逆序词的数目与所在条目义项总数的数值对照表

逆序词数	1	2	3	4	5	6—10	11—15	16—20	21—30	31—40
义项总数	1495	574	276	159	97	179	35	14	6	3

为了深入区分近义语素或近义词之间的差异，词典专门设立了词目辨析栏，共 142 组，形成了近义现象之间的互相参照。其中有 139 组为两个词语之间的辨析，占词目辨析总数的 98%；有 3 组为 3 个词语之间的辨析，占词目辨析总数的 2%，如"被—叫—让、惩办—惩罚—惩治、小时—钟头—点钟"。

在提示条目的反义语素或反义词中，词典设有"（和…相对）"的标记，形成反义现象之间的互相参照，本词典中共有 669 处。在提示多音字或多音词的其他读音中，词典这有"另见…相对"的标记，形成了多音现象之间的互相参照，本词典共有 584 组字或词设有语音另见的互参标记。同时，词典还专设了"参见"项，以便有关词语或词条和词典中的附录等信息相互参照，此类设置共有 21 处。

为了更为形象地理解词义，也为了方便留学生将汉语词与其母语词形成对照，加深对汉语外来词理据的理解，词典还设置了一定数量的插图，并在释义或例证之后用括号标注了该外来词条目的源词形式，形成词条内部的相互参照。其中插图共有 636 副，外来词所标示的源词 108 个①。

（三）词典正文微观属性信息分析

微观结构是词典的基本结构单位和功能单位，是词典的主体（黄建华、陈楚祥，2001），它按照一定的格式提供词目词所蕴含的全部或主要信息，主要包括注音、词类、释义、例证、注意等相关信息，其中释义是

---

① 有部分外来词标注在某些条目的释文和例证中如："佛"和"迦"的释文和例证中都出现了"释迦牟尼（Shìjiāmóuní，梵文：Sakyamuni）"，"普"的例证中有"吉普（jípǔ，英文：jeep）"，形成了外来词标记体例以及词典立目的不统一，本文不计入外来词的数量。

词典的核心，例证是对释义的补充和延伸。

《学汉》本着"易懂、易查、易学"（鲁健骥、吕文华，2006）的目标，在词典注音方面有三点变通：一是把 CH、SH、ZH 从 C、S、Z 中分出来，单独设部；二是在 L、N 两部中的 lú、lǔ、lù、lüè 和 nǔ、nüè 分别排在两部的最后；三是按字头的义项统领词目，词目按照音序排列和注音。

《学汉》将同词性的多音节成词条目在词头前标记一个词性；将兼类词和同音词设在一个条目之中，不同词性分别设立不同的义项；对同形词则分立条目，用"另见…页"标示。词典为单音节条目和多音节成词条目的词性设置情况见表 4。

表 4　　　　词典中单音节条目和多音节成词条目的词性设置数据表

词性	名词	动词	形容词	副词	介词	连词	代词	助词	叹词	象声	数词	量词	数量	短语词	总计
单音节	1051	2018	512	182	63	25	48	56	29	25	56	228	2	0	4295
多音节	5033	2583	1338	346	24	80	91	13	4	22	9	17	0	643	10203
总计	6081	4601	1850	528	87	105	139	69	33	47	65	245	2	646	14498

词典正文所标记的词性总数为 14498 个，其中 643 个短语词又分为动—宾式 502 个、动—结式 94 个、动—趋式 42 个、动—介式 5 个。

除声旁字外，《学汉》为每个条目都进行了释义，我们使用从中国语言文字网所下载的"MyZiCiFreq 字词频率统计工具"软件对释文语言进行分析可知，释文总字数为 186079 个，所用汉字共 2875 个，其中只使用一次的汉字有 456 个，占所用汉字总数的 15.8%；使用两次的汉字有 320 个，占所用汉字总数的 11.1%。释文中所使用词语总数为 133882 个，出现不同词语的个数为 7297 个，其中只使用一次的词有 2340 个，占所用词语总数的 32.1%；使用两次的词语有 1065 个，占所用词语总数的 14.6%，见表 5。

表 5　　　　词典释文所用汉字数量和词语数量出现次数对照表

出现次数	3—10	11—50	51—100	101—200	201—500	501—1000	1001—2000	2001—3000	3001 以上
不同汉字数	731	751	257	172	113	48	20	5	2
不同词语数	2244	1240	219	101	58	17	9	3	1

　　《学汉》为 14681 条义项设置了例证，占义项总数的 82.8%，共设例证数为 55793，平均每条义项设置 3.8 个例证，其中例证数最多的为"周（六）"，共 13 个例证，其次为"风（一）"，共 12 个例证，再次为"柜、国（一）、某（一）、工业、革命（2）"，各有 11 个例证。下表为例证数量和义项数量的对应表，见表 6。

表 6　　　　　　　　　　　　词典例证数量和义项数量的对应表

例证数	1	2	3	4	5	6	7	8	9	10
义项数	417	1415	3142	6815	1943	651	197	70	20	5

　　《学汉》为了更为准确地描述条目的意义和用法，深入揭示词的微观要素，还设立了"注意"栏，共 511 个，进一步提示了不同条目的语法搭配条件，词义色彩，文化内涵、使用条件等。

三　结语

　　词典是教材的补充和延伸，是使用者答疑解惑的良师益友。在当前的汉语国际推广形势下，外向型汉语学习词典的编纂是推动汉语进一步走向世界的有效工具。但是，我们"对辞书理论研究不够"，还"缺少有针对性编写的学习型辞书"（王铁琨，2006）。本文选取了当前学习词典中的代表为语料来源，结合现代语言学研究的数理化、计量化趋势，建立了一个封闭的词典信息库，并对词典正文中的各属性信息进行了初步统计分析。在后文的研究中，我们将对各信息进行深入挖掘，并与内向型汉语词典的典范（以《新华字典》《现代汉语词典》为代表）和英语学习词典的代表（五大家族：牛津、剑桥、朗文、麦克米伦、柯林斯）进行对比，探讨汉语外向型词典在编纂过程中所应注意的问题以及应体现出的特色等。

参考文献

　　［英］哈特曼：《词典学教学与研究》，外语教学与研究出版社 2005 年版。

高慧宜：《一部易查易懂的对外汉语学习词典——〈商务馆学汉语词典〉评论》，《辞书研究》2009 年第 6 期。

黄建华：《词典论》，上海辞书出版社 1987 年版。

江蓝生：《商务馆学汉语词典·序》，商务印书馆 2007 年版。

李宇明、庞洋：《关于辞书现代化的思考》，《语文研究》2006 年第 3 期。

刘晓梅：《浅析〈商务馆学汉语词典〉例证的文化传播功能》，《辞书研究》2011 年第 4 期。

卢磊：《语料库语言学：后现代语言学的兴起》，《湖北大学学报》（哲学社会科学版）2006 年第 4 期。

鲁健骥、吕文华：《编写对外汉语单语学习词典的尝试与思考——〈商务馆学汉语词典〉编后》，《世界汉语教学》2006 年第 1 期。

陆俭明：《商务馆学汉语词典·序》，商务印书馆 2007 年版。

王铁琨：《规范化、现代化与辞书强国——中国辞书事业发展的思考》，《辞书研究》2007 年第 1 期。

杨惠中：《语料库语言学导论》，上海外语教育出版社 2002 年版。

杨金华：《突出"对外"特性的释义和用法说明——析〈商务馆学汉语词典〉的释词》，《辞书研究》2009 年第 6 期。

袁世全：《三个结构与第三结构——九论辞书框架，兼与三种观点商榷》，《辞书研究》2000 年第 4 期。

章宜华、雍和明：《当代词典学》，商务印书馆 2007 年版。

章宜华：《汉语学习词典与普通汉语词典的对比研究》，《学术研究》2010 年第 9 期。

章宜华：《学习词典的中观结构及其网络体系的构建》，《现代外语》2008 年第 4 期。

章宜华：《国际辞书现代化技术的新理念：辞书语料数据化》，《辞书研究》2012 年第 2 期。

郑艳群：《〈商务馆学汉语词典〉插图评析》，《世界汉语教学》2009 年第 1 期。

外向型汉语学习词典收词研究[*]

提　要：词典收词是词典编纂的重要内容，当前外向型汉语学习词典大都定位在中小型的规模，选词来源也主要依据1992年颁布的等级大纲，但收词数量颇有悬殊，对教材教辅、中介语语料和留学生语言交际等方面的词汇关注较少。学习词典的编纂应充分利用汉语国际教育的研究成果，在科学和规范的前提条件下，按照针对性和实用性的核心原则以及常用性、纠错性和层次性的操作原则，本着词典编纂自身所要求的系统性、平衡性，适时修订已出版的词典，不断完善词典收词。

随着中国综合国力的增强和国际地位的提高，汉语已成为"应用力"排名仅次于英语的世界第二主要语种（《2005年世界主要语种、分布和应用力调查报告》），在世界范围内得到普遍推广。截至2010年底，全球已有300多所孔子学院和近500所孔子学堂，学习汉语的外国人已达到1亿（李志伟，2011）。在汉语国际教育中，学习教材、学习语法和学习词典是三大基础内容（郑定欧，2004a）。但现状是，这三项基础环节的建设非常薄弱，彼此之间不能较好地相互照应共同构成推动汉语国际教育发展的有机整体。近年来出版的国际汉语教材量高质低，缺少精品，学习教材已成为制约国际汉语教育快速发展的瓶颈之一（周小兵、刘娅莉，2012）。汉语语法本体研究跟对外汉语语法教学两张皮的现象还比较突出（邵敬敏、罗晓英，2005），学习语法的研究还相当薄弱（李泉，2006）。而学习词典的编纂现状更不容乐观，词典编纂还带有相当深的"内汉"痕迹，至今还没有一本真正符合留学生需求的外向型汉语学习词典（郑

　＊ 本文作者王晓、刘善涛，发表于《鲁东大学学报（哲学社会科学版）》2014年第3期，收录本书时略作修改。

定欧，2004b；雷华、史有为，2004；周上之，2005；李红印，2008；章宜华、杜焕君，2010；杨金华，2012）。汉语国际教育研究的现状和需求之间的巨大反差，迫使我们需要继续加强和深化对相关问题的研究，而学习词典的编纂是提高我国辞书的国际地位，做好汉语国际推广，把我国建设成为辞书强国和文化强国的重要途径。

词典编纂是一项有序系统的工程，涉及到选词、立目、释义、举例等诸多相互关联的环节，既需要从宏观上对其进行综合式的整体研究也需要从微观上加以离析式的个体探讨。前人对汉语学习词典的研究多集中在释义、例证、编纂构想和心得以及词典评论等方面，对学习词典收词方面的专题论述尚不多见。本文采用定性定量和对比研究的方法，分别从宏观和微观层面对现有词典的收词状况进行分析，指出学习词典的收词与汉语国际教育的教学资源以及相关词汇习得理论的互参关系，最后分类归纳出学习词典收词的原则和要求，希望对外向型汉语学习词典的编纂有所帮助。

一 外向型汉语学习词典的收词现状

"词典是词的一份单子"（黄建华，1987），从不同的文献材料中有针对性地选择词语并收录词典是词典编纂的重要前提（兹古斯塔，1971/1983），它直接决定了词典左项部分的描写内容，关系到词典宏观体系的构建。下面我们以外向型汉语学习词典中评价较高，代表当前词典编纂实际水平的八部词典①为例，从收词数量和选词依据两方面对外向型汉语词典的收词现状进行整体分析，见表 1。

---

① 按出版时间，这八部词典分别为：《现代汉语学习词典》，孙全洲主编，上海外语教育出版社 1995 年版，简称"上外 95"；《现代汉语常用词用法词典》，李忆民主编，北京语言大学出版社 1995 年版，简称"北语 95"；《汉语常用词用法词典》，李晓琪等编，北京大学出版社 1997 年版，简称"北大 97"；《汉语 8000 词词典》，刘镰力主编，北京语言文化大学出版社 2000 年版，简称"北语 00"；《HSK 汉语水平考试词典》，邵敬敏主编，华东师范大学出版社 2000 年版，简称"华东 00"；《当代汉语学习词典》，徐玉敏主编，北京语言大学出版社 2005 年版，简称"北语 05"；《商务馆学汉语词典》，鲁健骥、吕文华主编，商务印书馆 2006 年版，简称"商务 06"；《汉语教与学词典》，施光亨、王绍新主编，商务印书馆 2011 年版，简称"商务 11"。

表 1 八部学习词典的收词数量和选词依据数据表

类别 词典	收词数量			选词依据			
	单字数	词数	总数	本体词表	等级大纲	教材	其他
上外 95	5500	23000 余	28500 余	√			√
北语 95	—	3700 余	3700 余	√			√
北大 97	—	约 6500	约 6500		√		
北语 00	—	8822	8822		√		
华东 00	不明确	8821	9000 余		√		
北语 05	—	3000 余	3000 余		√		
商务 06	2400 余	10000 余	12400 余		√	√	√
商务 11	3100 余	约 3200	6300 余		√		√

收词是词典编纂中极为重要的基础环节，上述词典都将读者对象定位在具有初中级汉语水平的外国人，但对词典的收词状况均未做出细致明确的说明，对收词数量的介绍较为含糊，大多以"数字+余"或"约+数字"的方式笼统表述，对词典的选词依据也缺少较为集中的阐述，大多散见于词典前言的零星片语中，需要读者加以揣测。如上外 95"共收5500 个字，词语 23000 余条，总计约 300 万字"（编者的话），据此我们推断其收词总数为"28500 余"。北语 95"共收 3700 多个词语，以词为基本词目单位，兼收固定结构、常用格式和成语等"（前言）。两本词典的编纂分别历时八年和十年，始于《汉语水平词汇与汉字等级大纲》颁布之前，在没有一种规范性的对外汉语水平大纲加以指导的情况下，词典选词则主要依据《现代汉语频率词典》《常用字和常用词》等内向型汉语语文词汇统计词表、字表。因此，两本词典虽都自称是"为国外读者学习汉语准备的汉语常用词语中型工具书"，但对常用词的界定存在广狭之别，在收词总数上颇有悬殊，相差近八倍。

1992 年国家汉办考试部编写出版了《汉语水平词汇与汉字等级大纲》①，作为一本汉语国际教育领域的权威性、标准性文件，其主要用途

---

① 《汉语水平词汇与汉字等级大纲》第一版由北京语言学院出版社 1992 年出版。经济科学出版社 2001 年重印时标为"修订本"，但也只是抽换了个别词目，调整了个别词序，修订了少量的词性，改正了明显的印刷错误，并非严格意义上的修订本。在下文的表述中，我们直接将其称为"等级大纲"，同时由于该大纲分为汉字等级大纲和词汇等级大纲两部分，而某些词典的收词只收录词汇等级大纲中的词语，所以在某些地方又细分为"汉字大纲"和"词汇大纲"，以示区分。

之一即"作为编制汉语水平四级通用字典及其他词书编纂的框架范围"（前言），这就为外向型汉语学习词典的编纂提供了主要的，甚至是唯一的选词依据。在等级大纲中，汉字大纲收甲级字 800 个，乙级字 804 个，丙级字 601 个，丁级字 700 个，共计 2905 个；词汇大纲收甲级词 1033个，乙级词 2018 个，丙级词 2202 个，丁级词 3569 个，共计 8822 个。[①]北大 97 "收入（《词汇大纲》中的）全部甲级词、乙级词和大部分丙级词、部分丁级词。用法简单者未收"（凡例）。具体收词数量没有介绍，我们估算约有 6500 个。北语 00 则"完全以 HSK《词汇大纲》为依据，共收现代汉语常用词 8822 个"（前言）。"华东 00"的收词"以大纲所收8821 个词语为唯一的对象"（凡例），同时还收录了少部分不成词的字，作为字头在词典中起到引领作用，具体数量虽未作说明，但比例不高，我们估算词典收词总数为 9000 余。北语 05 是"专门针对初级汉语水平的留学生而编写的，主要收录'词汇大纲'中的甲、乙级词，共有 4337 个条目"（说明）。但是该词典"以词的一个义项立为一个条目，同一词形有多个义项的分列条目"（说明），这就打破了传统的词典立目方式，按词形计算，该词典的收词数量为 3000 余。

商务 06 和商务 11 虽然在出版时间上相差 5 年，但它们的编纂都着手于 2002 年初（商务 06·编者的话，商务 11·前言）。此时距大纲的出版已经十年，学界也掀起了一场关于修订和完善等级大纲的思考与争论（参看张霞、邱野，2012），商务 06 在收词方面虽主要以等级大纲中的甲、乙两级的字和词为基础，同时还参考了"中国和外国的初级和中级汉语教材，以及口语、听力、报刊阅读等十几种教材"（关于这本词典），最终收录了 2400 多个字，约 10000 个词。相比之下，商务 11 在收词方面较为保守，仍以大纲中的初中级词汇为主要参考依据，共收条目 6300 余，其中单字 3100 余。

二 词典立目单位的类型

八本词典的定位虽大致相似，但在收词数量和选词依据方面又各有不

---

① 在词汇大纲中，动词"扒"在丙级和丁级重复出现，所以词汇大纲的总收词量名为8822 个，实为 8821 个。

同，同时由于编者的编纂理念不同，各词典所收录的词汇类型及其数量也存有差异。下面我们同时选取等级大纲和各词典中声母 B 下的所有字词为考察对象，将词典所收录的不同词汇单位及其数量与等级大纲进行对比，从更为微观的层面分析各词典词汇类型的处理情况，具体数据见表 2：

表 2　　　　　　　　　　词典中不同词汇单位数量表①

	大纲	上外 95	北语 95	北大 97	北语 00	华东 00	北语 05	商务 07	商务 11
字	55/9.8	131/8.8	0	0	0	21/4	0	58/8.5	29/6.9
单音词	105/18.8	162/10.9	56/27.9	99/25.3	105/20.8	105/20	46/24	130/19	95/22.5
复音词	346/61.8	1019/68.4	115/57.2	261/66.6	346/68.5	346/65.8	130/67.7	453/66.1	283/67.1
其他	54/9.6	178/11.9	30/14.9	32/8.2	54/10.7	54/10.3	16/8.3	44/6.4	15/3.5
总计	560	1490	201	392	505	526	192	685	422

　　从表 2 可以看出，北语 95、北大 97、北语 00 和北语 05 四本词典均未收录不能独立使用的字。即使华东 00 收录了部分单字，但也不成系统，B 母下单字比重占总收词数的 4%，并且单字的收录具有一定的主观性，在某些词目中并未列出领头的单字，如"巴结、爸爸、柏树、驳斥"等。同时，各词典对单音词、成语、熟语和待嵌格式等其他成分的处理情况也存在较大差异，上外 95 中单音词的收录比重较低，占词语收录总数的 10.9%，说明每个单音词所引领的词语比重相对较大，占总数的 80.3%。在成语、熟语和待嵌格式等多字结构的收录方面，八本词典虽都是针对初中级汉语水平的读者，但各词典也存在明显的差异，商务 11 收录的比重最低，而北语 95 的收录比重相对较高。由于复音词是汉语词汇的主体，各词典对复音词的重视程度都比较高，收录比重在收词总数的 2/3 左右。

　　学习词典的收词既需要有词典理论方面的指导，也要充分借鉴汉语作为第二语言词汇习得研究成果，使外向型学习词典真正促进学习者的汉语学习，切实提升辞书的理论品质和实用价值。在词典学中，词典词和词汇词、语法词等其他类型的词汇单位划分有所不同，"它的外延乃是一切可

---

　　① 在大纲的汉字等级表中，B 组汉字共 146 个，其中与词汇大纲重合的汉字有 55 个，所以 B 组实际的汉字数应为 55 个。"/"后面的数字表示各类型数量与总数的百分比，9.8 即大纲中 B 组汉字数 55 与总数 560 的百分比。

立为词目的语言单位"（黄建华，1993），因此有学者又称为"词项"（郭良夫，1988）或"处理单位"（转引黄建华，1987）。在对外汉语词汇教学中存在着词本位、字本位等不同的本位观，以及语块教学、语法词汇化等不同的教学思想，学习词典应该主动汲取其思想内涵，将不同语言单位依次展开，呈现出词典的针对性和结构设计的条理性。

　　词典既是教师进行词汇教学的参考也是学生词汇学习的工具，在词汇教学与学习中无法避免单音字问题，在现代汉语中，大部分汉字都可以独立成词和参与构词，少部分汉字作为不自由语素起到构词作用，只有极少数的汉字属于无义字，可是每一个汉字对留学生来说都是一个神秘的世界。再者，汉语的构词规则和造句规则存在着较大的相似性，通过了解汉语语素扩展组词的特点进而熟悉词组合成句的生成方式对留学生的语言学习有着积极意义，这也体现了字本位和词本位教学法在词典中的应用。但是对于那些固定和半固定模式化了的熟语、成语、待嵌格式等习惯性搭配，上述扩展法的适用性会显得有些捉襟见肘。这些成分由于其使用的频率性或固定性，又常常被当作是一个词或一个单位被记忆或使用，在语言教学界被统称为"语块结构"（idiosyncratic chunks）。这与当前汉语国际教育界所提倡的"语法词汇化"（吴勇毅，2002）和词汇—语法教学模式（李晓琪，2004）是一脉相承的。因此汉语学习词典的收词单位不能拘泥于等级大纲，更不能完全局限在等级大纲中的词汇大纲，应本着词典收词的层级性、系统性和语言学习的阶段性、扩展性的要求，建立不同语言单位统筹兼顾、协调统一的收词模式。

三　词典立目单位的来源

　　从上文可知，等级大纲的颁布为学习词典的选词提供了重要依据，但是二者并不存在直接的对应关系，外向型汉语学习词典的选词既要参考等级大纲对汉语字词级别的划分，又要借鉴与汉语国际教育相关的其他语料，弥补等级大纲中存在的不足，协调教材、词典和词汇习得之间的关系。下面我们按照等级大纲所划分的四级字词词表，将大纲和各词典中声母 B 下的所有字词进行封闭式定量分析，考察各词典对等级大纲不同级别字词的保留和删除情况，同时也对词典收录的等级大纲之外的词语数量加以统计，具体数据见表3：

表 3 　　　　　　　　　　　　**词典收词与大纲词汇对比表**①

类别 词典	保 留					删 除					增加
	甲级	乙级	丙级	丁级	总计	甲级	乙级	丙级	丁级	总计	
大纲	58	132	137	233	560						
上外 95	54	119	126	198	497	4	13	11	35	63	993
北语 95	44	70	57	16	187	14	62	80	217	373	14
北大 97	54	116	114	108	392	4	16	23	125	168	0
北语 00	56	119	127	203	505	2	13	10	30	55	0
华东 00	56	123	131	209	519	2	13	10	30	55	7
北语 05	56	108	15	6	185	2	24	112	197	335	7
商务 06	58	127	112	158	455	0	5	25	75	105	230
商务 11	57	127	134	62	374	1	5	3	171	180	48

　　从表 3 可以看出，上外 95 和北语 95 的编纂虽都始于等级大纲出版之前，但由于二者收词总量上的悬殊使得它们对不同等级词语的处理情况也不尽一致。上外 95 是各词典中收词数量最大的一部，与等级大纲相比，其新增词语数量占词典总数的 66.6%，与大纲中重合的词语数量也占到 33.3%。同时，由于其编纂时间较早，没有较多可资借鉴的外向型词典和词汇教学大纲，这也造成其收词具有较强的随意性，新增词语数是大纲词语的两倍，大量超纲词的收录也影响了词典的实用性和针对性。而北语 95 由于收词量较少，所以对大纲词语的保留和增加比重也相对较小。但是作为一部"中型的教学语文词典"（前言），其收词量又显得有些偏低，对甲乙丙三级词汇的删除幅度较大。

　　在等级大纲颁布之后所出版的各类词典中，北大 97 和北语 00 的收词完全取自词汇大纲，没有收录汉字，也没有在大纲之外增加任何新词。同时，两本词典又存在一定差异，北大 97 由于是"常用词词典"，所以在收词上对甲乙丙三级词语的保留幅度较大，删除了部分丁级词。而北语 00 则可以称为是"词汇大纲词典"，对大纲中的各级词语悉数收录，是一本"对大纲中的词语进行注释的词典"（前言）。

---

　　① 等级大纲中各级别字、词的加合情况如下：甲级：2+56 = 58；乙级：13+119 = 132；丙级：10+127 = 137；丁级 30+203 = 233，总计汉字 55 个，词语 505 个，字词总数为 560 个。

华东 00 在完全收录等级大纲中的所有词语的基础上还收录了汉字大纲中的部分汉字，以便实现词典"以字识词速成法"，扩大学生词汇量的目标（前言）。但是词典中汉字的收录有着较大的任意性，甲级汉字中的"爸、备"没有收录，乙级汉字完全排除在外，丙级汉字和丁级汉字分别收录了 1 个和 5 个，则新增的 7 个词目中则全为单字。北语 05 由于是为"具有初级汉语水平的外国人"（说明）而编写的，因此收词量较少，大多为词汇大纲中的甲乙两级词语，没有收录汉字，新增词语数量也比较少。商务 06 和商务 11 是编纂和出版时间较晚的两部"中型工具书"，但由于二者的收词总量相差一倍，因此在对大纲字词的收录上也有较大差异，商务 11 几乎收录了大纲中全部的甲乙丙三级字词，对丁级字词的收录数量较少，新增词语数量也较少。而商务 06 保留了大纲中81%的字词，增加了近33.6%大纲外的新词，弥补了大纲的部分缺陷，增加了词典的时代气息。

从整体上看，各词典在收词过程中对大纲字词都有所调整，对甲乙两级的核心词汇保留比重最大，对丁级字词的删除幅度较大。然而多数词典的收词大多囿于等级大纲的范围，在大纲之外新增词语数量较少，使词典无法及时体现语言生活的新变化。

除等级大纲外，汉语国际教育中还有着丰富的，可供词典选词的语料来源，而且这些材料在时效性、针对性方面优于等级大纲，如汉语国际教育中的各类教材①，汉语中介语语料库②。等级大纲毕竟只是一种纲领性文件，并且距今已有 20 多年的历史，受当时的时代背景、语料数量、统计方法等因素的制约不能较为有效地反映当前词汇教学研究的新成果和新思想。学习词典的收词只有将与汉语国际教育相关的各类教学大纲、教材教辅、汉语习得方面的语料等多个方面相互结合，才能实现学习教材、学习语法和学习词典的互相照应，才能更好地为汉语国际教育词汇教学和学习服务。

---

① 据周小兵、刘娅莉（2012）介绍，在中山大学国际汉语教材研发与培训基地的全球汉语教材库中，注明学习者汉语水平的教材共 6245 册。

② 目前，比较有代表性的中介语语料库有：北京语言大学的"HSK 动态作文语料库"、中山大学的"汉语中介语语料库"、南京师范大学的"外国学生汉语中介语偏误信息语料库"和暨南大学华文学院的"留学生汉语中介语语料库"，此外厦门大学、上海交通大学等院校和研究结构也都建立了多种类型的汉语中介语语料库。

四 词典收词的原则和要求

通过上文对当前外向型汉语学习词典收词状况的整体分析，以及等级大纲与词典收词的对比考察，我们总结出学习词典收词的如下原则和要求。

作为留学生汉语学习和语言使用中的一种必备工具，外向型汉语学习词典收词的核心原则为针对性和实用性，一本词典倘若没有明确的针对目标也就丧失了有效的使用价值，词典编者必须明确读者对象，满足读者的使用需求，提升词典的针对性，才能得到读者的认可和接受。当前的学习词典在收词和编纂过程中缺乏明确的针对性，词典前言部分不乏"本词典既可供学习汉语的外国人使用，也可供一般中国读者参考，还可以为少数民族学生服务"之类的话语。按照词典类型学的理论，世界上没有万能的词典，只有不同服务类型的词典，一本企图满足三种不同读者群的词典，很大程度上也就丧失了它的类型性和针对性，实用价值自然也会打折扣。

核心原则是基础，但不具有操作性，因此在核心原则的指导下，我们归纳出三条操作性原则，即：常用性、纠错性和层次性。词典收词必须是留学生语言生活中常用的词语，这也是学生最希望学习和使用的词语。常用词语的选取可以按照频率统计的方法进行，但在统计语料的选取方面要注重均衡系统，既要参考词汇本体方面的统计成果，更要关注现实语言教学和学习过程中所使用的教材教辅、教学大纲、课堂用语和留学生语言交际等方面的词汇。同时，高频常用带来的不利影响也即留学生词汇学习的负迁移，在中介语语料库中反映为大量的生造词、误用词、混淆词的过度泛化，因此词典收词还要关注那部分使用频率较高，但是易错易混淆的词语，增强词典的纠错性。收词的层次性在操作上包含两个层面，一是对使用频率较高，词义表面化倾向较强的词语，可按照语素—词—短语三个层面进行适当扩展，培养学生组词造句的能力，进而提升词汇理解和运用效率；二是对于高频常用、较为固定的语块结构，本着语法词汇化的理念加以收录，既能扩大学生的词汇量，又能降低语法学习的难度。

上述核心原则和操作原则实施的前提条件是词典收词的科学与规范，学习词典的收词必须遵守国家规定的各种语言文字规范，在异读字、异形词等方面使用标准的字音、字形。词典与词表、教材等其他教学材料的最大不同在于词典内部的闭环性，因此系统与平衡也成为词典自身的内在要求。词典要将所收词语置于整个词目和词典系统的框架内进行考量，既要使词典左项不同层级的词目之间系统关联，也应做到左项所收词语与右项释义例证用词有机统一。同时，词典是一个时期的产物，汉语教学中新的教学理念、教学成果，语言生活的新变化，词典学领域新的编纂思想的产生以及读者新的需求等不同因素都推动着词典在收词方面不断更新完善。上述 8 本词典自出版以来一直未做修订，使词典在时代性和科学性方面渐趋逊色，一定程度上失去了对读者的吸引力。同时，国外读者对我国编纂的汉语学习词典认可度和购买欲不高，也使词典修订缺乏动力。这样就在词典编纂和修订方面形成了"编者—词典—读者"之间的恶性循环，影响了我国外向型汉语学习词典的编纂。

　　与内向型词典不同，外向型汉语学习词典的编纂应密切关注二语习得者的现实需求，充分利用汉语国际教育研究的实际成果，在科学和规范前提条件下，按照有针对性和实用性的核心原则以及常用性、纠错性和层次性的操作原则，本着词典编纂自身所要求的系统性、平衡性，适时修订已出版的词典，不断完善词典收词。只有在收词方面做到了符合外向型和学习性的要求，才能为整个词典编纂打下基础，逐步摆脱"外典内汉"的诟病。

参考文献

Ladislar Zgusta（拉迪斯拉夫·兹古斯塔）、Manual Of Lexicography：《词典学概论》，林书武等译，1971；商务印书馆 1983 年版。

郭良夫：《词项层次与义项层次》，《辞书研究》1988 年第 5 期。

国家汉办考试部：《汉语水平词汇与汉字等级大纲》，北京语言学院出版社 1992 年版。

黄建华：《再论"词典是词的一份单子"》，《辞书研究》1993 年第 6 期。

黄建华：《词典论》，上海辞书出版社 1987 年版。

雷华、史有为：《工具的工具：词典的易懂与易得——关于对外汉语学习单语词典》，《语言教学与研究》2004 年第 6 期。

李红印：《构词与造句：汉语学习词典编纂的两个重心》，《语言文字应用》2008 年第 2 期。

李泉：《对外汉语教学语法研究述评》，《世界汉语教学》2006 年第 2 期。

李晓琪：《关于建立词汇—语法教学模式的思考》，《语言教学与研究》2004 年第 1 期。

李志伟：《1 亿外国人热衷学汉语》，《人民日报海外版》，2011-11-28。

邵敬敏、罗晓英：《语法本体研究与对外汉语语法教学》，《暨南大学华文学院学报》2005 年第 3 期。

吴勇毅：《汉语作为第二语言语法教学的“语法词汇化”问题》，《暨南大学华文学院学报》2002 年第 3 期。

杨金华：《试论我国现代编码型语文词典的编纂原则》，《辞书研究》2012 年第 2 期。

张霞、邱野：《“汉语水平词汇和汉字等级大纲”研究 20 年述评》，《淮海工学院学报（人文社会科学版）》2012 年第 11 期。

章宜华、杜焕君：《留学生对汉语学习词典释义方法和表述形式的需求之探讨》，《华文教学与研究》2010 年第 3 期。

郑定欧 a：《论面向对外汉语教学的基础研究》，《汉语学习》2004 年第 5 期。

郑定欧 b：《对外汉语学习词典学刍议》，《世界汉语教学》2004 年第 4 期。

周上之：《对外汉语的词典与词法》，《汉语学习》2005 年第 6 期。

对外汉语学习词典插图配置研究

——以《商务馆学汉语词典》为例[*]

提　要：为词典设置形象、合理、适恰的插图是当代词典编纂的新趋势，词典插图的研究不应囿于就插图而研究插图的宏观理论分析，还应从艺术学、语言学、词典学等不同视角进行多维度、有针对性地系统分析，进而从深层挖掘出不同视角下词典插图配置中的独特要求。同时，插图属于整个词典结构系统中的子系统，不同视角的划分不是截然孤立的，而是互相照应，彼此协调统一的。

词典是帮助学习者获取语言知识的有效资源（Rubin&Thompson，1994）。纸质词典中词目信息的呈现方式有两种：文字和插图。但是，以前对词典编纂中的插图配置并不重视，插图的积极作用没有得到有效体现。随着词典编纂范式的转变，对词典教学功能和用户友好意识的逐渐重视，学习词典中插图的使用日趋广泛，成为英语词典界的新趋势。如《牛津高阶英语词典》从 1948 年第一版起就采用了插图，以后每版的插图数量逐渐增加，到第五版（2000 年）已经增加到 1700 幅，还有 16 幅地理、文化方面的分类彩图（陈伟、张柏然，2007），在第七版（2007 年）中则为 2000 个词目配备了素描图或黑白照片图和 32 页彩色插图。

在我国的对外汉语学习词典中，插图曾被视为可有可无、微不足道的点缀，对学习词典中的插图配置研究也多局限于就插图而分析插图的艺术学视角，并且多从宏观角度进行理论分析，针对性和操作性不强。本文中，我们选取了我国第一部专门为具有中级汉语水平的外国人编的汉语原文词典（江蓝生，2007；陆俭明，2007；鲁健骥、吕文华，2006），同时也是在对外汉语教学界和词典学界广受好评（郑艳群，2009；杨金华，

＊　本文作者刘善涛、王晓，发表于《辞书研究》2014 年第 2 期，收录本书时略作修改。

2009；高慧宜，2009；刘晓梅，2011）的《商务馆学汉语词典》（简称《学汉》，下同）作为研究对象。在词典信息库（刘善涛、王晓，2014）的基础上对《学汉》中的插图及其所涉及词目部分的各种属性进行艺术学、语言学和词典学三个视角进行封闭式研究，以期对词典插图有一个较为系统的认识，对汉语学习词典插图的设置和研究有所帮助。

一　插图配置的艺术学视角

一幅插图本身是一件艺术品，绘制插图需要使用一定的物质材料和技术手段，运用线条、色彩等元素，通过造型、构图设色等手段在二度平面空间创造出一定的视觉形象。因此，插图的着色、来源、功能、编排位置、组配特点等影响着其艺术价值的高低。

《学汉》分四色本和双色本两套，四色本词典封底虽标注"彩色插图约700幅"，实则为"636幅"，并且词典中不存在彩色插图，也不完全是四色着色，其中有大量的双色插图，如"壁画、浮雕、姜、饺子"等，甚至有单色插图，如"岩石"，这一定程度上影响了插图的视觉效果和艺术价值。由于印刷和成本等方面的原因，双色本词典的插图实为四色本的浅蓝色翻版，其艺术效果自然不及四色本。而在国外部分单色英语学习词典中，彩色插图或插页的配置已成为提高词典吸引力和实用性的一种手段，如《朗文当代高级英语辞典》，共为2417个条目设置了插图，其中配有彩色插图的条目有611条，占1/4。

从插图的来源看，插图可以分为绘画和照片。绘画是词典插图的主要来源，但为了增强真实性，部分学习词典开始采用照片作为插图。并且，在数字化图像时代，照片的加工和修改也越发容易，词典中照片的使用更具普遍性，如《美国传统大学词典》第3版中的照片图比线条画用得多（Landau，2001）。《学汉》中的插图全部来自绘画，使得部分插图失真现象比较严重，如"饺子、甘薯、橙子、米袋漏了"等图示和实物差异较大，用户很难正确识别和辨认。

从插图的功能看，可分为状物图和表意图两类，前者主要描绘具体的"所指之物"，后者主要勾勒较为抽象的概念和意义（黄建华，1987）。从插图的绘制和插图意义的呈现难度来看，写实性的状物图比表意图的难度低。据统计，《学汉》中有状物图467幅，占插图总量的73.4%；表意图

169 幅，占插图总量的 26.6%。前者所阐释的词目主要是实指性的名词和动词；后者所阐释的主要是抽象名词、动词、形容词、量词等。

从插图在词典中的编排位置看，可将其分为文中插图（包括词条插图、页边插图）、插页插图和附录插图（冯春波，2009）。《学汉》中的插图大多靠近文字，与释义文字共同解释一种事物或现象，属于"图随文走"的词条插图。同时，插图的布局安排影响其组配特点，《学汉》中的插图多为独立的单体图，较少存在多图配合的复体图。这种编排和布局方式可以使读者将插图和词条形成直接的照应，但对整本词典来说，则存在一定的不足：（1）容易形成插图的重复，浪费词典版面，如单体图"虎"和"老虎""龟"和"乌龟""香菇"和"蘑菇"等词条下都有插图，但实为一物；插图"婚礼""手"中已分别出现"新郎新娘""手腕"，无须为后者另配插图（但需设参见图条目）。（2）有时疏于相似插图的对比和同主题插图的聚合，造成插图的遗漏和缺失，进而影响词义的理解和词汇的积累，如"手"和"拳头""扔"和"抛""抠"和"戳""扣""挠"等的对比，"笔画、字体、几何图形、蔬菜"等所包含的不同成员，"人体"不同部位的结构组成等。词典一般是按照音序的方式编排，某种程度上割断了相关词语之间的联系，有效合理的复体图可以在一定程度上消除音序排列的缺陷，形象勾勒出词语之间的语义图式。同时，词典编纂时还需要在相关词条下设置参见和在插图中使用图式标签，明确插图的参见位置和图示中的凸显信息。

二　插图配置的语言学视角

在文字产生以前，图画是记录语言的重要工具。著名教育家夸美纽斯（J. A. Comenius）积极强调语言学习中插图的作用，并于 1658 年编纂出西方教育史上第一本附有插图的儿童百科全书《世界图解》。从语言学视角分析，不同的插图体现出不同的语法、语义特征，不同的语言属性也制约着插图的数量、性质和作用。

插图是对词典中词条的直观再现，既反映词条的意义，也能在插图命名的过程中体现词条的用法。如名词"足球"的插图如果只是画出一个圆形的球放在词条旁边，既显得单调，也不易与篮球、排球等相区分，在双色本词典中尤其如此。因此，《学汉》用两个人踢足球的场景，并将图题设为"（踢）足球"，形象展现了足球的意义以及与之搭配的动词"踢"。插图可以较为形象地展示"篮子"，但不易描绘量词"篮"，词典中绘制出"一篮鲜花"的图画，既体现了"篮"的量词用法，也与量词"朵"相区分。可见，合理地设置插图既可以体现词目的用法和功能，也是对不易绘图词目的变通处理方式。

　　从语法单位上分析，《学汉》共为5个不成词语素，237个成词语素，370个词，22个离合词（词典中称为"短语词"）和2个短语设置了插图。不成词语素在语言中不能独立使用，需要和其他语素共同组合成词。插图所示内容具有一定的独立性，词典在"袄、菇、馆、跤、峡"等5个语素下设置插图的做法是值得商榷的。通过对"袄"的用法考察，"袄"为名词，《学汉》中标为"语素"的做法似欠妥当，《现代汉语词典》即标为"名"。香菇是蘑菇的一种，用插图很难将二者辨别清楚。词典中收录了"蘑菇"，并设置了插图，同时语素"菇"下也设置了插图，名为"香菇"，但是词典并未给"香菇"设立条目。可见，词典的插图设置是重复的，词目收录也有缺失。词典中收录了语素"跤"和"馆""峡"，以及离合词"摔跤"和名词"图书馆""峡谷"，但在语素条目下设置插图"跤（摔跤）"和"图书馆""峡"，这种做法是不妥的。建议将三者的插图分别置于词条"摔跤""图书馆"和"峡谷"处，插图名称可为"摔跤比赛""一座图书馆"和"峡谷"。

　　词典插图中的成词语素和成词条目共607条，包括名词463个，动词141个，量词2个，形容词1个；离合词插图的条目都为动宾式结构。插图的命名是展现词语用法的一种方式，而词典在名词条目的图题中只有35处体现了用法，如"（撑）筏子、一副拐、（纸）箱子、腮（双手托腮）"等。同时，部分词目的插图和图题之间的配合还存在缺陷，如"（打）电话"的插图不能与"接电话"相区分；"（首饰）匣子"的插图只画出一个漂亮的小盒子，不能说明是首饰匣子还是珠宝匣子等。与其他语言相比，汉语的量词极为丰富，并且较难区分和掌握。词典名词条目插图的配置可以适当增加量词，这样既可以在节省词典版面的前提下丰富量词的插图数量，也可以形象展现名量搭配的具体实例，区分易混淆量词的用法。如名词"信"的插图"来信"不能与"寄信、取信"相区分，不如用"一封信"代替，体现"信"的量词搭配；插图"图书馆"和"茶馆"的名称分别为"一座图书馆"和"一家茶馆"，体现量词"座"和

"家"的区分；插图"白菜、报纸、豹子"等的命名可以分别增添量词"棵、份、只"等。

与名词不同，动词在现实世界中对应的并非独立的实体，而是有实体参与的事件，因此普遍具有非自足性，要理解动词的意义必然要涉及它所对应的事件框架中的各种元素（田臻，2009）。相对于名词，词典中动词的插图名称更好地体现出词目的语法搭配，但是在单音节动词和双音节动词之间存在较大的差异。在 127 个单音节动词插图中，有 110 个插图名称显示出动词与主语、宾语、补语、状语等的搭配，如"米袋漏了、照镜子、摞在一起、把纸扯平"等。但在 14 个双音节动词中，只有"佩戴（大红花）"显示出动宾搭配。既然动词是非自足的，那么在插图绘制的过程中必须有其他要素与之共现，词典插图在命名时将必有成分和插图词目搭配出现，既可以使插图表意更加明确，也可以使词目用法更为显著。如插图名称中没有显示搭配成分的词"摘、煳、逮捕"等可以补充为"摘苹果、饭做煳了、警察逮捕小偷"等。

词典为 483 个单义单位（包括 456 个词、4 个语素、21 个离合词、2 个短语）、153 个多义单位（包括 151 个词、1 个语素、1 个离合词）配置了插图，其中义项数最多的是 18 个义项的"点"，其次是 11 个义项的"顶"。词典为多义单位配置插图要注意插图位置与义项之间的对应，如名词"担子"有较为实在的"①扁担和挂在扁担两边的东西的总称"和抽象的"②比喻担负的责任或义务"两个义项，二者的例证中都有动宾搭配"挑担子"，但词典插图表示的是义项①，因此应将插图置于义项①的位置，而非词典中的义项②处。类似的插图还有"喊、爆炸、尺子、盅（茶盅）"等。

20 世纪 90 年代以来，文化词的教学逐渐成为对外汉语教学的热门话题（张英，2007）。插图词目中共含文化词 59 个，有些文化词的插图较为形象地展现了汉语文化词的内涵，达到看图识词的作用，如"拜年、匾额、灯笼、鼎、凤凰、宫殿"等，有些文化词的插图配置则不尽如人意，如"道观、寺、庙、陵墓、祠堂"等都是中国古代的传统建筑物，没有凸显出各自的差异，读者无法较好地进行区分；"中餐、元宵、庙会"等词的插图绘制不但没有凸显出事物独有的显著特征和文化内涵，反而使插图显得模糊粗糙。同时，为了彰显汉语文化，某些非文化词的插图也带有文化色彩，如"国旗、国庆节、胡子、玩具、接吻"等都映现出中国的人或事。但也要注意适度原则和时代原则，对现代汉语中非汉族独有的词语不可强行添加文化意蕴，如"婚礼、砍柴、磕头、斟酒、佩戴（大红花）"等插图中的人不一定要穿着古代服饰；"澡盆、民族宫、图书馆"等也不必画成古代的事物和建筑，"民族宫、图书馆"都是现代的产物，大多是现代建筑风格，插图中过分渲染文化色彩，反而加重词义理解的负担。

语言学研究中的语义场理论和语义图模型有利于扩大留学生词汇积累，提高词汇学习的广度。而插图中的复体图、组合图则有助于相关图像的联系和词目的聚合，这也是词典设置不同类型复体图、组合图的原因所在。

三　插图配置的词典学视角

"每一个词典编纂项目都是独特的"（Landau，2001），同时也是按照一定的体例和形式共同组织起来的有机整体。词典插图的设置既有自身的要求也需要置于整个词典编纂的框架内进行系统地考量。

参见系统是词典中观结构的重要组成部分，词典通过一些特定的参见符号或参见提示，能把有关系的词条或其他材料联系起来，构成一个关联网络体系，以利于用户获得更多的相关知识，提高词典的使用效率（章宜华、雍和明，2005）。插图的绘制需要其他图像辅助信息的衬托，图题也需要与其他词语搭配，特别是动词、量词等词目插图的绘制和命名，因此插图在词典中不是孤立存在的。插图参见系统就是将孤立纷杂的插图与词目连接起来形成关联网络的纽带，它包括插图内参见和插图外参见两个方面。

插图内参见指该插图和插图名称与所对应词条词目、义项或例证等信息之间的参见。条目"拔"在词典中有三个义项，一个成词义项，两个不成词义项。插图"拔草"对应成词义项，插图名称则出自该义项的例证。这样，插图与本条目各部分形成了良好的闭环参见系统。"哈达"是汉语文化词，其所指对象为"丝巾"，但在藏族和部分蒙古族中则表现出一定的文化意蕴，词典如果不配置插图则很难理解其意思。插图"（献）哈达"中一位身着民族服装的女子双手托着"哈达"的情景较为形象地展现出其文化意义，图题既展现出与"哈达"相搭配的动词，也与例证中的"献哈达｜哈达献给远方来的客人｜姑娘们给每位代表献上一条哈达"相照应。插图内参见一般囿于本条目内部，所以参见设置较为简便妥帖，但也存在一定的不足。"耕地"在词典中有两个义项：①（短语词：动—宾）把地里的土翻松：许多地方现在还用牛耕地｜你这样干，一天能耕多少地？｜用拖拉机耕地，又快又好｜他耕了三天地，又去干别的活儿。②（名）种庄稼的土地：一片耕地｜耕地面积｜不能随便占用农民的耕地。图片信息为"一位农民赶着牛在土地上耕作"。插图应是对义项①的描绘，并且义项②很难画出图片。但词典插图置于义项②的右边，并命名为"耕地"，这种处理方式没有与义项①的释义和例证形成照应。应将插图置于与义项①关系最紧密的位置，并命名为"用牛耕地"，以便与例证形成参见。

插图外参见指该插图和插图名称与所对应词条外的相关插图、词目、义项或例证等信息之间的参见。插图外参见涉及词条之间的关联，因此相比内参见在处理过程中更具难度。前文所说的复合图即是插图之间的相互参见，这有利于查漏补缺，去除重复的插图，节省词典资源；补充遗漏的插图，丰富词典信息。

"尉官、校官、将官"是军官中自下而上的三个等级，词典在配图时分别在三个词目下绘制出三级军官的肩章，并命名为"尉官肩章、校官肩章、将官肩章"。从中我们可以看出"肩章"在军官等级中的区分和作用，但词典没有给"肩章"设立条目，造成插图与相关词目无法参见。

"撑"为动词，在《学汉》中有四个义项，义项②"支持：连续加班，身体已经撑不住了｜病了就休息，别撑着｜我这儿还有点儿钱，咱们还能撑几天｜再这样撑下去，咱们都得累病了"为抽象义，但词典插图却是具体实在的动作"撑（俯卧撑）"，并且《学汉》没有给"俯卧撑"一词设立条目。同时，"撑"在《现代汉语词典》中有五个义项，《学汉》缺少"用篙抵住河底使船行进：~船"，但《学汉》"筏子"词条下的插图名称为"（撑）筏子"。由此可见，"撑"的插图处理在内参见和外参见方面都存在缺失。

名词"拐"的例证有"一副拐"，插图也为"一副拐"，形成插图内参见。"春联"是"对联"的一种，是"春节期间人们贴在门上的对联"，《学汉》例证中有"一副春联"和"一副对联"，并在词目"春联"下设置插图，但是此插图没有明确烘托出春联的时间限制。作为量词的

"副"在《学汉》中有三个义项，上例中的"副"应为义项③"用于成双成对的东西：一副手套｜一副眼镜｜一副对联"。相比之下，可以看出"副"义项③的例证可以增加"一副拐"，"春联"的插图需要转移到"对联"下，图题改为"一副对联"。这样可以在以上词语之间形成较好的插图外参见。

词典中特色鲜明的标志符号可以使各种信息的呈现更加明确，便于读者的理解和使用。插图中的识别性标签不失为明确插图内容，丰富信息含量的一种重要手段。插图"手"中分别用箭头指出"手腕子、手心、手指、手背"，既使读者明确了"手"的组成部位，又将相关词语通过插图联系在一起，帮助读者扩大词汇量。但词典中的这种标示方法是不自觉的、不成系统的，插图"图章"中含有"图印"，"锁"中含有"钥匙"，"杆秤"中含有"秤砣"等做法无法使读者正确理解词语的意义。插图"生肖"中列出 12 个生肖的图片和名称，而"笔画、颜色、校官肩章"等插图列出了各构成成分，却没有给出相应的名称，无法丰富插图的词汇含量。

四　结语

当前对词典插图的分类没有一个统一的标准，各家所划分的类别虽有所差异，但多囿于插图本身的艺术学视角，如颜色、绘制方式等。其实，不同语法、语义单位的插图配置各有不同，需要从语言学的视角加以分析；而词典中的插图配置本身又是词典学研究的一个方面，不同词目的插图之间要相互参见，插图本身也要有明确的识别标签，以便更为明确地体现出学习性和实用性，符合外向型词典的编纂要求。艺术学、语言学、词典学的多视角研究，我们才能对词典插图有一个较为全面的认识。但是我们也应注意，词典插图属于整个词典结构系统中的子系统，三种视角的划分是为了使研究对象更加精细而采取的操作方式，它们不是截然孤立的，而是互相照应，彼此协调统一的。另外，从不同的研究目的和角度看待词典插图，还可以划分出其他研究视角，如词典插图的认知心理学视角，教学实证视角等。因此，学习词典的插图配置需要多领域的相互配合，多学科的共同协调，对其研究也需要多视角的综合分析，只有这样才能从深层挖掘出词典插图配置中的优势和不足，提高词典中插图配置的价值。

参考文献

Landau. *The Art and Craft of Lexicography*，2001. 章宜华：《词典编纂的艺术与技巧》，夏立新译，商务印书馆 2005 年版。

Rubin & Thompson. *How to be a more successful language learner*：*Toward learner autonomy*. Boston：Heinle & Heinle Publishers，1994.

陈伟、张柏然：《教学功能突显与词典范式演变》，《外语界》2007 年第 6 期。

冯春波：《词典插图分类初探》，《辞书研究》2009 年第 5 期。

高慧宜：《一部易查易懂的对外汉语学习词典——〈商务馆学汉语词典〉评论》，《辞书研究》2009 年第 6 期。

黄建华：《词典论》，上海辞书出版社 1987 年版。

江蓝生：《商务馆学汉语词典·序》，商务印书馆 2007 年版。

刘善涛、王晓：《中型学习词典信息库的建立和属性分析》，《云南师范大学学报（对外汉语教学与研究版）》2014 年第 2 期。

刘晓梅：《浅析〈商务馆学汉语词典〉例证的文化传播功能》，《辞书研究》2011 年第 4 期。

鲁健骥、吕文华：《编写对外汉语单语学习词典的尝试与思考——〈商务馆学汉语词典〉编后》，《世界汉语教学》2006 年第 1 期。

陆俭明：《商务馆学汉语词典·序》，商务印书馆 2007 年版。

田臻：《汉语静态存在构式对动作动词的语义选择条件》，《外国语》2009 年第 4 期。

章宜华、雍和明：《当代词典学》，商务印书馆 2007 年版。

张英：《对外汉语文化教学及其研究综述》，《汉语研究与应用》，中国社会科学出版社 2007 年版。

郑艳群：《〈商务馆学汉语词典〉插图评析》，《世界汉语教学》2009 年第 1 期。

对外汉语教学"本位"观研究述评[*]

提　要：受汉语本体研究中不同"本位"思想的影响，对外汉语界也存在着不同的教学"本位"，不同"本位"之间争论不休。对外汉语教学界应该积极吸收汉语本体研究的优秀成果，分阶段、成系统地实施"本位"教学。

自《马氏文通》问世以来的一百多年间，我国语言研究一直在努力探索汉语的基本结构单位和语法分析的基点，也即汉语"本位"问题，针对这一问题不同学者提出了不同的观点，其中产生较大影响的有：马建忠的"词（词类）本位"；黎锦熙的"句本位"；朱德熙的"词组本位"；徐通锵的"字本位"；邢福义的"小句中枢"等，这些本位观立足于不同的研究视角进行了激烈的争辩。受语言理论研究中不同"本位"思想的影响，对外汉语教学界也存在着不同的"本位"观，如"词本位"教学观；"字本位"教学观；"语素本位"教学观；"词组本位"教学观；"句本位"教学观等，不同观点之间也争论不休。通过对教学应用中所提出的不同"本位"观进行梳理分析，并将其与理论研究中的不同"本位"观进行比较，从中得出了几点启示性的认识，希望对对外汉语教学有所帮助。

一　"词本位"教学观

"词本位"教学法把词作为语言教学的基本单位，教材设计是先教词，再教用词造句，然后教用句子组成的课文。它坚持现代汉语只能以词为语言结构单位，而不能以字为单位，外国人学习汉字，并不能代替

＊　本文作者王晓、刘善涛，发表于《汉字文化》2014 年第 4 期，收录本书时略作修改。

识记词汇；词在结构上具有凝固性，在意义上又具有整体性和独立性，在教学中不宜对词的结构和语义进行随意切割，所以有学者主张"每一个词语几乎都有自己的个性，词汇只能一个一个教，一个一个学"（胡明扬，1997）。这种教学思想在我国对外汉语学界影响巨大，20世纪50年代末商务印书馆出版的《汉语教科书》是一部完全按照"词本位"的原则进行设计编排的新中国第一部正式出版的对外汉语教材，在我国对外汉语教学界有着奠基性的地位和影响，此后几十年出版的各种对外汉语教材几乎都没有跳出"词本位"的框架。1992年国家汉办颁布的《汉语水平词汇与汉字等级大纲》仍然是在"词本位"教学思想的指导下完成的。

"词本位"教学法是建立在汉语与印欧语语言共性的基础之上的，教材中的生词只给词义，不给语素义，不考虑构词因素，不对语素和构词法进行解释，没有认识到语言之间在结构组织规律方面的差异。吕叔湘说过，"讲西方语言的语法，词和句子是主要的单位""讲汉语语法，由于历史的原因，语素和短语的重要性不亚于词"（吕叔湘，1979）。因此这种教学本位观不能让学生更好地把握构成词的语素的意义以及语素之间的组合关系，对词语内部的微观分析和动态词义的掌握不能很好地发挥作用。

二 "字本位"教学观

该观点主张将字与词的教学密切结合，强调词语内部的理据性，认为字和字可以层层构词，词语可以凭借字来系联形成一个个字族；字义的加合即为词义，学习者应能通过分析构词字的意思来获知词义。这符合认知教学法所倡导的注重学习者心理过程，也在一定程度上减轻了学习者的记忆负担，帮助学习者培养出自行猜测推导词义的能力。王骏（2005）在实施"字本位"方法的实验报告中指出：在初级阶段的、培养读写能力（即认知能力）的教学中，"字本位"可以以系统的形式出现，而在中、高级阶段的、培养听说能力（即运用能力）的教学中，"字本位"只能表现为具体的教学手段。

相对于"词本位"教学法，"字本位"是一种强调"分"的教学思路，相关的实验数据也是对字义加合即为词义的反复证明。但是，汉语词汇中，只有为数极少的词可以完全从字面来理解其意义；大多数词的含义实际上已增添了字面以外的不可分割的内容。况且，一个词的意义除了作为核心的概念义以外，还包括附加意义（包括其形象色彩、感情色彩、态度色彩、语体色彩）及语法意义（包括词性、句法功能、搭配成分、搭配条件等），这些因素都必然影响对词义的准确把握。

三　"语素本位"教学观

"语素本位"即盛炎（1990）提出的"语素教学法"，肖贤彬（2002）将其定义为"语素扩展法"，即在词汇教学中，除了讲练目标词的词义和用法外，还要将词中的语素（字）加以离析，然后以一定的义项为单位与其他已学或未学的词素再行组合，从而巩固所学词语（包括目标词语和已学词语）和扩充新词的学习范围。

王又民（1994）通过统计 3000 常用词，确定 1337 个需尽早掌握的单音词，在初级阶段采用单音节词（汉字）——语法（构词法）——复合词一体化方法进行词汇教学，使学生在掌握了 1337 个单音词后，可以由此顺利地掌握 516 个直观认知类甲种复合词，并为余下的 1147 个词的认识创造语言环境。李开（2002）则对汉语水平词汇等级大纲中的 1033 个甲级词的内部语素构词情况进行归纳，得出四种甲级复音词语素构成方式，并结合语义构成分析确定词汇讲解的先后顺序。李如龙、吴茗（2005）提出并阐释了对外汉语词汇教学的两个原则：区分频度原则和语素分析原则，强调层次观念，试图找出一条操作性较强的对外汉语词汇教学"高效之路"。郭胜春（2006）对汉语常用合成词的语素显义类型进行了梳理和统计，对汉语教学中讲授语素知识所适用的对象、阶段、课型、方法等进行了探讨。

目前，"字本位"理论的研究在汉语理论界和对外汉语教学界尚未达成共识，而对于语素的研究已相对比较成熟，以语素作为汉语词汇的教学单位是一种得到认可的有益尝试。但是，由于"语素本位"教学思想和"字本位"教学思想一样都是强调"分"的教学思路，所以既要注意与"字本位"相区分又要避免落入"字本位"的窠臼。

四　"词组本位"教学观

　　主张"词组本位"的学者（吕文华，1994）认为语言教学需要向两头延伸，即加强语素与句群的教学，提高词组在语法教学中的地位，建立"词组本位"的语法体系，对句型进行多角度描写，按语法句型、语义句型和语用句型进行教学，按口语语法的特点进行语法点的归纳和解释，以培养学生的语言能力和语言交际能力。"词组本位"教学理论主张除了从结构形式到意义的模式组织教学之外，还应有从意义到形式的模式进行语法教学，因而强调要揭示语法结构的语义关系，包括语义制约和语义指向等；从交际的功能意义出发建立表达系统，即加强语用分析，包括句子的变化、语境制约、言外之意、会话含义等。从而实现"形式和意义""描写性和实用性""静态描写和动态描写"三者的结合。

　　相对于前三种教学思想，"词组本位"教学观是一种更为全面、实用的教学思路，注重语言的层级性和系统性，吸取了现代语言研究和教学研究的成果。但其致命的缺陷在于认为词组加上语调就是句子，将词组教学与句子教学对等起来。其实，词组和句子是性质不同的两种单位，前者是结构单位，后者是使用单位，不能简单地认为词组加上语调就是句子，在词组和句子之间还存在着各种完句成分。

五　"句本位"教学观

　　体现"句本位"观点的教材（戴桂芙等，1997）提出要"以句子为本位，从语用到语义"，教学时采用句子整体输入的方法，比较强调语用功能、言语场景。

　　张朋朋（2006）指出：第二语言教学，由于受描写语言学的影响过去一般是采用"词本位"，重视词汇语法教学。教师们在教学中发现词类分得再细，语法规则讲解得再准确，学生还是常常造不出正确的句子，有时甚至加强了学习者母语的负迁移作用，是在鼓励学习者犯错误……教师们在教学实践中也发现学生只有多听正确的句子，才能说出正确的句子，于是他们否定了"词汇语法翻译法"，由"词本位"改为"句本位"，采用了从听"句子"入手的"听说法"或重视培养学习者仿造句子能力的

"句型教学法"。第二语言教学法的发展史说明新的教学法都是"句本位"的，是在师生之间或学生之间的一问一答中，在大量听说"句子"的过程中使学习者逐渐认知了句子的结构和成分，逐渐获得了第一语言的听说能力。也就是说，第二语言教学的核心不应是讲解描写语言学的词汇语法规则，而应是如何对学习者科学地进行听说"句子"的训练。

句子是能够表达一个相对完整的意思的语言单位，"句本位"教学法更注重培养学生的语言运用，更强调语言的动态性。语言教学的最终目的即是根据不同语境自由恰当地表达出完整的思想，因此，从理论上说，它是最为实用的教学思路。但是，在科学性方面还略显不足，它忽略了句子是由语素、词、词组等成分组合起来的思想，对语言的静态描写不够充分进而导致在教学解释中的困难。

六   "语块本位"教学观

用来描述语块的术语近 60 种，常见的有短语结构、词汇短语、程式短语、词语搭配、多词块、词束等，术语的繁杂又使得对这一概念缺少统一的标准性定义。不同学者又将其分为不同的种类，Lewis（1993）将其分为词、搭配、程式表达和句子框架四部分；Moon（1997）分为合成词、短语动词、习语、固定短语、预制形式五部分；Nattinger 和 Decarrico（1992）又分为聚合词汇、程式表达、限制性短语结构和句子框架五部分。综合各家观点可知，语块是由两个或两个以上词语组成的形式和功能的统一体，其结构和意义都具有很高的稳定性，一般是作为一个整体存储于人的大脑，并运用在语言交际中。语言是多维的，人们观察问题的角度也是多面的，语块理论反映出人们对语言现象的认识突破了原有的字、词、短语的结构划分，从心理学角度寻求新的研究范式。面对原有的几种本位在对外汉语教学中所呈现出的某些不足，有学者也明确指出应该以"语块理论"为原则指导对外汉语教学（王玲，2005），在教学中应从培养语块意识入手，将语块训练法贯穿于语法、口语、书面语教学之中，提高教学效率（周健，2007）。可以看出，"语块本位"教学观虽是对前述几种本位教学观的修正和补充，但在某种程度上也是对这些本位教学观的综合，其实质是用认知语言学的构式理论研究汉语中的词汇现象和对外汉语词汇教学。同时，由于"语块"自身的定义和分类存在着较大的分歧，也致使语块本位的教学研究在理论上难以提出明确的指导的原则和方法，在具体的教学实际中也难以贯彻和实施。

七　对教学"本位"观的几点认识

对外汉语学界经过几十年的艰辛探索终于打破了"词本位"垄断全局的僵硬局面，使得各种教学思想在理论研究的基础上互相争鸣。但是，打破并不意味着否定，我们还需要在争鸣和辩论中有所借鉴和创新，以争取更大的发展。客观地说，当前各种教学本位在科学性、实用性、系统性方面还未达到完美的结合；在对新理论、新方法的借鉴与吸收方面还不够积极，我们必须将对外汉语教学与现代语言理论相结合才能有所突破。

首先，对理论的把握和理解不够充分，表现最突出的就是"字本位"的理论与应用研究。"字本位"理论把"字"看作汉语的基本结构单位，提出汉语的生成机制是以核心字为基础，通过离心、向心两种结构方式逐层扩展，形成各级字组。而在教学理论的研究中呈现出两种情况：一是将以"字"为本位的词汇教学研究与汉字教学研究相混淆；二是将以"字"为本位的词汇教学研究与语素为基础的扩展教学研究相混淆。前者注重书面语，后者注重口语。这样也就难怪有些学者，甚至"字本位"理论与教学的部分主张者们也直接地或间接地将"字"和语素画等号。

其次，语言教学是分阶段进行的，初级、中级、高级三个不同阶段的教学应各有侧重。字本位的代表教材当数法国的《汉语语言文字启蒙》，但此书是"一部供法国人使用的初级汉语教材"（Joël Bellassen，1993）。潘文国、王骏在系统实施"字本位"的教学过程中也将其定位在初级阶段的、培养读写能力的教学中，而对词组和句子的掌握与运用则是中高级阶段的教学重点。所以，教学本位不同于理论本位，它应该是不同阶段的语言教学过程中的基本教学单元和侧重点。我们非常赞成邵敬敏（1994）的观点：汉语语言学界历来有"词本位""句本位"与"词组本位"之说，我们非常赞成大力提高词组在语言教学中的地位；但不主张采用"词组本位"的说法，因为"本位"说容易引起误解，会导致降低句子的语言教学中的核心地位。其实，在对外汉语教学的不同阶段是应该有所侧重的，无须固守某一本位从而影响了整个教学效果。施春宏（2012）也指出不同的教学本位观应该"根据各级语言单位所存在的构式性特征及语言教学中的整合效应"，并提出语言教学过程中需要建立分层次的综合本位观。

最后，词汇教学所教的是动态语言系统中抽象出来的、静态的个体成员，语言学习的目的是为了使用，是为了言语交际。这样就在教与学之间存在着一定的隔阂，我们主张静态与动态相结合的教学方法，从语素到词再到词组和小句层层组合和生成的教学方式，最终目的是为了培养学生的言语表达能力，为了更好地使用语言。

参考文献

Joël Bellassen（白乐桑）:《〈汉语语言文字启蒙〉一书前言》，张朋朋译，《汉字文化》1993 年第 3 期。

Lewis M. *The Luxical Approach*. Londan：Ltp，1993.

Moon，R. *Fixed Expressions And Idioms In English*. Oxford：Clarendon Press，1997.

Nattinger J. R&Decarrico J. S. *Lexical Phrase And Language Teaching Oxford*：Oxford University Press，1992.

戴桂芙等:《初级汉语口语》，北京大学出版社 1997 年版。

郭胜春:《常用合成词语素显义类型统计分析及其对教学的启示》，《暨南大学华文学院学报》2006 年第 1 期。

胡明扬:《对外汉语教学中语汇教学的若干问题》，《语言文字应用》1997 年第 1 期。

李开:《对外汉语教学中的词汇教学与设计》，《语言教学与研究》2002 年第 5 期。

李如龙、吴著:《略论对外汉语词汇教学的两个原则》，《语言教学与研究》2005 年第 2 期。

吕叔湘:《汉语语法分析问题》，商务印书馆 1979 年版。

吕文华:《对外汉语教学语法探索》，语文出版社 1994 年版。

邵敬敏:《对外汉语教学语法体系改革的新蓝图—评吕文华〈对外汉语教学语法探索〉》，《汉语学习》1994 年第 5 期。

盛炎:《语言教学原理》，重庆出版社 1990 年版。

施春宏:《对外汉语教学本位观的理论蕴涵及其现实问题》，《世界汉语教学》2012年第3期。

　　王骏:《在对外汉语词汇教学中实施"字本位"方法的实验报告》,《暨南大学华文学院学报》2005年第3期。

　　王玲:《以"词块理论"为原则的对外汉语教学》,《安徽工业大学学报》(社会科学版)2005年第4期。

　　王又民:《汉语常用词分析及词汇教学》,《世界汉语教学》1994年第2期。

　　肖贤彬:《对外汉语词汇教学中"语素法"的几个问题》,《汉语学习》2002年第6期。

　　张朋朋:《语言的基本单位是"句子"》,《汉字文化》2006年第3期。

　　周健:《语块在对外汉语教学中的价值与作用》,《暨南学报》(哲学社会科学版)2007年第1期。

五 词语个案研究举例

俗语"打秋风"考[*]

提　要："打秋风"是明清时期一个常见的俗语词，很多辞书都将其解释为假借各种名义向人索取财物之义，但对于"打秋风"何以会有这种含义，即其语源是什么，却无定论。本文通过总结和评判现有的几种关于"打秋风"语源的观点，认为"打秋风"的语源为抽取丰富，它的最初形式为"抽丰"，后与"打"字头相结合，又因语音相近而产生了"秋风""打抽丰""打秋风""打抽风"等形式。

自古以来，由于学者们对俗语词研究得不够重视，使得我们对"很多俗语词都只知其然而不知其所以然"（杨琳，2012）。而现代各种辞书对俗语词的理据，或不加解释，或语焉不详，也十分不利于我们对俗语词的认识。以明清小说中经常出现的"打秋风"一词为例，我们发现很多辞书都对"打秋风"以及它的异体形式"打抽丰"等进行了收录，对其意义也进行了解释，认为其为假借各种名义向别人索取财物的意思，但对于"打秋风"何以会有这种含义，即其语源是什么，却很少涉及。

一　各辞书对"打秋风"的解释及存在的问题

为了说明辞书中对"打秋风"一词所存在的释义问题，我们考查了一些主要辞书的释义情况，现举例如下：

① 《国语辞典》（1937—1945）

【打抽丰】向丰富人抽取微利之意，为向人乞取财物之通称。

---

* 本文作者王晓，曾以《"打秋风"考源》为题发表于《中国典籍与文化》2020年第3期，收录本书时略作修改。

【打秋风】即打抽丰。

② 《红楼梦语言词典》（1995：145）

【打抽丰】利用各种关系假借名义向有钱的人索取财物。

③ 《汉语常用语词典》（1996：175）

【打抽丰】也作"打秋风"。抽丰：分肥。指假借各种名义向别人索取财物。

④ 《近代汉语大词典》（2008：347）

【打抽丰】用套近乎或假借名义向对方索要财物。后音转为"打秋风"。

⑤ 《白话小说语言词典》（2011：202、212）

【打抽丰】假借各种名义向别人索取财物。
【打秋风】即"打抽丰"。

⑥ 《汉语大词典》（1993：319、315）

【打秋风】谓假借各种名义向人索取财物。
【打抽丰】打秋风。

⑦ 《宋元明清百部小说语词大辞典》（1992：189、190）

【打秋风】假借各种名义，采用各种手段向人索取钱物。
【打抽丰】见【打秋风】。
【打秋丰】见【打秋风】。

⑧《现代汉语词典》(第 6 版) (2012:236、233)

　　【打秋风】旧时指假借某种名义向别人索取财物,也说打抽丰。
　　【打抽丰】打秋风。

通过对比以上辞书对 "打秋风" 的解释,我们可以发现:

(一) 对于 "打秋风" 及其异体形式 "打抽丰" 哪个更为规范和流行,各家存在不同意见。这从众辞书在立目上对二者正副条的处理方式上即可看出,有的将 "打秋风" 立为主条,如《汉语大词典》《宋元明清百部小说语词大辞典》等;有的则将 "打抽丰" 立为主条,如《国语辞典》《白话小说语言词典》等。

(二) 各家的释义大同小异,都指出 "打秋风" 是假借各种名义向人索取钱物,但在向什么人索取上存在不一致,大多数意见只是笼统地说 "向人索取财物",但有的学者指出是向富人 (有钱人) 索取财物,如《国语辞典》《红楼梦语言词典》等。

(三) 对于 "打秋风" 一词的理据,以上辞书中除了温端政《汉语常用语词典》将 "抽丰" 解释为 "分肥",对 "打抽丰" 的理据稍有涉及外,其他辞书对此则不置一词,这种做法在一定程度上影响了我们今天对 "打秋风" 一词的准确理解。

二　前人对 "打秋风" 理据的探讨及对其评判

"打秋风" 何以会有 "假借各种名义向人索取财物" 的意思,不少学者都曾提出过自己的看法,现有的主要观点如下:

A. 衙役募捐说。这种说法由来已久。清翟灏《通俗编》(卷二十三) 就曾提到:"一说衙役于秋风起时以做棉衣为名向富户募捐。" 现代学者朱家溍 (1979) 认同这种观点,并认为 "打抽丰" 最早就写作 "打秋风","后来小说因音近写成 '打抽丰'"。

B. 秋丰说。明周梦旸《常谈考误》(卷四) "抽丰" 条说:"俗以自远投人干求钱物者曰打秋风,予初不解其说,后见郎瑛《七修类稿》载米芾书札中有 '秋丰' 二字,即秋风之义,盖彼处丰稔,米粮有余,因往抽而分之耳,字声相近,文理亦通。" 这种说法还被有的学者敷演为一种农民在秋收时节慷慨招待客人吃饭的固有习俗，并指出"这本是农民淳朴善良好客的习俗，但却被一些爱占小便宜的人趁机利用。这些贪图小利者每到秋收，便走街串巷、蹭饭揩油，无论亲疏远近，但凡沾边就厚着脸贴上去。'打抽丰'便被写作了'打秋丰'，到了后来就泛指借某种名义、利用关系向人家乞取财物、借钱之意。"（刘永连、宣炳善，2008）

C. 抽取丰富说。如明陆噗云《世事通考》（上）"商贾类"："打抽丰，因人丰富而抽索之，故曰打抽丰，俗语谓之'打秋风'者是也。"清顾张思《土风录》（卷十一）中也指出"以物干求人曰打秋风。案：米元章帖作打秋丰，雪涛《谐史》作打抽丰，言于丰多处抽分之也。"

D. "抽分"税制说。这种说法的代表人物是李莎（2001），她提出"'打秋风'的语源当为'抽分'"，因为"抽分这一繁琐精细、为平常百姓所难理解的税制，至少在宋、明时代就已经变为苛政了，政府、官僚能从中获得丰厚的利润，因而也在民间生出占人好处，捞人油水的引申义，并讹为'秋风'、'抽丰'等多种不同的记音形式。"

E. 打风打雨说。有的学者则将"打秋风"的源头追溯到了五代王定保的《唐摭言》（卷十五）："当今北面官人，入则内贵，出则使臣，到所在打风打雨，你何不从之，而孜孜事一穷措大，有何长进？"如《辞源》1988年版"打秋风"条就首先引用了此证，《汉语大词典》《近代汉语大词典》等也持类似观点。辛羽（2012）认为"打风打雨"中的"风雨"谐音"丰裕"，"打风打雨"就是"打秋风"的语源。吾三省（1999）说"这段话里用的'打风打雨'虽然与'打秋风'字面不尽相同，但是所表示的假借各种名义向人索取财物的意思是完全相同的。"

综观以上几种说法，我们认为 A 为臆断之辞，因"打秋风"中有"秋风"二字就将其解释为秋风起时，衙役向富户募捐棉衣以借机敲诈是经不起推敲的。因为我们在文献中没有看到衙役向富人抽丰棉衣的做法，而且"打秋风"的时间也不限于秋天，也可在其他时节，如年终、春夏之间等。例如：

（1）每初金及年终，置酒邀会，每家银三五分，则曰打网，曰秋风。（明·沈榜《宛署杂记·街道》）

（2）余大先生道："你不知道我这扬州的馆金已是用完了，要赶着到无为州去弄几两银子回来过长夏。……二先生道："哥这番去，

若是多抽丰得几十两银子，回来把父亲母亲葬了"。（清·吴敬梓《儒林外史》第四十四回）

B 种由米芾札中"秋丰"二字加以敷衍成的"秋丰说"同样靠不住，因为与 A 说法一样，它也必将"打秋风"的时间限于秋天，但从上文的举例可知这与事实是不符的；而且粮食丰收，抽而分之的肯定也多半会是粮食，但经文献检索发现，"打秋风"的成果主要是钱财，很少有粮食或其他物品。例如：

（3）因武昌太守是他的亲戚，特来打抽丰，倒也作成寻觅了一注大钱财。（明·冯梦龙《醒世恒言》卷三十六）

（4）〔尹〕师父，想是你与梁县尹是旧相知，要去打抽丰了！打抽丰是极淘气的事。〔生〕我出家人要钱财何用？要去打抽丰！我是要去度他。（明·王应遴《逍遥游》）

D 种"抽分说"也带有一定的主观性，"抽分"作为一种沿海口岸对货物交易所实行的税制，在使用的过程中的确引申出了抽人好处、分人利润的意思。例如：

（5）两个干事，朝来暮往，非止一日也，抵盗了许多细软东西、金银器皿衣服之类，来昭两口子也得抽分好些肥己。（明·笑笑生《金瓶梅》崇祯本第九十回）

（6）我家的伴当，个个生得嘴馋，惯要偷酒偷食，少刻送桌面过去，路上决要抽分，每碗取出几块。（清·李渔《十二楼·归正楼》第一回）

但"抽分"作为宋元明清一直沿用的一种税制，主要是政府对商民实施的行为，是官对民、地位高的人对地位低的人；而"打秋风"则多为穷人向富人，无官职者向有官职者，地位低的人向地位高的人实施。例如：

（7）虔州界坑冶户听得银货，除抽分外，余数并和买入官，费

用不足。乞依旧抽纳二分，只和买四分，余尽给冶户货卖。(宋·李焘《续资治通鉴长编》卷三百八十九)

(8) 抽分羊马人员，每岁扰动州县，苦虐人民。(元·拜柱《通制条格》卷十五)

(9) 祖宗时，诸番常贡外，原有抽分之法。稍取其余，足供御用。(清·魏源《海国图志》卷四十一)

(10) 小生只因会试进京，路过扬州，此间司理，是我座师，政欲抽丰一回，以作进京资斧之计，谁想又查盘别府去了。(明·马佶人《荷花荡》第八出)

(11) 钱万里大笑道，异日做了宅门大爷，我要去打抽丰去，休要不认哩。(清·李海观《歧路灯》卷二)

(12) 平儿啐道，好了，你们越发上脸了，说着走来。只见凤姐儿不在屋里，忽见上回来打抽丰的刘老老和板儿来了。(清·曹雪芹《红楼梦》第三十九回)

所以从施受主体上来说，"打秋风"不大可能源于"抽分"，而且持这种观点的人，虽然可以顺利地解决"抽分"与"抽丰""秋风"之间的音转关系，但对于为何"抽丰""秋风"经常与"打"结合使用，而作为其语源的"抽分"却很少与"打"相结合的情况，却很难做出回答。

E 种说法将"打秋风"的源头追溯到五代王定保《唐摭言》的"打风打雨"上面，则又犯了主观臆断的错误，因为仅靠"风雨"和"丰裕"谐音就将"打风打雨"与"打秋风"等同起来是无法令人信服的；而且除了这一例，从唐五代到明之间这么长的历史时期内，"打风打雨"虽然一直在用，却很难再找出用它来表示"打秋风"的其他用例。例如：

(13) 老汉不是好心，德山后来呵佛骂祖，打风打雨，依旧不出他窠窟，被这老汉见透平生伎俩。(宋·圆悟克勤《碧岩录》卷一)

(14) 一枝谁剪楚山前，却寄东吴遇客船，打雨打风常在手，挑云挑月不离肩。(元·释善住《谷响集》卷二)

(15) 气谊与君真弟兄，酒酣狂叫邀荆卿，打风打雨岂余事，呼马呼牛随所名。(清·郭尚先《增默庵诗遗集》卷一)

毫无疑问，这些例句中的 "打风打雨" 都与 "打秋风" 毫无关系，而且很多在句子中也不单独使用，往往会与其他同类词语相搭配，如 "呵佛骂祖" "挑云挑月" "呼马呼牛" 等。

至于《唐摭言》中的 "打风打雨" 表达的是否是 "打秋风" 的意思也值得怀疑。持这一观点的学者所引用的例证原文如下：

> （16）李敬者，本夏侯谯公之佣也，公久厄塞名场，敬寒苦备历，或为其类所引曰：当今北面官人，入则内贵，出则使臣，到所在打风打雨，你何不从之，而孜孜事一穷措大，有何长进？纵不然，堂头官人，丰衣足食，所往无不克。（五代·王定保《唐摭言》卷十五）

除了这一例子，我们还找到了一段跟《唐摭言》中相类似的话：

> （17）唐夏侯孜厄塞名场，人甚其佣李敬，当今北面官人所在打风打雨，堂头官人丰衣足食，尔何不从之，而事一穷措大，有何长进？（清·钱谦益《牧斋有学集》卷三十三《云间道人生圹志》）

这两段话中，作者为了和处于名场困境中的夏侯孜作比较，举出了两种官人，一种是 "北面官人"，一种为 "堂头官人"，从例（16） "纵不然" 一语可推测出 "北面官人" 的权势应该比 "堂头官人" 更大；而如果将 "打风打雨" 理解为打秋风，那就变成了位尊权重的 "北面官人" 到处去打秋风、占人小便宜了，这显然与我们所理解的 "打秋风" 意思不合，所以我们有理由认为《唐摭言》中的 "打风打雨" 并非指向人索取财物，而主要是用来表现得势官人之权势的。因为如果连毫无过错的风雨都去打，就充分地显现了得势官人气焰的嚣张和权势的宏大。这可从 "打风打雨" 的相类词 "呼风唤雨" 中得到启发，能够呼动风，唤动雨的人物一般都会是一些本领大或法力高的人。另外，把 "打风打雨" 看作 "打秋风" 源头的学者也没能很好地解释 "打风打雨" 在语音上是如何演变成 "打秋风" 的，由此我们认为此说法也不成立。

相较而言，我们认为 C 种抽取丰富说最为可取。而且我们认为 "打秋风" 最初的形式当为 "抽丰"，语源即 "因人丰富而抽取之"，后与

"打"字头相结合。又因音近而产生了"秋风""打秋风""打抽风""打秋丰"等形式。这在很多的语料中都有所反映，例如：

（18）借文集为募具，抽丰达人，犹酒肉僧异菩萨像化缘，死后蒙耻，四厄也。（明·沈长卿《沈氏日旦》卷二）

（19）〔净〕怎生叫做一棍？〔生〕混名打秋风哩。〔净〕咳，你费工夫去撞府穿州，不如依本分登科及第。〔生〕你说打秋风不好？"茂陵刘郎秋风客"，到大来做了皇帝。〔净〕秀才不要攀今吊古的，你待秋风谁？（明·汤显祖《牡丹亭》第十三出《诀谒》）

（20）李微家居岁余，宦囊已空，迫于日用无资，只得思量出游，打知交的抽丰，冀有所获，半为妻子衣食，半为入京调补支费。（明·东鲁古狂生《醉醒石》第六回）

（21）常言道："事有凑巧，物有偶然"。恰好有一绍兴人，姓胡名悦，因武昌太守是他的亲戚，特来打抽丰，倒也作成寻觅了一注大钱财。（明·抱瓮老人《今古奇观》卷二十六）

（22）其时正有个乡亲在这里打抽丰，未得打发，见这张首状是关着人命，且晓得陈定名字，是个富家，要在他身上设处些，打发乡亲起身。（明·凌蒙初《二刻拍案惊奇》卷二十）

（23）新到犯人温氏等二口闻知家道发迹，要他分例五十两，昨已设酒送去，请他打抽风，要他二十两。（明·毛晋《六十种曲·玉镜台记》下）

（24）邻里之间，见说高愚溪在福建巡按处抽丰回来，尽来观看。看见行李沉重，货物堆积，传开了一片。（清·凌蒙初《二刻拍案惊奇》卷二六）

（25）燕白颔道，我们在家时不曾听得他出门，为何反先在此处？平如衡道，莫非来打秋风？燕白颔道，若说打秋风在老宋或者有之，张伯恭家颇富足，岂肯为此离家远涉在此。（清·佚名《平山冷燕》第十三回）

（26）像你这样大老官来打秋风，把你关在一间房里给你一个月豆腐吃，蒸死了你。（清·吴敬梓《儒林外史》第三十二回）

（27）昨日是那个后生穿着，今日又是这个后生穿着，十有九分是去到知县衙门去打抽风的。（清·惜阴堂主人《二度梅》卷二）

（28）老魏我与你郎舅至亲，就不想抽丰，难道留我住几日不得的？（清·尤侗《钧天乐》上）

（29）怎么把他也打扮打扮才好，这可打老爷个秋丰罢。（清·石玉昆《三侠五义》第十六回）

首先，根据以上用例可以看出，大部分抽丰与被抽丰者之间总有着或亲或友的关系，且被抽丰者多为有钱或地位高的做官之人，抽丰者则多为生活落魄或不太富裕之人，即以不丰者去抽取丰富者。富足之人一般是不去打抽丰的，所以例（25）《平山冷燕》第十三回中燕白颔才会说"若说打秋风在老宋或者有之，张伯恭家颇富足，岂肯为此离家远涉在此。"

其次，"打抽丰"的语源，从与之意义相同的"打尊儿""打把式（打把势）"等词中也可见一斑。在三个词中，"打抽丰"之"丰"为丰富之人；"打尊儿"之"尊儿"为尊贵之人；"打把式"之"把式"指具有某种技能的行家里手，而行家里手在有能力等方面与富贵、尊贵之人具有相同之处。根据词例求义法（杨琳，2011），词义相同相近的它们在和"打"组合后也可产生相同相近的意义。

最后，像"打+抽丰"这样的"打+动词性词语"的形式也很常见，如"打撒手""打问讯""打张惊儿"等，虽然加上了"打"字头，但并未对其后面动词性词语的意义产生影响，只是更加凸显了词义的动作性。

三　结语

总之，通过以上论述，我们可以得出："打秋风"的语源为抽取丰富，它的最初形式为"抽丰"，后与"打"字头相结合，又因语音相近而产生了"秋风""打抽丰""打秋风""打抽风"等形式。"打秋风"之所以更加流行，是因为"秋风"为人们日常生活中所习见之物，更易被人接受，所以在几个形式中取得了绝对优势。

另外，"打秋风"除了上文中所提到的假借各种名义向人索取财物的常用意义之外，还引申出了一些特殊用法，现列举如下：

（一）守墓人在过年时给人馈赠柏枝借以得到对方的报酬（王宝红，2005），如：

（30）摘松柏之枝，副以石楠冬青，乡人残年，扎成小把，沿门叫卖，供居人插年饭中用，或藉地送神马之需，呼为冬青柏枝，又名送灶柴。或馈自管坟人者，必酬以数十钱，目之为打秋风。（《清嘉录》"冬青柏枝"条）

（31）这个官儿来的古怪呀！你在这院上当巡捕也不是一年咧，大凡到工的官儿们送礼，谁不是缂绣、呢羽、绸缎、皮张，还有玉玩、金器、朝珠、洋表的，怎么这位爷送起这个来了？他还是河员送礼，还是"看坟的打抽丰"来了？这不是搅吗！（清·文康《儿女英雄传》第二回）

（二）清末民初赌场中侍局者向赌徒讨要小费、好处（曲彦斌，1994），如：

（32）打抽丰，服侍赌客乘机讨小账也。（《切口·赌博·麻雀赌》）

（33）所谓赌窝皆无赖积棍，专一引诱不肖子弟、市井浮浪之徒，窝顿其家，彼则放椿捉头。某人输，彼为垫钱，起发还则重息滚算；某人赢，彼乃二八抽丰，利则半归于已，俗谓之赌钱不轮家也。（清·黄六鸿《福惠全书》卷二十三）

参考文献

白维国：《白话小说语言词典》，商务印书馆 2011 年版。

广东广西湖南河南辞源修订组、商务印书馆编辑部等：《辞源（1—4 合订本）》，商务印书馆 1988 年版。

李莎：《"打秋风"语源考释》，《广西民族学院学报》（哲学社会科学版）2001 年第 S2 期。

刘永连、宣炳善等：《有关四大名著 101 个趣味问题》，中华书局 2008 年版。

罗竹风主编：《汉语大词典》，上海辞书出版社 1993 年版。

曲彦斌：《中国秘语行话词典》，书目文献出版社 1994 年版。

工宝红：《清代笔记小说俗语词研究》，博士学位论文，四川大学，2005 年。

温端政主编：《汉语常用语词典》，上海辞书出版社 1996 年版。

吾三省：《语文小札》，文汇出版社 1999 年版。

吴士勋、王东明主编：《宋元明清百部小说语词大辞典》，山西人民教育出版社 1992 年版。

辛羽：《"打秋风"小考》，《咬文嚼字》2012 年第 7 期。

许少峰主编：《近代汉语大词典》，中华书局 2008 年版。

杨琳：《赤条条、光棍、吊儿郎当、二郎腿、吊膀子考源》，《励耘学刊》2012 年第 1 期。

杨琳：《训诂方法新探》，商务印书馆 2011 年版。

中国大辞典编辑处：《国语辞典》，商务印书馆 1937—1945 年版。

中国社会科学院语言研究所词典编辑室：《现代汉语词典（第 6 版）》，商务印书馆 2012 年版。

周定一主编：《红楼梦语言词典》，商务印书馆 1995 年版。

朱家溍：《何谓"打秋风"》，《红楼梦学刊》1979 年第 1 期。

网络媒体中流行格式"X体"分析[*]

提　要：随着网络语言的不断发展，新生的、形态各异的网络语体不断出现，不同的网络语体代表了当今网络语言中富有新意、较为流行的表达风格。为各语体命名的造词模式"X体"成为 2011 年最为耀眼和火爆的造词框架，也一度活跃在当今的网络语言世界中。从网络语体的兴起和流行格式"X体"的发展、"体"的意义变化、流行格式"X体"的语言属性、修辞效果和发展预测等几个方面进行分析，明确格式的能指形式和所指内容。

目前，我国网民规模已达到 5 亿左右，互联网普及率也将近 40%。随着互联网的不断发展，网络已成为民众之间相互交流和交际的重要媒介和平台。新颖的传播媒介推动着网络语言的不断创新和发展，新生的、形态各异的网络语体成为 2011 年以来网络流行语中最为耀眼的一部分。通过对互动百科和百度百科两大网站在 2011 年至今连续公布的互联网月度十大热词①发现，几乎每月都有引人关注的网络语体跻身其中，并且部分网络语体还滋生出不同的版本，如"见与不见体"有"婚姻版、加班版、考试版、堵车版、减肥版、跳槽版"等；"私奔体"有"房子版、睡眠版、假日版、人民币版"等。同时，随着时间的推移，"X体"在月度热词中的比重也逐渐增多，显示出了较强的生命力。具体情况如表 1 所示：

＊　本文作者刘善涛，发表于《克拉玛依学刊》2013 年第 2 期，收录本书时略作修改。
①　自 2012 年始百度百科不再连续公布互联网月度十大热词。

表1　　　　2011年至今"X体"在互联网月度十大热词中的出现情况①

月份	热词	月份	热词
2011年1月	见与不见体	2011年11月	中英穿越体
	扫地老太太体		赵本山体
2011年2月	微博体	2011年12月	秋裤体
2011年3月	咆哮体		唤醒体
2011年5月	私奔体		膝盖中箭体
2011年6月	云召体	2012年1月	深夜体
	高铁体	2012年2月	生活体
2011年7月	卖萌体		海燕体
2011年8月	蓝精灵体	2012年3月	杜甫体②
	hold住体		合并体
2011年9月	琼瑶安慰体	2012年4月	惆怅体
	步步惊心体	2012年5月	甄嬛体
2011年10月	校长撑腰体	……	……

据国家语言资源监测与研究中心平面媒体分中心所公布的2011年春夏季中国报纸娱乐类十大流行语②显示，"咆哮体""私奔体"入围其中。而在国家语言资源监测与研究中心、北京语言大学等部门最近联合公布的2011年度中国媒体体育娱乐类十大流行语中③，则以"某某体（撑腰体、淘宝体、断电体等）"的形式显示其中，这也是自2002年国家借助大规模动态流通语料库以及计算机技术手段进行流行语的检测以来首次出现的格式流行语，表现出此格式的流行性和能产性。

从时间发展进程上来看，首先是网络中因网民的创新心理或某些社会原因出现了一种较为新颖、新奇的表达方式，进而引起网民的围观、模仿和传播。为了更加广泛、便捷地使用这一新兴表达形式，网民们则按照

---

① 月度十大热词中没有直接出现"X体"的形式，却间接出现了其中的"X"或其他相关形式，如"扫地老太太""京沪高铁"等，为了更好地说明此流行格式的能产性和影响力，我们也将这种间接形式胪列其中。

② 国家语言资源监测与研究中心平面媒体分中心：http://pop.clr.org.cn/achieve.jsp#hot-Word。

③ 中国语言文字网：http://www.china-language.gov.cn/31/xcy2011.htm。

"X体"的框架模式从不同角度对其进行命名，即对未知成分"X"进行填充，至此新词"X体"初步形成。但是，由于观察视角的多样性，对同一流行表达形式，也即"X体"的所指内容会拟制出不同的称谓，形成不同的能指形式，类似语言中同物异名的异形词，如见与不见体和非诚勿扰体；微博体和围脖体、段子体、语录体等称谓的所指内容是相同的。这些不同的称谓根据网民的使用习惯和语言的竞争机制，经过一番汰劣优存的角逐后最终形成网民们普遍认可的形式。

从上面的分析可以看出，新词"X体"的形成、传播和流行经历了一个由所指内容抽象出能指形式，然后所指和能指共同发展、相互推进，最终达到网民们广泛认可和普遍流行的过程。因此，对这一网络语言现象的分析也应包含两个层面：一是能指层面，即当前新词语和流行语中的网络流行造词格式"X体"；二是所指层面，即不同的"X体"所代表的语言表达形式和风格。

一 网络语体的兴起和流行格式"X体"的发展

在《现代汉语词典》（第五版）中，"体"意指"文字的书写形式；作品的体裁"，如"字体、文体"等；在修辞学研究中，"体"指"语体，即运用民族共同语的功能变体，是适应不同交际领域的需要所形成的语言运用特点的体系"（袁晖、李熙宗，2005），传统的语体包括科技语体、公文语体、法律语体、文艺语体等。自20世纪末我国互联网的兴起和发展以来，网络成为语言的一种新载体，语言载体和交流模式的变化使得网络语言的风格和日常语言大为不同，一种新的语体形式——网络语体也随之产生。起初学者们大多从较为宏观的角度探讨网络语体的产生背景、原因、表现形式、组成成分、特点、发展前景、规范策略等。随着网络语体的发展和研究的逐渐深入，研究者和网民根据各自的需要开始对不同风格的网络语体进行细化。如于根元（2001）将网络语体分为艺术语体、媒介语体和聊天语体三类。霍四通（2005）将"网络语言中直接罗列诸说话人及其话语的语言表现形式"称为"群言体"，并将其分为"采访体""比较体"和"娱乐体"三小类。与学者的研究不同，网民在网络的自由空间内不断创新，丰富着网络语体的表现形式，"失意体""脑残体""蜜糖体""红楼体""纺纱体""梨花体"等各种由"X体"格式新造的不同网络语体的能指称谓不断产生。《中国语言生活状况报告（2009）（下编）》（2010）所公布的年度新词中以"X体"格式所造的新词有"蜜糖体"，《中国语言生活状况报告（2010）》①中增加为"凡客体、微博体、羊羔体、子弹体"。通过对百度网站的搜索发现，以此格式新造的词语有近200个，形成了一个异彩纷呈、蔚为壮观的"X体"流行词群。眼下，"如果体""下班回家体""跨年体""道歉体"等也已成为时新的网络热词。可见，"X体"已成为能产性和普遍性较强的造词模式，已经形成了数量庞大的新词语群和流行词语群，把它称为2011年最火爆，2012年最受关注的造词模式应该说是当之无愧的。

二　流行格式"X体"中"体"的意义变化

在讨论这个问题之前让我们先了解一下近年来由造词格式"X体"所造的部分流行新词的所指内涵。

（1）见与不见体：仿照《非诚勿扰2》中一首名为《见与不见》诗歌的格式创作的仿写诗歌体，表述形式为：你……，或者不……，……就在那里，不……不……

（2）微博体：也称"段子体""语录体"，是为了适应在微博上发表短消息而采用的一种短小精干，简洁幽默的叙述方式。

（3）咆哮体：采用带许多感叹号的字、词或者句子，在形式上表达很强烈感情色彩，类似咆哮以引人注意的一种形式。

（4）hold住体：一位女网友在一节目中的各种搞笑技艺让人笑到疯狂，而她的口头禅是"hold住"，这样各种夹杂着"hold住"的语言形式都称为"hold住体"。

（5）中英穿越体：将中文和英文以一种穿越式的组合进行表达的方式，有网友整理了古诗和英语的翻译组合体。

从上述释义中可以看出，"体"已经逐渐脱离了传统的"字体""文体""语体"的意思，向着更加泛化的方向发展。这主要体现在两个方面：一是非系统性，传统的"体"是经过长时间的发展积淀后所形成的相对成熟的体系或系统，因此具有一定的稳定性，可以经受住时间的考

---

① 见中国语言文字网：http://www.china-language.gov.cn/。

验。而"X体"中的"体"受其赖以生存和发展的网络环境的影响，则显得相对自由，在形式上也不拘一格，其指称对象不再限于用书面语或口语写成的成型的文章，可以是一个符号，如咆哮体、鲸鱼体等；可以是一个词，如淘宝体、听说体等；也可以是一句简短的话，如子弹体、微博体，还可以是其他的叙述方式，其形式是多种多样的，内部缺少相对严密的体系，只要某一语言形式能够体现出富有新意和个性内容即可称之为"X体"，同时，各种不同"X体"的生命力也是不同的，有的昙花一现，有的绵延数月，有的长期大行于网络。

由此，我们将"X体"中的"体"的意义概括为：网友通过网络中富有时代性、新奇性和高点击率的词、短语、句子或句子框架，归纳演绎出来的各种表达方式、手段或风格。

三　流行格式"X体"的语言属性和修辞效果分析

通过对搜集到的，形态各异的"X体"分析可知，在造词格式"X体"中，"X"的词性相对自由，有名词，如"表格、红楼、拼音"等；有动词，如"纠结、遇见、删减"等；有形容词，如"亲密、绮丽、痛快"；有副词，如"大概"；有数量短语，如"十年"，其中以名词、动词为主。"X"表现形式也多种多样，可以是人或作品的名字，如"宝黛、琼瑶、马丁·路德·金、乡愁、大话西游、走进科学"等；可以是短语或小句成分，如"织毛衣、见与不见、如果不学、不相信爱情"等；也可以是数字、字母以及数字、字母、汉字的结合，如"360、LOLI、TVB、3W、装13、hold住"等。可见，在网络这种自由的环境中，"X"的词性、句法成分和书写形式是多样的，只要能起到对某一事物和现象进行命名的作用即可。但是，由于不同群体对同一事物和现象关注的焦点不同，使得同义的"X体"新词数量增多，如"琼瑶体""安慰体"和"奶奶体"；"3Q体""QQ体"和"艰难决定体"等都是同义词群。

为了简洁有效地创制出适合"X体"的名称，同时也为了收到幽默诙谐的语言效果，造词格式中的"X"多采用借代、比喻、谐音的修辞方式。如"凡客"是由公司的名称指代韩寒和王珞丹为其所做的广告文案，用"凡客体"一词指代以该广告文案为框架的语言叙述方式；把采用带许多感叹号，表达很强烈感情色彩的语言比喻成咆哮，把这种表达方式比喻成咆哮体；把丽华和延高分别谐音化为梨花和羊羔，把他们的语言表达形式分别称为梨花体和羊羔体，以展现其诙谐调侃的语言效果。在利用这些修辞格式创制新词的过程中，借代是网友们使用率最高的方式。

同时，语言的创新是无止境的，在网络平台上更是得到了充分的体现，某一"X体"之下还可能再分为不同的次"X体"或不同版本，如"淘宝体"之下有"南理工淘宝体""警察淘宝体""外交部淘宝体"；"校长撑腰体"有"郑大版、河大版、北邮版、哈工大版、东北林大版"等。这些形态各异、色彩纷呈的"X体"既反映出当代社会的不断变化、人们心理的不断创新，也丰富了当代社会的语言，推动着新词语、流行语和新颖的表述形式的不断产生。

四　流行格式"X体"的结构分析

在修辞学研究中，陈望道（1976）提出了"镶嵌"修辞格的概念，若"要话说得舒缓些或者郑重些，故意用几个无关紧要的字来拖长紧要的字"，叫"镶字"，若"故意用几个特定的字来嵌入话中"，则叫"嵌字"。在汉语基本词汇单位的研究中，周荐（2001）提出了"待嵌格式"的概念，即"两字交替显现、两字（个别的为多字）交替隐含而需人们在使用中将隐含的字填补进去以成就一个新的词汇单位的准四字格式"。稍后，又提出了"语模"的概念，它指语言中"专用来构造熟语的架构"，如"照X不误""将X进行到底""别拿N1（村长）不当N2（干部）""V（走）自己的N（路），让别人NP（说去吧）"等（周荐，2009）。在新词语研究中。李宇明（2002）提出了"词语模"的概念，它"是具有新造词语功能的各式各样的框架。这种框架由'模标'和'模槽'两部分构成。模标指词语模中不变的词语，模槽指词语模中的空位。"前文中"X体"这个词语框填格式，"体"是模标，"X"是模槽，根据表达的需要，利用"X体"这一模式造出了一大批新词语。在流行语的研究中，刘大为（1995）首先将流行语分为字形流行语、语音流行语、词汇流行语、套语流行语、组合流行语五类。其中，套语流行语是"词汇形式在句法作用下进行组合的结果"，包括充填式和整体式两种。辛仪烨（2010）指出流行语的扩散经历了一个"从直接使用开始，到语义泛化、格式框填的整体景观"，初步构建了一个流行语研究框架，其中格式框填又分为"话语框填""词语框填"和"形式框填"三种类型。

尽管各学科、各学者在上述问题的讨论中所使用的术语互有差异，但基本上都从不同角度反映了同一个问题，即词、短语、熟语、句子在使用和表达中的制造模式和格式框填。流行格式"X体"的能指形式也是一种模式，它属于词语模式，"咆哮体""私奔体""云召体"等各种网络体都可归入这种模式之中。同时，多数网络体的所指内容也属于不同的制造模式，如"凡客体"的所指"爱……，不爱……，是……，不是……，我是……"；"私奔体"的所指"各位……，各位……，我放弃一切，和……私奔了……"等都属于话语模式，"子弹体"的所指"让……飞"或"让……飞一会儿"等都属于形式模式。因此"X体"在能指和所指两个层面上都是一种模式，在能指层面上的模式更为稳定，在所指层面的模式则更为多样。需要说明的是，并不是每种网络体的所指都能找到适合自己的模式，有些只是语言表达的特殊风格，如微博体、羊羔体等。

五　对流行格式"X体"的发展预测

经过近年来网络语言的发展，我们发现格式"X体"已成为稳定的、流行的造词模式。但是，依据这一格式所造的各种新词的接受度、生命力和价值是不同的。有些已经跨出了网络社区的局限，进入大众的社会生活和主流媒体之中，被人们广泛接受和使用，如"淘宝体、hold住体"等，有些则主要适用于网络社区，如"失意体""鲸鱼体"，而还有一部分新词则可能会成为随机词和瞬间词，最终昙花一现。但是，随着网民规模的不断扩大，以及在自由的网络环境和人们创新意识的推动下，总能从各种不同的人、事或行为中发现其独特的样式和风格，从而用新奇的网络语言进行表现，形成特定的网络语体，造出新词"X体"。可以说，由于网络语体的不断发展、变化和创新，造词格式"X体"中蕴含着丰富的隐性词、潜在词。虽然我们现在还无法预测出它的最终命运，但作为一个能产性和生命力极强的造词格式是值得关注的，此格式所代表的不同网络语言表述形式也是值得关注的。

参考文献

陈望道:《修辞学发凡》,上海教育出版社 1976 年版。

国家语言资源监测与研究中心编:《中国语言生活状况报告 (2009)(下编)》,商务印书馆 2010 年版。

霍四通:《现代汉语"群言体"的分类及其功能》,《修辞学习》2005 年第 6 期。

李宇明:《词语模》,《语法研究录》,商务印书馆 2002 年版。

刘大为:《组合流行语考察》,《汉语学习》1995 年第 2 期。

辛仪烨:《流行语的扩散:从泛化到框填》,《当代修辞学》2010 年第 2 期。

于根元编:《网络语言概说》,中国经济出版社 2001 年版。

袁晖、李熙宗:《汉语语体概论》,商务印书馆 2005 年版。

周荐:《"语模"造语浅说》,《汉语语汇学研究》,商务印书馆 2009 年版。

周荐:《〈现代汉语词典〉中的待嵌格式》,《中国语文》2001 年第 6 期。

"蜗居"中的"蚁族"和"柜族"*

提　要：新词的产生和发展是社会、心理等语言外部因素和语音、语义等语言内部因素共同作用的结果。"蜗居""蚁族""柜族"等词语的使用和推广在某种程度上折射出当代社会状况、人们心理和语言使用的变化，这些词的产生发展、词义来源、词义内涵、发展预测等问题值得进一步研究。

语言是生活的反映，2009 年《咬文嚼字》所评选的我国十大流行语中，"蜗居"和"蚁族"二词集中体现了当代社会年轻人艰难的生存状态，住房、就业和收入分配等问题已经成为国民关注的重要话题。围绕着这个话题总是有大量的新词和新词词群不断出现，"房奴""车奴"等"X 奴"词群；"被就业""被上岗"等"被 X"词群；当然还有"裸婚族""群租族""飘摇族""啃老族"等庞大的"X 族"类词群，甚至刚出现的"蚁族"也根据该群体所处"蚁域"的不同，出现了"京蚁""沪蚁"等称呼。时下，当"蜗居"和"蚁族"的热潮还未完全退却时，一个"柜"而非"贵"的"柜族"被推进了人们的视野。它起初被称为"集装箱蜗居族"，指迫于住房压力而蜗居在集装箱里的城市底层收入群体，现主要分布在广州、福建等沿海发达地区。

本文以此为切入点对流行语中的"蜗居"和"蚁族"以及刚刚产生的新词"柜族"进行集中探讨，并对其发展前景做出预测。

---

* 本文作者刘善涛，发表于《术语标准化与信息技术》2011 年第 2 期，收录本书时略作修改。

一　"蜗居""蚁族""柜族"的产生和发展

(一)"蜗居"的产生和发展

早在明清时期,"蜗居"一词便已经出现,通过对 CCL 语料库的统计可以发现,"蜗居"共出现了 129 次,其中古代汉语中出现了 28 次,现代汉语中出现了 101 次,见表 1。

表 1　　　　　　　　古代汉语及现代汉语中的"蜗居"对比

词性	古代汉语	现代汉语	例　　句
名词	25	44	窄小蜗居,虽非富贵王侯宅;清闲螺径,也异寻常百姓家(明《初刻拍案惊奇》);虽栖身蜗居却能领略大自然的海阔天空(《市场报 1994 年》);如今,忽然走出蜗居,看见世界大变样,昏花的眼睛豁然亮了!(《1995 年人民日报》)
动词	3	57	卢方听了,便道:"弟蜗居山庄,原是本分人家……"(清《七侠五义》);蜗居临安的南宋王朝(《中国儿童百科全书》);300 多户世代蜗居陋室的市民,喜迁新居(《1994 年报刊精选》)

可见,"蜗居"并非新词,产生之初主要用作定中结构的名词,用"蜗牛的居室"比喻自己窄小简陋的住所,是一种谦虚客套的说法。随着使用的推广,由于"居"字含有动词"居住"的意思,"蜗居"一词便演变为状中结构的动词,比喻"像蜗牛一样居住在某处",也即"潜居、伏居"之意。但作为原有词其使用频率远远低于基本词汇,这也成为一些词典不将其立为条目的主要原因。

但是,原有词"蜗居"在当代汉语中的词义又有了细微变化,口语性逐渐增强,谦虚客套的色彩义也逐渐消退,为了与原有词相区别,我们将原有词记作"蜗居1",将流行语中的"蜗居"记作"蜗居2",如:

(1)北京打拼近十年,古力除了几年前购买一套 40 平米的蜗居之外,再未购置房产。(《现代快报》2010-4-9)

(2)位于重庆南方花园名人苑的一套 200 余平方米的房屋内,隔出来的 25 个小单间内蜗居着 40 多人,只有 4 间厕所、一间厨房。

（《西安晚报》2010-4-13）

　　　　（3）一家五口三代人<u>蜗居</u>50平米租住房。（《华商报》2010-4-15）

　　流行语并不都是新词，"蜗居2"能成为流行语一方面是由于同名小说和电视剧的热播，更深层的原因在于当代社会日益突出的住房问题以及人们求新求奇、委婉含蓄的表达心理。

　　1.2 "蚁族"的产生和发展

　　在2009年《中国语言生活状况报告》所收录的579个新词语中，"蚁族""蚁域"被选入其中①，摘录见表2。

表2　　　　　　　　　　"蚁族"与"蚁域"摘录表

词　目	释　义	例　句
蚁族	指高智商、低收入、像蚂蚁一样弱小，不被关注，但却勤勤恳恳工作、过着简单聚居生活的80后大学毕业生。	"蚁族"群体的年龄集中在22—29岁之间，以毕业5年内的大学毕业生为主，税前月平均收入主要集中在1000—2500元。同时，"蚁族"的基本生活消费相对较低，每月的房租平均为377元，饭费为529元，月均花费总计1676元。（《中国青年报》2009-11-18）
蚁域	指蚁族聚居的地方。大多在城乡接合部，房租低廉，交通便捷，生活成本低。	北京唐家岭就是著名的<u>蚁域</u>之一。唐家岭，促狭的街道、逼仄的居住空间、嘈杂、肮脏的环境，小餐馆、小发廊、小诊所、小网吧和通常是无照经营的低档娱乐场所……是"蚁族"生活环境的真实写照。（《人民日报海外版》2009-11-12）

　　相关研究表明，蚂蚁是所有的昆虫中最聪明的物种。同时，蚂蚁属群居动物，一个蚁穴里常常有成千上万只蚂蚁。再者，蚂蚁很弱小，得不到重视和关注。最后，蚂蚁还有着永不言弃的坚强毅力和勤勤恳恳的生活态度。蚂蚁的这些特点与大学毕业生低收入聚居群体有着极大的相似之处，"蚁族"一词也就成为对这一弱势群体的典型概括。

　　当蚂蚁比喻人的这一用法确定下来并得到推广之后，"蚁族"成员又按照其不同属性进一步划分为不同的种类。首先根据该群体所处地域，也即"蚁域"的不同，分别冠之以"京（北京）蚁""沪（上海）蚁"

---

① 中国语言文字网：http://www.china-language.gov.cn/cms/vote/09newciyu.htm。

"江（武汉）蚁""秦（西安）蚁""穗（广州）蚁"等称呼。同时，伴随着最近刚出版的小说《蚁居》的热捧，仿造"蜗居 2"转为"蚁族"造出的新词"蚁居"也映入人们的眼帘。

（三）"柜族"的产生和发展

《现代汉语词典》（第 5 版）中"柜"是收藏衣物、文件等用的器具，长形或方形，一般为木制或铁制；"族"指事物有某种共同属性的一大类。通过资料分析，我们发现"柜族"一词产生于 20 世纪 90 年代中期，主要源于我国家居市场和家庭装潢行业的发展，用来表示"家庭装饰所需的一系列柜子、厨子等家具"，如：

（4）"广东首届柜族产业发展论坛"将于 11 月 10 日在广州凯旋华美达酒店隆重举行。（《信息时报》2005-11-04）

（5）颠覆传统 捧红衣界柜族 （《法制晚报》2006-11-16）

（6）世界厨柜欧派造，名门柜族惠福州（《福州房产新闻》2010-4-8）

可见，这里的"柜族"是用来指物的，使用领域非常有限，产生以后没有得到广泛推广，我们记作"柜族 1"。这与我们将要讨论的"柜族"（记作"柜族 2"）不存在语义联系，二者是同形同音词关系。

2010 年 3 月 16 日《每日经济新闻》刊登了一篇题为《深圳最牛蜗居族：在不到 30 平方米集装箱内住 7 年》的文章，主要介绍了父子两代人蜗居集装箱里的艰苦生活，此文刊登以后立刻引起了社会的广泛关注。18 日，《羊城晚报》以《记者实探深圳集装箱屋："柜族"是怎样诞生的？》为题对"蜗居在集装箱中的'柜族'"进行了详细报道。这样就把集装箱比喻成"柜子"，用新词"族"指"具有某种共同行为特征的一类人"，用和"贵族"同音的语音形式来婉转地表达这一"蜗居族"最深切的无奈和苦涩的自嘲，"柜族"一词十分恰当地取代了之前"蜗居在集装箱里的人""集装箱蜗居族"等称呼，从而以更为简洁、含蓄的形式为人们所使用。

二　"蜗居""蚁族""柜族"的词义来源和词义内涵

"蜗居2"的频繁使用和新词"蚁族""柜族2"的不断出现既受语言外部因素的推动也受语言内部因素的制约，表现出丰富的词义内涵。

(一)"蜗居""蚁族""柜族"的词义来源

我国社会语言学家陈原（1980）指出："语言中最活跃的因素—词汇，常常最敏感地反映了社会生活和社会思想的变化"。社会因素和心理因素也就成为词义来源中重要的语言外部因素。

随着我国社会城市化、人口结构转变、劳动力市场转型、高等教育体制改革等一系列结构性因素的变化以及国际金融危机的影响，使得"高房价""低收入""住房难""就业难"等问题日益突出。这些关系国计民生的社会难题是这些词不断产生的社会原因。

语言是人类特有的交际工具和思维工具，人类心理的干预对语言的发展变化也起着非常重要的作用。新词的产生必然含有复杂的主体因素，"人是一个能动的主体，这种能动性表现在语言的使用中便是语言在使用中经常被创新……这种创造性主要表现在这样几个方面：首先，人们可以构造一些新的形式，赋予这个形式一定的意义……其次，人们可以赋予一个老的形式以新的意义……"（夏中华，2007），上述词语就体现了心理因素在新词创造中的积极能动作用。

原有词"蜗居1"本是一个使用频率不高，书面色彩较浓的谦辞。但是当代社会的广泛使用一方面使其口语色彩逐渐增强，另一方面也使其谦虚义逐渐消退，折射出当代年轻人无奈、悲凉的心理。"蚁族"和"柜族"是按照原有的构词材料和构词规则构造出的新词，把人比喻成蚂蚁，把居住在集装箱里穷困的人采用谐音仿造的方式称为"柜族"，这不仅体现出人们创造词语时求新、求异、求简、求雅的心理，也反映出这一社会底层自嘲、戏谑的心理。

(二)"蜗居""蚁族""柜族"的词义内涵

张志毅（2005）将一个词的一个义项称为"义位"，义值和义域构成了义位的微观结构，义值是词所表示的内容，既包括语义内容也包括语法内容，义域是义位的意义范围和适用范围。义值又是由基义和陪义构成的，基义是义位的核心，是义位的基本语义特征，陪义是义位的附属语义特征。为了更直观地展示上述词语的语义内涵，我们用表 3 将其表述出来：

表 3　　　　　　　　　　　　　词语的语义内涵

词语	义 值		义 域
	基 义	陪 义	
蜗居 1	名词，比喻狭小简陋的住所	比喻、书面语、谦辞	指住所，属生活领域
	动词，潜居、伏居	比喻、书面语、谦辞	指居住，属生活领域
蜗居 2	名词，比喻狭小简陋的住所	比喻、含蓄、委婉、形象	指住所，属生活领域
	动词，潜居、伏居	比喻、含蓄、委婉、形象	指居住，属生活领域
蚁族	名词，找不到工作或工作收入很低而聚居在城乡接合部的人	比喻、含蓄、戏谑、形象	指人群，属社会领域
柜族 1	名词，家庭装饰所需的一系列柜子、厨子等家具		指家具，属家居市场领域
柜族 2	名词，迫于住房压力而蜗居在集装箱里的人	谐音仿造、含蓄、戏谑、嘲讽	指人群，属社会领域

通过表 3，我们就把这些词的语义义、语法义和语用义等语义信息直观、详尽展示出来了。

三　"蜗居""蚁族""柜族"的发展预测

测定那些已经显现了的词语怎样发展变化是新词语预测的重要内容（周洪波，1996）。它涉及语言外部（如社会文化条件）和语言内部（如语言自身的调节）诸多因素。

当前的社会状况为上述词的产生和推广提供了有利的发展空间，但是语言是一个动态、开放的系统，社会的发展和人们求新求异的心理必然会进一步推动新词的进一步产生。目前，已经稳定下来的"蜗居 2"和"蚁族"又共同滋生出"蚁居"，"蚁族"内部也细分出不同的"X 蚁"，就目前的社会和语言状况分析，这些词还将继续存在并发展下去。至于最近产生在珠江三角洲周围的"柜族2"，因为其独特的住房—集装箱的限制，可能会影响它向内陆的推进。但这并不会影响人们对新型蜗居样式的命名，源自日本"胶囊旅馆"（日文叫"カプセルホテル"，英语"Capsule Hotel"的音译）的"胶囊公寓"是对这一现象的有力说明。可以预见，在最近一段时期，关于住房、就业等问题还会出现不同的"X 房""X 族"甚至是"X 蚁""X 居"等新词。

参考文献

《咬文嚼字》编辑部：《2009 年十大流行语》，《咬文嚼字》2010 年第 2 期。

陈原：《语言与社会生活——社会语言学札记》，生活·读书·新知三联书店 1980 年版。

那时花开：《蚁居》，长江文艺出版社 2010 年版。

夏中华：《中国当代流行语全览》，学林出版社 2007 年版。

中国社会科学院语言研究所词典编辑室：《现代汉语词典（第 5 版）》，商务印书馆 2005 年版。

张志毅、张庆云：《词汇语义学》，商务印书馆 2005 年版。

周洪波：《新词语的预测》，《语言文字应用》1996 年第 2 期。

由"中枪"看新词的产生历程[*]

"中枪"是汉语中早已存在的词语,其意义是指遭受到枪支的射击,如:背部中枪、中枪牺牲等。其所指对象多为有生命特征的生物,其结果是生物的身体或生命受到伤害。

近来,"中枪"一词广泛应用于经济、文化、政治等领域,其词义抽象为"在某事件中无缘无故受到牵连",这种意义和用法逐渐得到了官方媒体的认可和接收,显示出一定的生命力,例如①:

　　(1) 由于近期大盘的连续下滑,以及中小板和创业板的回调,使得相对偏好中小盘股的券商集合理财产品(非限定性)上周几乎全体"中枪"。(2010 年 12 月 29 日)
　　(2) 孔子学院突然在美国"中枪"。(2012 年 5 月 25 日)
　　(3) 有人说,在美国大选期间,中国无论是站着还是躺着,都会中枪,躲是躲不过的。(2012 年 5 月 26 日)

原有词"中枪"的词义变化不是一帆风顺的,下面我们重点分析一下其新义产生的艰辛历程。

"喜剧之王"周星驰在 20 世纪 90 年代拍摄的电影《逃学威龙》中有一句台词是"躺着够低了吧,居然都能被子弹打中",句子以一种强烈的转折语气表达了当事人无可奈何的自嘲和无辜受到牵连的无奈。此句凭借其新颖的表达形式和宽广的网络平台在网络社区中不断传播,同时也因其长度限制促使话语使用者从中选取典型动作进而压缩为短语形式"躺着中枪""躺着也中枪""躺着也会中枪"等,例如:

* 本文作者刘善涛,发表于《语文建设》2012 年第 7、8 合期,收录本书时略作修改。
① 本文例句如无特别说明均出自人民网。

（4）到了第五天，地震时并没有运行的 4 号反应堆"躺着中枪"，发生火灾。（2011 年 4 月 2 日）

（5）期间事件引起民众不安，使某著名酱油"躺着中枪"实乃信息不充分之故。（2012 年 5 月 25 日）

（6）在工信部的介入下，两家公司偃旗息鼓，3Q 大战告一段落。"躺着也中枪"的用户不用再被迫在两者之间做出选择。（2010 年 12 月 28 日）

（7）奇虎随即炮轰这是对手腾讯和金山的"阴谋"，腾讯则喊冤表示"躺着也会中枪"，"3Q"大战再次箭在弦上。（2012 年 2 月 19 日）

汉语中双音节形式的词语占优势，上述短语形式在使用过程中再一次压缩为"躺枪"和"中枪"两种形式，二者虽都属于动宾式结构，但前者是对短语中两个动词的同时压缩而创造出的新词，后者则直接利用短语中所使用的汉语原有词而赋予一定新义和用法，例如：

（8）我就不说是好还是坏了，以免躺枪，只能说我之前的期望过高了一点。（威锋网，2011 年 12 月 3 日）

（9）每次都说宅男怎样，总感觉大批宅男有被代表的嫌疑和躺枪的无奈。（新浪网，2012 年 5 月 23 日）

"躺枪"和"中枪"属于语言中的同义现象，二者之间必然存在竞争。从当前官方媒体对二者的使用情况来看，将原有词赋予新义的"中枪"具有更强的接受度和生命力。这种方式由于不需另造新词，从而减轻了一定的记忆负担，体现出新词创制过程中的经济原则。同时，当"躺着也中枪"成为网络流行语之后，网民根据不同的事情逐渐创制出"躺着也+V"式网络流行格式，表示在不知情的情况下碰到某种事情。例如：

（10）在此期间，我们准备了超强给力的活动，让你躺着也中奖！（网络论坛，2012 年 5 月 11 日）

（11）通化金马深陷毒胶囊漩涡，青海明胶躺着也中彩（证券时

报网，2012 年 4 月 20 日）

（12）最近包拯包大人包青天被恶搞了，江湖人称"包黑炭"的他躺着也蹿红。（娱乐资讯，2012 年 5 月 16 日）

（13）别炒房子了，真正地躺着也赚钱的是黄金投资平台！（百度贴吧，2012 年 4 月 19 日）

在这种流行格式中，V 动词多是汉语中已经存在的词语，所以采用"中枪"这种旧词赋新义的方式还与此有关。

综上所述，将原有词"中枪"赋予新的意义和用法发端于著名影星中的电影台词，经历了由台词向流行短语的压缩和由短语向双音节词的再次压缩两个过程，在此过程中由于受到流行短语所形成的网络流行格式"躺着也+V"以及旧词赋新义所具有的语言经济性原则等因素的制约，促使"中枪"一词具有更强的可接受性，从而得到了人们的广泛认可。

旧词"邮寄"抽新芽[*]

邮寄是人们在日常生活中经常使用的物件传输形式之一,一般是通过邮局将寄件方想送的东西递送到收件方手里。今年7月份最新发行的《现代汉语词典》(第6版)对其释义为:(动)通过邮局寄递。可见,邮寄的对象是信件、包裹、物品等;其服务机构为遍布城乡的国家邮政局。但通过网络搜索和各官方媒体的考查可知,邮寄的对象已并非指物:

(1)暑期,家长"空中邮寄"孩子出门度假已经成为了一种新时尚。(人民网,2009年8月12日)

(2)春节临近,"邮寄儿童"升温。(中央新闻,2011年1月24日)

(3)武汉现"邮寄儿童"业务,10余打工子弟被邮回家。(《工人日报》,2012年8月17日)

上述两例中所邮寄的对象不是无生命的物品,而是有生命的未成年孩子。

同时,经营邮寄业务的服务机构也发生了一些变化:

(4)暑运过半,柳州机场"空中邮寄儿童"130多人。(民航资源网,2012年8月1日)

(5)据中国之声《央广新闻》报道,除了空中"邮寄儿童"外,如今又有了陆地"邮寄儿童"的服务。(中国广播网,2012年8月10日)

---

* 本文作者王晓,发表于《语文学习》2013年第1期,收录本书时略作修改。

（6）昨日，武汉客运段宣布，武汉到北京的三趟直达列车 Z38、Z11、Z77 次列车开展 "邮寄儿童" 业务，以适应旅客的需求。（《楚天金报》，2006 年 7 月 31 日）

（7）暑假期间，武昌博家坡、宏基客运站服务台都打出了 "邮寄" 儿童项目。（《长江商报》，2012 年 8 月 21 日）

可见，负责此项业务的机构最初是航空运输业，现在铁路、公路等陆路运输部门也参与其中，服务形式日趋多样，行业竞争也逐渐激烈。同时，可以预见，在当前的社会形势下，此种业务还会得到一定程度的发展。

综上可知，原有词 "邮寄" 在当代社会生活和语言生活中发生了一定的词义变化，引起这种变化的原因不外乎社会、心理和语言三个方面。

社会的发展变化促使外来务工、生活和定居人员逐渐增多，一个大家庭分处多地的现象非常普遍，老一代人年迈体衰，中青年一代忙碌无暇，这就使得孩子成为家中祖辈和父辈沟通的桥梁。同时，随着交通运输业的发展以及各行业之间的相互竞争，服务类别和形式的创新成为各行业追求的亮点。在客户需求和行业发展的双向刺激下，一种新的服务形式就这样产生了。

最初，这种新颖的服务样式冠名为 "无成人陪伴儿童运输业务"，但是这种称谓形式既没有新意又显得冗长繁杂，一时也难以抓住客户的眼球。在一种求新求异而又不失礼貌的心理驱动下，人们将日常生活中普遍使用的 "邮寄" 一词移植此处，给原有词注入了新的血液和活力。

社会和心理因素是词义发生变化的外部原因，语言因素才是其内部原因。原有词 "邮寄" 所指示的认知框架为：存放于某一地的某物 A 通过一中介机构 B 传送到另一地点。这种认知路径恰与各运输部门所定义的 "无成人陪伴儿童运输业务" 的认知框架不谋而合。只是在 "邮寄" 原义中 A 指代无生命的物品，B 指代邮局；而新义中 A 指代无人陪伴的未成年孩子，B 指代航空、铁路、公路等运输部门。"邮寄" 从原义到新义发展是语言内部词义引申的结果。

至此，我们可以将 "邮寄" 的新义暂且释为：通过航空、铁路、公路等运输部门运送无人陪伴的儿童。这种新的意义和用法目前多限于部分行业和部分人群，尚未得到广泛应用，所以只能说是旧词 "邮寄" 刚抽出的新芽，至于最终能否得到社会的普遍认可，形成固定义项还需在语言的动态发展变化中进一步验证。

"迅雷不及掩耳"之种种[*]

　　在形容速度快的词语中，词义为"来势非常迅猛，来不及防备"的"迅雷不及掩耳"当之无愧地居于快速义的巅峰，以致某网络公司将其下载软件命名为"迅雷"，以显示其下载速度快的特征。但是，这个成语自产生至今，其词义经历了由军事用语到普通用语的过渡，同时也伴随着词语的易化、繁化和简化的交错发展。时至今日，又在网络媒体和娱乐节目中掀起了一场拼凑搭配和搞笑桥接的无厘头效应。

　　"迅雷不及掩耳"语出《六韬·龙韬·军势》："故智者，从之而不释；巧者，一决而不犹豫。是以疾雷不及掩耳，迅电不及瞑目。"以对偶互文的表现手法说明在战略战术中要注重兵贵神速，充分利用疾雷迅电之势击垮对方。《六韬》是战国末期后人假托姜尚之名而写的一部兵书，是集先秦军事思想之大成的著作，对后代的军事思想有很大影响，被誉为是兵家权谋类的始祖。可见，此成语最早为军事术语，并且其他几种表达形式最初也主要用于军事领域，如：

　　　（1）故善用兵者……击其犹犹，陵其与与，疾雷不及塞耳，疾霆不暇掩目。（西汉·刘安《淮南子·兵略训》）

　　　（2）当其冲者摧，值其锋者破，所谓疾雷不暇掩耳，则又谁御之。（晋·傅玄《傅子·阙题》）

　　　（3）今授卿精兵，委以重任……此捷济之机，所谓捷雷不及掩耳。（唐·房玄龄等《晋书·载记符坚上》）

　　　（4）出其不意，直冲末杯帐，敌必震惶，计不及设，所谓迅雷不及掩耳。（唐·房玄龄等《晋书·载记石勒上》）

---

*　本文作者刘善涛，发表于《语文月刊》2014年第11期，收录本书时略作修改。

　　从产生之初到最后确定为"迅雷不及掩耳"的表达形式共经历了从战国到唐朝 800 多年的历史，其间有"疾雷不及掩耳、疾雷不及塞耳、疾雷不暇掩耳、捷雷不及掩耳"等多种同义书写形式。但自"迅雷不及掩耳"的书写形式确定之后，在宋明清时期白话小说中得到广泛应用，最终使其成为现代汉语中普遍使用的成语。

　　同时，"迅雷不及掩耳"的表达形式在发展过程中又表现出简化和繁化的交错发展，出现了"迅雷掩耳、（以）迅雷之势、（以）迅雷掩耳之势、（以）迅雷不及掩耳之势"等多种变化形式，但其意义都表示速度快，如：

　　　（5）振威一喝崖崩石裂，青天迅雷掩耳不及。（《大藏经》）

　　　（6）乘迅雷之势，直取王京，掩执逆首。（清·马建忠《东行三录》）

　　　（7）只见小周以迅雷掩耳之势，抢前两步，一把将李英推开。（辜新生《朝气蓬勃》）

　　　（8）其取明天下，几有迅雷不及掩耳之势。（民国·天嬎便《满清兴亡史》）

　　　（9）一大批优秀读物以迅雷不及掩耳之势急速抢滩。（1994 年报刊精选）

　　在词义不变的情况下，主谓结构的六字成语"迅雷不及掩耳"简化为联合结构的四字格式"迅雷掩耳"，虽词义理据显得模糊，但由于前者的意义和用法已被人们熟知，所以简缩后的四字格式并不显得陌生而影响使用。同时，原有六字格式为谓词性词组，在句中经常做谓语，如若变成体词性词组则在其后加上"之势"，整体变为定中结构的偏正短语，在句中做宾语；如若做状语修饰后面的动词词组，则需在前面加"以"，构成"以……之势"的形式。同时，在"以……之势"的结构框架中又形成了"（以）迅雷不及掩耳之势""（以）迅雷掩耳之势"和"（以）迅雷之势"三种变化形式。

　　语言的经济性原要求在不影响表达目的和词义的情况下尽量简化表达形式，所以才产生了谓词性结构"迅雷掩耳"和体词性结构"迅雷之势"。但是当前网络语言的发展为人们求新求异求奇的心理提供了广阔的发展空间，一些新奇怪异的表达形式短时间内得到众网友的竞相模仿，在网络媒体和娱乐节目中迅速蹿红。

"迅雷不及掩耳"和"掩耳盗铃"是汉语中早已存在并得到广泛使用的成语，前者表示速度快，后者表示自欺欺人，两者词义上没有任何关系，但经央视著名主持人韩乔生在赛事解说中把这两个成语前后凑巧形成一种无厘头的调侃形式"迅雷不及掩耳盗铃之势"后，迅速形成一种名人效应，被人们竞相使用和模仿，把"掩耳盗铃"和"铃儿响叮当"，"XX之势"和"势不可挡"拼接搭配，如：

（10）这位病人被一辆奥迪 A6 以迅雷不及掩耳盗铃之势所撞倒。（人民网 2003 年 8 月 29 日）

（11）一个红影以迅雷不及掩耳盗铃儿响叮当之势冲上舞台。（人民网 2010 年 11 月 12 日）

（12）姜威噌地蹿了起来，以迅雷不及掩耳盗铃之势不可挡地从书架抽出一本小册子。（深圳晚报 2012 年 11 月 07 日）

随着使用范围的扩大，这种无厘头的拼接也被逐渐夸大化，做起了排长龙的语言游戏，造出了类似"迅雷不及掩耳盗铃儿响叮当仁不让我们荡起双桨之势""迅雷不及掩耳盗铃儿响叮当仁不让世界充满爱你不是两三天使在唱歌"和"一泻千里共婵娟""一屋不扫何以扫天下无敌"等句子。

在我国传统文化中一直存在着成语接龙的文字游戏，一般采用成语字头与字尾相连不断延伸的方法进行接龙，如"颠三倒四→四海为家→家大业大…"等依次相连。据汉辞网介绍，该网站利用《汉语大辞典》自动完成的历史上最长的成语接龙，从"胸有成竹"到"绞尽脑汁"，共为 8061 条，可见汉语中字头与字尾相连的成语数量是相当庞大的。与成语接龙不同，网络上流行的语句拼接游戏中的连接成分不限于成语，只要是能产生新奇效果的语句都可用来搭配使用，并将相连接的两成分中的字头与字尾合二为一，最终使生成的句子佶屈聱牙，既无法断句又不明其义，这些句子大多是网民们逗一时之乐而所为的文字游戏，终将昙花一现，成为网络语言中随风而逝的一员。

新兴网络起始语"网传"的崛起*

一种新语体的出现必然伴随着一系列与之适应的词汇、语法、修辞等语言现象的产生。在言语交际中，说话者有时不直接点明所要表达的内容，而是在句首通过一定的语言表达方式（即"起始语"）间接引入所要谈论的话题，如现代汉语书面语中的"据悉、据报道"；口语中的"听说"等，如（本文例句如无特殊说明均出自人民网）：

（1）据悉，这是《刑法修正案（八）》施行后，广州法院发出的首份刑事禁止令。(2013 年 1 月 23 日)

（2）据报道，在 2009 年 1 月 20 日，首席大法官罗伯茨领读誓词时出现口误，奥巴马和大法官只好第二天重新宣读誓词。(2013 年 1 月 23 日)

（3）听说 5 年内要取消农业税，安徽省桐城市高桥镇坊正村农民喜上眉梢。(新华网，2004 年 3 月 9 日)

报告显示，截至 2012 年 12 月底，我国网民规模达到 5.64 亿，互联网普及率为 42.1%①。网络已成为民众之间相互交流的重要媒介，全新的交流模式推动着网络语体的不断发展，也催生出一系列的新词新语和新的语法现象。句首起始语"网传"的出现便是网络语体中新兴词汇和语法形式的重要表现，如：

（4）网传郭德纲已移民澳大利亚 澳媒称恐非空穴来风 (2013 年

---

* 本文作者刘善涛，发表于《中国语言生活》2014 年第 1 期，收录本书时略作修改。

① 《第 31 次中国互联网络发展状况统计报告》http：//news. xinhuanet. com/tech/2013-01/15/c_ 124233840. htm。

1 月 23 日）

（5）网传云南剑川"最美女局长"景区捡垃圾（2013 年 1 月
23 日）

（6）网传节能灯是"辐射灯"致癌没商量？（2013 年 1 月
23 日）

（7）网传"银行公布硬币回收价格"调查称纯属谣言（2013 年
1 月 23 日）

可见，"网传"作为最能体现网络语体色彩的句首起始语已被国家主流媒体所认可和接受，并与书面语体和口语语体中的某些句首起始语形成明确的区分。但是，句首起始语"网传"的产生过程并不是一帆风顺的，下面我们按照"网传"在人民网中出现的时间顺序逐步分析其发展的艰辛历程。

经检索，"网传"二字组合在人民网中最早的两处用例为：

（8）目前全国只有不到 4% 的人能够上网，而报纸影响的人口怎么说也能有半数吧，所以人民网传出的声音需要报纸的放大作用。
（2002 年 5 月 28 日）

（9）省教育网传来的被攻击记录显示与该台计算机使用软件的时间及 IP 地址相吻合。（2002 年 7 月 31 日）

此时（2002 年）的"网传"还没有凝固为词，使用格式为主谓结构的"某网 + 传出/来/回"，"网"字的前面有明确的网站出处，"传"作为不自由语素，与趋向动词一起使用。从例 8 可以明显看出当时的网络普及率非常低，网络语体的发展还处于萌芽阶段，没有为句首起始语"网传"的出现提供适宜的土壤。但这种主谓格式的不断使用促使其不断凝固为动词，经常出现在句中，形成动宾结构（例 10）或定中结构（例 11），其用法逐渐活跃，如：

（10）所有的测量数据经公司的内部网传至总部，再将订货单分送至就近的子公司或协作生产据点。（2005 年 6 月 10 日）

（11）去年 8 月，大隆图片社发现客户发送的网传图片丢失、损

坏，图片社用来和客户联系的 QQ 号被盗并被冒用。（2006 年 8 月
25 日）

　　作为动词的"网传"用法逐渐活跃，位置也不断提前，直接（例
12）或间接（例 13、14）地表明信息的来源，构成"据+（某）网传"
的格式出现于句首，作为句首起始语使用，如：

　　　　（12）据台海网传，2 月 18 日台海网根据《昆明日报》公布的
联系电话，跟 4 位领导联系，采访此事反响，结果只联系到 1 位领
导。（2008 年 2 月 19 日）
　　　　（13）"凤姐"何许人也？据网传，罗玉凤为重庆綦江人。（2010
年 8 月 31 日）
　　　　（14）据网传，在闵行区虹二村，近期突然出现了这样的告示。
（2010 年 11 月 10 日）

　　随着互联网的飞速发展，网络信息来源渠道的多元化，网民在传播和
交流时不能明确辨明所传达信息的具体来源，这种格式便进一步缩略为
"据网传"的形式。同时，"网传"的词义已说明信息的来源渠道为网络，
另加"据"字反而显得有些冗余，于是在语言经济性原则的推动下，作
为句首起始语的"网传"最终形成。
　　通过上文的分析，我们可以将起始语"网传"的演变路径描绘如下：

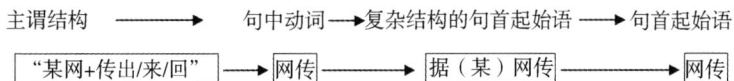

主谓结构　　　　　　　句中动词——复杂结构的句首起始语 —— 句首起始语

"某网+传出/来/回" —— 网传 —— 据（某）网传 —— 网传

　　句首起始语"网传"的产生经历了三个阶段才发展出当前的用法，
其发展轨迹与我国互联网事业的发展是一脉相承的，反映出网络语境下词
语使用的语体分工逐渐精确，网络语体与口语和书面语语体的区分趋于明
确，网络语体的逐渐成熟。

后　记

　　将正在整理的书稿慢慢翻到最后，看到最初拟定目录时写下的"后记"二字，才发现需要写点东西了。以前拿到一本新书，首先阅读的就是后记，然后是目录、序言，最后才是正文。后记中不仅包含了对成书过程的介绍，有时还记录了作者的真性情，跟随作者慢慢体会写作的艰辛、世事的变化和成书的欢乐，有时感同身受，间接地增长了自身的阅历。今日轮到自己写"后记"，反而有些踌躇为难，在本篇后记之前，我本已写了份四千余字的自述，权当是对我俩求学经历的简单回顾，借此感恩求学路上给予我们帮助的各位老师、同学和朋友。后来感觉不甚满意，现在仅就本书的成文过程做简单介绍：

　　2018 年曲阜师范大学文学院中国语言文学学科获批山东省一流学科（培育）支持，学院领导预算部分经费资助教师出书。再加之，我还有些项目经费可供支配。两相结合，决定将我俩所发表的论文整理出版，算是对自身的总结，名曰"探索"，实际更贴近"摸索"，在词汇学词典学这条路上摸石头过河，虽有众师友指引扶持，但也是深一脚浅一脚，蔽目塞耳，谬误舛错之处，不免贻笑大方。

　　今生有幸，能求学鲁东大学。母校依托教育部语文辞书中心筑起了我国词汇学与词典学研究的东隅堡垒，也为我们开启了词汇学与词典学研究的大门。老师们严谨的教研风范，宽广的学术视野，认真负责、不厌其烦的教学态度，以及对学生不计得失、不遗余力的无私帮助为中国词汇学词典学研究不断输送着"鲁大"血液。本书"现代汉语词汇本体研究"和"基于词典信息库的新词教学研究"两部分的论文主要是在鲁大求学期间完成的，后者则构成了我硕士学位论文的主体，并侥幸评为当年语言学及应用语言学专业的唯一一篇省级优秀学位论文。这一切都源自母校的培养，本书稍加整理，以此感谢各位授业恩师。本书第三、第四部分内向型和外向型汉语词典研究则主要是在南开大学读博时完成的，第四部分的写作时间要早于第三部分，但后因博士学位论文选题定为"王云五辞书学思想研究"，主要研究对象也就转移到了内向型汉语语文辞书方面，目前则集中到民国时期汉语语文辞书研究的领域，遂将其放在前面。本书第五部分"词语个案研究举例"则散见于硕博期间的小文章，用于平时练笔之用，现选取数篇，勉强充数。所收文章虽多已发表，但乏善可陈，实"不足为外人道也"，今此整理，只为记录在学术路上的摸索历程，并以此感谢众师友的抬爱和不弃。

我俩都是愚钝平庸之人，但在人生关键处总得贵人相助，感谢硕士阶段的李敏老师、王东海老师；博士阶段的周荐老师、杨琳老师；博士后阶段的党怀兴老师，导师之情，恩师之义，永铭心中！感谢已故的张志毅先生、张庆云先生，是两位先生启发我们走上词汇学词典学的道路，并竭力推荐我们攻读博士学位，学生无以为报，愿两位先生在另一个世界一切安好！感谢鲁东大学的亢世勇老师、胡晓清老师，南开大学的石锋老师、王泽鹏老师，郑州大学的李运富老师，河北大学的杨宝忠老师，曲阜师范大学夏静院长、马士远院长等学界前辈对我俩的提携，感谢袁世旭、周军、贾泽林、李军、张辉等众学友对我俩的帮助，感谢家人和亲友在我们成长过程中给予的无私关爱与亲情陪伴。

最后要特别感谢我的博士后合作导师党怀兴先生，党老师研究专长为传统语言文字学，尤善六书学，最初联系党老师时还担心会被拒绝，不曾想党老师非常爽快地答应了下来，并为我争取到在职博后的名额。党老师是一位"尊师、敬友、爱生"的长者，处处展现着随和、平易的人格魅力，体现在生活中的每一个细节。从每两周一次的读书会，到专家讲座、学术研讨会等各类活动，每次与老师接触，都能感受到老师对学界前辈的尊重、对同行朋友的尊敬、对晚辈后学的关爱。党老师是良师，也是益友，在校的研究生十余人，党老师能熟悉每位学生的情况，读书会结束后，总不忘记逐个询问一番，家庭、生活、身体、学习等，所以与党老师和同门在一起能真正地感觉到是一家人。在这本小书完成后，党老师不避工作繁忙，慷慨允序，提携关爱之情溢于笔间。

千言万语汇成一句话：感谢、感激、感恩在我们求学、工作和生活中给予关心照顾的各位老师朋友、领导同事！